Ralf Georg Reuth

Annäherung an Helmut Kohl

Ralf Georg Reuth

Annäherung an Helmut Kohl

PIPER

Mehr über unsere Autoren und Bücher:
www.piper.de

MIX
Papier aus verantwortungsvollen Quellen
FSC® C014496
FSC
www.fsc.org

ISBN 978-3-492-05730-1

Gesetzt aus der Minion Pro
Satz: psb Berlin
Druck und Bindung: GGP Media GmbH, Pößneck
Printed in Germany

Inhalt

Vorwort

Helmut Kohls Name steht in der Welt für jenes so andere Deutschland, das in den Jahren 1989/90 in einer friedlichen Revolution Mauer und Stacheldraht überwunden hatte und unter seiner Führung nach den Jahrzehnten der gewaltsamen Teilung seine staatliche Einheit wiedererlangte. Er war aber auch das Synonym für die Verlässlichkeit eines wirtschaftlich starken, freiheitlichen Deutschlands und dessen fester Verankerung in der westlichen Wertegemeinschaft. Helmut Kohls Popularität bei den europäischen Nachbarn gründete vor allem in seinem steten Eintreten für die europäische Integration. Seine Europapolitik nahm den Völkern des alten Kontinents die in der Geschichte wurzelnden Vorbehalte gegenüber den Deutschen und ließ diese zu ganz normalen Europäern werden. Ja, der Name des sechsten Kanzlers der Bundesrepublik Deutschland hat im Ausland einen guten Klang.

Im Inland ist das Bild Helmut Kohls ein ambivalentes. Die Linke sah in ihm zunächst einen überforderten Politparvenü aus der Provinz. Und auch im bürgerlichen Lager wurde ihm nach den ersten Jahren seiner Kanzlerschaft Mittelmaß attestiert. In seiner zweiten Legislaturperiode schien er sogar reif zum Sturz. Dann wurde er das Staunen der Deutschen, machte er doch auf schwierigstem Terrain eine intelligente, zielgerichtete Politik, an deren Ende die deutsche Wiedervereinigung stand. Diese große Leistung attestierten ihm selbst seine erbittertsten Gegner. Doch in der Mühsal der politischen Wirklichkeit im zusammmenwachsenden Deutschland redeten die einen bald sein Werk gering und beschimpften ihn später – als die CDU-Parteispendenaffäre die Öffentlichkeit beschäftigte – als den »Herrn der schwarzen Kassen«, der es mit dem Gesetz nicht so genau nehme. Für die anderen blieb er unangefochten der Kanzler der Einheit und der große Europäer.

So sehr Helmut Kohl polarisierte, so schwierig ist er politisch-weltanschaulich zu verorten. Das liegt daran, dass er sich oft jeglicher Festlegung entzog. Dies geschah aus Kalkül. Denn so konnte er zu einer Art Projektionsfläche für unterschiedliche politische Positionen werden. Er wirkte damit integrierend zum Wohle der modernen Volkspartei, zu der er die CDU, die einstige Honoratiorenpartei Konrad Adenauers, in den 70er-Jahren umgebaut hatte. Denn als solche musste sie in einer sich wandelnden Nachkriegsgesellschaft ein immer breiter werdendes Wählerspektrum abdecken. Helmut Kohl deshalb auf einen Technokraten der Macht zu reduzieren wäre allerdings genauso verfehlt, wie ihn umgekehrt als Wertkonservativen zu sehen.

Dass er weder das eine noch das andere war, verdeutlichen nicht zuletzt die Gegensätze, die mit seiner Person und deren politischen Positionierungen verbunden sind. So trat er zum Beispiel als traditionsbewusster Katholik auf und drängte gleichwohl den traditionellen katholischen Einfluss in der rheinland-pfälzischen Schulpolitik zurück. Er galt als Modernisierer und war doch nicht modern. Er agierte, als sei er ein reiner Machtmensch, aber er war auch politischen Prinzipien verhaftet. Er hatte nichts mit Ideologie im Sinn und verfügte auch nicht über ein geschlossenes Weltbild, aber er hatte dafür ein eigenes Geschichtsbild. Historische Momente konnten ihn tief bewegen, war er doch ein stark emotionaler Mensch. Dagegen stand eine bemerkenswerte Kälte, die er nicht nur als Parteiführer und Kanzler mitunter an den Tag legte.

Wer ist dieser Mann gewesen? Was prägte ihn? Auf welchen Fundamenten stand er? Was waren die Motive seines politischen Handelns? Wie konnte er an die Spitze seiner Partei und des Staates aufsteigen? Wie funktionierte sein Machtapparat oder das, was seine politischen Gegner das »System Kohl« nannten? Wie bewerkstelligte er den immer noch unverstandenen deutschen Einigungsprozess? Und was ließ ihn an seine Vision von den Vereinigten Staaten von Europa glauben? Auf diese und andere Fragen werden in dem vorliegenden Buch Antworten gegeben. Es werden darin aber auch die Hintergründe der Parteispendenaffäre erhellt. Und Helmut Kohls familiäre Tragödie wird ebenfalls thematisiert. War sie der Tribut, den er für sein Leben für die Politik zollen musste? Das Buch schließt mit einer kurzen Einordnung der Kanzlerschaft Helmut Kohls in die Geschichte.

Annäherung an Helmut Kohl ist aber keine weitere umfassende Biografie, wie sie von Hans-Peter Schwarz und anderen vorliegt. In diesem in seinem Umfang vergleichsweise schmalen Band werden vielmehr die wichtigsten Aspekte und Fragen zum Thema Helmut Kohl in sechs Kapiteln abgehandelt. Reihenfolge, Verknüpfung und Darstellungsform verleihen dem Buch dennoch etwas vom Charakter einer kleinen Biografie. Eine solche Herangehensweise ermöglicht es gegenüber der chronologisch weitgespannten Lebensschilderung, Sachverhalte und Zusammenhänge deutlicher zu machen und damit dem zeitgeschichtlich interessierten Leser das ein oder andere zum Thema Helmut Kohl schärfer konturiert zu vermitteln.

Das Buch stützt sich neben der Literatur über Helmut Kohl auf dessen biografische Hinterlassenschaft. Zu erwähnen sind in diesem Zusammenhang neben *Mein Tagebuch 1998–2000* vor allem die dreibändigen, von Heribert Schwan verfassten voluminösen Memoiren, die zwischen 2004 bis 2007 erschienen. Derselbe Verfasser veröffentlichte 2014 das *Vermächtnis: Die Kohl-Protokolle*, aus denen hier ebenfalls zitiert wird. Außerdem muss das Buch *Helmut Kohl. Ich wollte Deutschlands Einheit* genannt werden, in dem Kai Diekmann und der Verfasser bereits 1996 als Chronisten die Erinnerungen des Kanzlers an die dramatischen Wendejahre, gestützt auf die von diesem zur Verfügung gestellten Dokumente, niederschrieben. Da Helmut Kohl damals noch Regierungschef war, konnte manches dort noch nicht seinen Niederschlag finden. Grundlage des vorliegenden Buches sind vor allem aber auch die zahlreichen Gespräche über Zeitgeschichte und Politik, die der Verfasser mit dem Altkanzler bis wenige Jahre vor seinem Tod führte.

Prägung

Helmut Kohl war Pfälzer. Er bekannte sich zu seiner Herkunft, ja, er war etwas stolz darauf. In seiner Doktorarbeit über die Anfänge der CDU in der Pfalz charakterisierte er den dort lebenden Menschenschlag und damit wohl auch ein wenig sich selbst, wenn er von fröhlichen und weltoffenen Leuten schrieb. Sie hätten viel Sinn für gesellschaftliches Zusammenleben und seien dogmatischem Denken abgeneigt. »Neben einem ausgeprägten Sinn für Toleranz besteht jedoch häufig ein allzu starkes und unangenehmes Selbstgefühl. In diesem ›lautstarken‹ Auftreten hat auch der ›Pfälzer Krischer‹ seinen Ursprung. Bei aller Aufgeschlossenheit und praktischen Intelligenz haben die Pfälzer keine ausgeprägte musische Veranlagung«, meinte Helmut Kohl. Später, nachdem sie ihn zum Provinzler gemacht hatten, legte er Wert darauf, es nicht unerwähnt zu lassen, dass er als Pfälzer vom Rhein komme. In seinen *Erinnerungen* zitiert er den von ihm verehrten Carl Zuckmayer, der in seinem Drama *Des Teufels General* von dem Strom als der »großen Völkermühle« schreibt, der »Kelter Europas«, aus der ein »natürlicher Adel« hervorgegangen sei, »weil sich die Völker vermischt haben«.

Geprägt wurde Helmut Kohl natürlich weniger durch seine geografische Herkunft als durch seine konkreten Lebensbedingungen. Und die waren schlecht, als er am 3. April 1930 geboren wurde. Deutschland stand damals noch ganz unter dem Eindruck der Folgen des Ersten Weltkriegs, unter denen der Westen des Landes und damit auch die zum Freistaat Bayern gehörende Rheinpfalz besonders schwer zu leiden gehabt hatte. Paris, das die Auffassung vertrat, die natürliche Grenze zwischen Franzosen und Deutschen sei der Rhein, hatte das gesamte linksrheinische Gebiet abgetrennt und ein rigoroses Besatzungsregime eingerichtet, das erst im Juni 1930 endete. Gleichzeitig hatte man alte Ressentiments gegen die deutsche Zentralmacht Preußen genutzt und separatistische Bewegungen geschürt. Ein paar Monate lang hatte es – von Frankreich gefördert – sogar unter dem ehemaligen bayerischen Ministerpräsidenten, dem Sozialdemokraten Johannes Hoffmann, eine von Bayern unabhängige Pfalz als autonomen Staat innerhalb des Deutschen Reiches gegeben. Die Folge von all dem war, dass in der seit jeher mehrheitlich nationalliberal und großdeutsch orientierten Pfalz Chauvinismus und Nationalismus wuchsen – eine Entwicklung, die sich am Ende der 20er-Jahre fortsetzte, als die Weltwirtschaftskrise die Not im »Grenzland« ins Unerträgliche steigerte. Es war also keine gute Zeit, in die Helmut Kohl hineingeboren wurde.

Seine Eltern gehörten dem katholischen Kleinbürgertum an. Vater Hans stammte von Bauern aus der Gegend von Würzburg ab. Er war Berufssoldat gewesen. Am Ende des Ersten Weltkriegs hatte er es zum Oberleutnant und Chef einer Transportkompanie gebracht, was im königlich-bayerischen Heer bei entsprechender Befähigung auch ohne die schulischen Voraussetzungen möglich war. Gerne wäre Hans Kohl Offizier geblieben, berichtete Helmut Kohls Schwester Hildegard später einmal einer Illustrierten. Doch im auf hunderttausend Mann reduzierten Heer, wie es dem Land im Versailler Frieden diktiert worden war, gab es keine Verwendung mehr für ihn. Immerhin war ihm eine Stelle als bayerischer Staatsdiener im Mittleren Dienst sicher, was in den schlechten Zeiten gar nicht hoch genug zu schätzen war. Hans Kohl kam in die Finanzverwaltung nach Ludwigshafen.

Als Soldat hatte er vor dem Ersten Weltkrieg im pfälzischen Landau, wo er stationiert war, Cäcilie Schnur kennengelernt, die einer katholischen Lehrerfamilie entstammte. 1920 hatten beide geheiratet. Sie lebten zunächst im Mainfränkischen und bezogen dann das Haus, das der Vater von Cäcilie in Friesenheim, damals noch nicht zu Ludwigshafen gehörend, gebaut hatte. Zehn Jahre nach der Eheschließung kam nach Hildegard und Walter noch Helmut. Er sei ein Nachkömmling gewesen, mit dem niemand mehr gerechnet habe. »Es waren damals schwere Zeiten (...). In dieser Situation ist ein weiteres Kind nicht das, was sich Eltern am sehnlichsten wünschen«, erzählt Schwester Hildegard. Bemerkenswert ist ihre Beschreibung des Jungen, zeigt sich darin doch schon der spätere Helmut Kohl: Er sei ein außergewöhnlich kräftiges Kind gewesen, bei der Geburt habe er bereits mehr als neun Pfund gewogen. Im Gegensatz zu seinem eher schüchternen größeren Bruder Walter sei er geradeheraus gewesen. Die Schwester vergaß dabei nicht, darauf hinzuweisen, dass ihr Bruder doch einen »sehr weichen Kern« habe, was in einem schroffen Gegensatz zur Gesamterscheinung stand.

Ansonsten ist nicht viel über die Kindheit von Helmut Kohl zu berichten. Er war ein ganz normaler Junge, der in behüteten Verhältnissen aufwuchs. Und die Kohls waren für die damalige Zeit eben eine ganz normale Familie: Der Vater, der als Sekretär, dann als Steuerobersekretär pflichtbewusst seinen Dienst im Finanzamt versah, war die Autorität, das Familienoberhaupt, wie es damals üblich war. Er konnte aufbrausend und auch grob sein, wie es Franken mitunter sind, dann aber wieder herzensgut. Helmut Kohl hob später dessen Pflichtbewusstsein und

Pflichttreue als besondere Charakterzüge hervor. Von seiner Mutter sagte er, dass ihn ihre mütterliche Fürsorge, ihr Denken an andere und ihre Offenheit, auf andere zuzugehen, geprägt hätten – Äußerungen, die viele über ihre Mutter machen könnten. Bei Helmut Kohl schwang aber immer ein besonderes Maß an Respekt und Dankbarkeit mit, wenn er von seinen Eltern sprach.

Sicherlich hat dies auch damit zu tun, dass Helmut Kohl davon überzeugt war, dass ihm von zu Hause ein gutes Rüstzeug für das Leben mitgegeben worden war. Orientierung und damit Halt gab es in der Tat für die Kinder reichlich. Bei den Kohls hatten die Dinge ihren festen, unverrückbaren Platz. Anders als in intellektuellen Milieus war in der Familie des Finanzbeamten aus dem Mittleren Dienst nämlich gut gut und böse böse. Vorgelebt wurden den Kindern die Tugenden, mit denen schon Eltern und Großeltern aufgewachsen waren: Pflichtbewusstsein, Fleiß, Bescheidenheit, Treue und natürlich Vaterlandsliebe sowie der katholische Glaube – kurzum all das, was aus einem Kind einen »anständigen Menschen« machen würde.

Vieles von dem, was ihm vom Elternhaus vermittelt wurde, ist beim Blick auf den Politiker und Staatsmann Kohl wiederzufinden, so etwa seine Bescheidenheit, seine Vorliebe für das Einfache. Luxus oder gar Verschwendung waren ihm ebenso fremd wie Arroganz oder Allüren der Macht. Selbst als Inhaber höchster Ämter fremdelte er mit den damit verbundenen Formen und Insignien. Er war getragen von einem ausgeprägten Pragmatismus und neigte zu klaren Zuordnungen. Er war alles andere als der intellektuelle Zauderer. Er lebte vielmehr mit einem hohen Maß an Gewissheiten. Helmut Kohl stand auf einem tragfähigen Fundament, das ihm – verstärkt durch seine Erscheinung – früh ein Stück Unerschütterlichkeit verlieh und ihn mehr Selbstvertrauen ausstrahlen ließ, als er vielleicht hatte.

Eine seiner wichtigsten Gewissheiten war zweifellos sein Glaube. In seinen *Erinnerungen* schreibt er, dass »die Gemeinschaft der römisch-katholischen Kirche« für seine Eltern »die schützende und schöpferische Mitte« dargestellt habe. Vor allem für seine Mutter sei der Glaube der »Mittelpunkt ihres Daseins« gewesen. Sie habe sich in der Bibel ausgekannt und im Leben der Heiligen, »die sie je nach Bedarf und Zuständigkeit anrief«. »Sogar den normalen Kalender berechnete sie nach dem der Heiligen.« Helmut Kohl bekannte sich zeit seines Lebens ganz offen zu seinem Glauben. Es störte ihn später nicht, in der säkularisierten modernen Welt von manchen belächelt zu werden, wenn er als Kanzler etwa der *Bild*-Zeitung sagte, dass er täglich bete oder dass er an das Leben nach dem Tode glaube. Und hinzufügte, für ihn sei der Glaube an Gott und seine religiöse Überzeugung eine »entscheidende Grundlage« seines Lebens.

Helmut Kohl lebte diesen Glauben, indem er seit frühen Kindertagen die Messe besuchte. Als Bundeskanzler ließ er sich gelegentlich mit seiner Entourage im Hubschrauber zur Abendandacht nach Maria Laach fliegen, um sich in der Abtei bei Orgelmusik zu sammeln. »Dann gingen wir zum alten Abt, mit dem wir die Welt bekakelten und ob der Glaube noch stark ist. Die hatten wunderbaren Wein, und wir tranken meistens zwei, drei Flaschen Trierer Auslese.« Und sie machten dort natürlich Brotzeit, wobei Helmut Kohl – wenn er den Laib anschnitt – das Kreuzeszeichen darauf schlug, wie es schon seine Mutter getan hatte. Dem Verfasser bot der Altkanzler – in Unkenntnis, dass dieser Protestant ist – einmal im Verlaufe eines Besuches in seinem Berliner Büro völlig unvermittelt an, mit ihm die Absolution zu empfangen, denn gleich kämen die Bischöfe. (Er meinte damit den Mainzer Bischof und Vorsitzenden der Katholischen Bischofskonferenz Kardinal Lehmann samt Anhang, der im Anmarsch war.) Mit Lehmann verband Kohl eine freundschaftliche Beziehung, ähnelten sie doch in gewisser Hinsicht einander, nicht nur in der Physiognomie: Lehmann, der Nichtdogmatiker, und Kohl, dessen Verhältnis zu den Dingen des Glaubens nie ein nur transzendentes war.

Wie er es in seinem Elternhaus erfahren hatte, war der Glaube für Helmut Kohl stets auch ein Stück Tradition, ein Stück Brauchtum, in dem sich nicht zuletzt seine Verbundenheit mit seiner pfälzischen Heimat ausdrückte: Ob es die Sternsinger waren, die mit Kreide über die Eingänge zu den Häusern das »C+M+B« schrieben, das ja gar nicht für Caspar, Melchior, Balthasar stehe, wie er einmal – schon im Rollstuhl sitzend und mit Mühe sprechend – an der Tür seines Ludwigshafener Bungalows erläuterte; oder ob es die mit großen Weinfesten verbundenen Prozessionen waren oder die Segnung der Pferde am Martinstag: für Helmut Kohl gehörte es zum Leben dazu. Ebenso wie die Anekdoten von längst verblichenen geistlichen Würdenträgern, die er gerne zum Besten gab – Geschichten, die mitunter von allzu menschlichen Verfehlungen handelten, aber dabei immer auch humorvoll waren.

Die christliche Tradition, die Helmut Kohl wichtig war, ergänzte sich mit seinem frühen Interesse für die Geschichte, die er während seines Studiums als Hauptfach belegte. Entsprechend viel bedeutete ihm der Dom in Speyer. Schon als Kind besuchte er die Grablege der salischen Kaiser mit Eltern und Großvater, dem Lehrer, der es an der Friesenheimer Volksschule zum Direktor gebracht hatte. Helmut Kohl kannte die Namen derer, die in der größten Krypta des Abendlandes ruhten. Und er kannte ihre Geschichten, bis zu der des Heinrich, der nach Canossa zog, um sich dem Papst zu unterwerfen. Später, als Kanzler, führte er Staatsgäste aus aller Welt zu

»seiner Hauskirche«, die – wie er sagte – so schlicht und doch so imperial sei. Er war mit François Mitterrand, mit Margaret Thatcher und mit Michail Gorbatschow dort, der ihm gesagt habe, dass er sich hier gar im Zentrum Deutschlands fühle. Und schon als seine Frau Hannelore gestorben war, fand in dem Sakralbau die Totenmesse statt. Es ist dabei bezeichnend, dass der Speyerer Kaiserdom, den Helmut Kohl so liebte, ein lichtdurchflutetes romanisches Gotteshaus ist. Denn auch Helmut Kohls Herrgott war ein dem Leben zugewandter, volkstümlicher Gott, ein Gott, der fern von Strenge war.

Im Umgang mit den Dingen der Religion (und auch sonst) war Helmut Kohl daher jeglicher Dogmatismus fremd. Wie sonst konnte es sein, dass er als Schüler das ultrakonservative bischöfliche Ordinariat von Speyer mit seinen mitunter greisen Gottesdienern öffentlich als »Kalkwerk« verspottete und später als rheinland-pfälzischer Landespolitiker gegen den Widerstand der katholischen Altvorderen die Konfessionsschule abschaffte. Noch viele Jahre später belustigte sich Helmut Kohl gegenüber seinem Ghostwriter Heribert Schwan, wenn er sagte: »Die haben es fertiggebracht, selbst die Klos konfessionell zu machen. Für den katholischen und den evangelischen Teil gab es jeweils getrennte Anlagen.« Dass Helmut Kohl von früh an auch so etwas wie ein katholischer Revoluzzer war, ist zu Beginn sicherlich einem jugendlichen Übermut zuzuschreiben. Ausschlaggebend waren aber schließlich gesunder Menschenverstand und Pragmatismus, die ihn gewisse Positionen der Kirche – wie etwa ihre strikt ablehnende Haltung gegenüber der Empfängnisverhütung – nicht nachvollziehen ließen. Etwas an Unkonventionalität in Sachen Religion hatte er auch schon im Elternhaus mitbekommen. Denn seine Mutter hörte im Radio mitunter auch Predigten der Protestanten, weil sie gehaltvoller gewesen seien. Für eine strenggläubige Katholikin war solches seinerzeit ziemlich ungewöhnlich, galten doch Protestanten aus Sicht der Amtskirche nicht als vollwertige Christen.

Mit dem scharfsinnig-dogmatischen konservativen Intellektuellen, dem Erzbischof von München und Freising, Joseph Kardinal Ratzinger, der es nach fünfhundert langen Jahren erstmals wieder als Deutscher zum Papst brachte, konnte Helmut Kohl nie so richtig etwas anfangen. Gleiches gilt für den strengen Erzbischof von Köln, Joachim Kardinal Meisner. »Der Kardinal hat keine Ahnung, 80 Prozent des Klerus würden ein Kreuz machen, wenn er verschwände«, sagte er zu Schwan. Wen wundert es da, dass er im selben Atemzug dem Vatikanrebellen Hans Küng Gutes abgewann. Beim baden-württembergischen Ministerpräsidenten, dem Parteifreund Lothar Späth, setzte er sich sogar dafür ein, außerhalb der theologischen Fakultät einen neuen Lehrstuhl zu schaffen, damit Küng trotz des Verbots der Kirche weiterhin seine Vorlesungen halten konnte. Küng nannte den Bundeskanzler nach einem gemeinsamen Mittagessen einen »Katholiken im Geist des Konzils«.

Es waren vor allem die Religiosität und die Verwurzelung in der katholischen Kirche, die das Elternhaus von Helmut Kohl etwas weniger anfällig gegenüber den chauvinistischen Verführungen der Zeit machten. Freilich waren Kaiserzeit und Untertanengeist noch in den Köpfen. Und Reichspräsident Paul von Hindenburg, der Schlachtenlenker des Weltkrieges, war für viele so etwas wie ein Ersatzkaiser. Doch die Kohls hatten als strenge Katholiken ja noch ihren Papst in Rom. Außerdem waren sie in der Republik angekommen, die Deutschland infolge des Ersten Weltkrieges geworden war. Sie wählten – natürlich – die katholischen Parteien, Vater Hans Kohl als ehemaliger Berufssoldat den bayerischen Ableger des Zentrums, die Bayerische Volkspartei. Die BVP war – anders als das nationalliberale Zentrum – stramm rechts und hatte den Generalstaatskommissar Gustav von Kahr unterstützt, der Bayern und damit auch die Rheinpfalz zeitweise mit diktatorischen Vollmachten regiert hatte. Mutter Cäcilie votierte für das Zentrum, das in der Rheinpfalz seit Mitte der 20er-Jahre mit der BVP um die Stimmen der Katholiken konkurrierte. Oft erzählte Helmut Kohl, dass damals in den Kirchen der Pfalz in der Frühmesse der Kaplan zur Wahl des Zentrums aufrief und später, im Hochamt, der Pfarrer seine Gemeinde auf die BVP einschwor. Er wollte damit in Erinnerung rufen, wohin Zersplitterung führe, hatte doch die des politischen Katholizismus im Besonderen und der Christenheit im Allgemeinen den Nationalsozialisten erleichtert, Deutschland in die Diktatur zu führen.

Doch wie hielt man es in Kohls Elternhaus mit Hitler, der im Januar 1933 Reichskanzler wurde? Den Schilderungen des Bundeskanzlers zufolge war sein Vater ein konsequenter Gegner der Nationalsozialisten. Und in den vielen Biografien, die über dessen Sohn geschrieben wurden, demzufolge auch. Wenn dem so gewesen wäre, hätte es sich bei Hans Kohl zweifelsfrei um eine Ausnahmeerscheinung gehandelt. Denn für die ganz normalen Leute war Hitler damals nicht das abscheuliche Ungetüm, das er in der Retrospektive geworden ist. Er war zunächst einmal nichts anderes als ein fanatischer Antikommunist und Revisionist. Hindenburg und die Konservativen, die ihn gemacht hatten, wollten ihn gegen den gottlosen Marxismus instrumentalisieren. In diesem sahen sogar die Sozialdemokraten die Hauptgefahr für die Republik, was sie später nicht mehr wahrhaben wollten. Freilich wurde Hitler eine gewisse Unberechenbarkeit attestiert. Aber deshalb wollten sie ihn ja »einrahmen« im »Kabinett der nationalen Konzentration«. Und da war ja auch noch der Reichspräsident, der im Gegensatz zum

Bundespräsidenten enorme Macht in seinem Amt vereinigte.

Nur wenige Deutsche außerhalb des linken Lagers sahen in Hitler eine ernsthafte Gefahr. Das änderte sich kaum, als er sich mit einer Art Notstandsgesetz, dem Ermächtigungsgesetz vom März 1933, diktatorische Vollmachten geben ließ. Er wollte mit den Kommunisten, die als Fanal für den Umsturz soeben den Reichstag angezündet hätten – so wollte man es glauben machen –, endgültig »aufräumen«. Das katholische Zentrum und die BVP trugen dies – wie alle Parteien mit Ausnahme der Sozialdemokraten und der schon nicht mehr im Parlament vertretenen Kommunisten – in einer Stimmung der nationalen Erhebung mit und schafften sich faktisch damit selbst ab. Sie wollten nicht abseits stehen. Dabei sein war alles. Und geahnt, was kommen würde, hatten die allerwenigsten.

Die nie geliebte Demokratie von Weimar war zwar nach 14 Jahren dahin. Aber dafür hatten die Deutschen jetzt einen »Führer«, der der stolzen Nation ihre Würde zurückzugeben schien, die sie durch die demütigenden Versailler Friedensbedingungen und die darin diktierte alleinige Kriegsschuld verloren zu haben glaubten. Er tat dies, indem er die allgemeine Wehrpflicht einführte, die Saar »heim ins Reich« holte und das nach dem Abzug der Franzosen entmilitarisierte Rheinland besetzen ließ. Entsprechend war die Begeisterung – vor allem im Kleinbürgertum des »Grenzlandes« –, die durch die offen zutage tretende Kirchenfeindlichkeit der Nazis und weniger ihrer Übergriffe gegen die Juden wegen freilich bald getrübt wurde. Aber was war das alles schon gegenüber der Tatsache, dass Hitler Versailles revidiert und großdeutsche Träume mit dem Anschluss Österreichs realisiert hatte. Schlug da nicht auch das Herz des ehemaligen Weltkriegskämpfers Hans Kohl höher?

Als dann der Zweite Weltkrieg mit dem Überfall auf Polen begann, folgten sie alle dem »Führer«, wenn auch nicht mit Begeisterung wie im August 1914. Das Vaterland rief. Jeder »anständige« Deutsche fühlte sich in der Pflicht – auch Hans Kohl, der als Reserveoffizier gleich zu Beginn des Krieges eingezogen wurde. Und die katholische Kirche forderte ihre Gläubigen auf, für »Führer, Volk und Vaterland« einzustehen. Die Situation hatte etwas Schizophrenes: Millionen Deutsche stellten sich jetzt ihrer Vaterlandsliebe wegen in den Dienst einer verbrecherischen (Krieg-)Führung und versuchten eben dies – nachdem sie es begriffen hatten – zu verdrängen, soweit es zu verdrängen war. Nur so wird es einigermaßen nachvollziehbar, dass Vater Kohl seinem ältesten Sohn Walter riet, sich freiwillig zum Kriegsdienst zu melden, obwohl er offenbar um die Verbrechen wusste, die im Osten begangen wurden. Er gab nämlich – wie Tochter Hildegard später berichtete – bereits im Februar 1940, nachdem er aus Polen zurückgekehrt war, zu bedenken: »Wenn wir das büßen müssen, was wir dort anrichten, dann haben wir nie wieder etwas zu lachen.«

Zunächst sah es ja aus, als gäbe es nichts zu büßen. Frankreich, gegen das sie im Ersten Weltkrieg im vierjährigen Stellungskrieg verblutet waren, wurde in einem Blitzkrieg besiegt. Die Begeisterung war grenzenlos. Und sie feierten Hitler als »größten Feldherrn aller Zeiten«. Eine Woche läuteten die Kirchenglocken im Reich. Doch als der erhoffte Frieden wegen des hartnäckigen Widerstands der Briten wider Erwarten ausblieb und Hitler im Angriff auf die Sowjetunion vor der Beendigung des Krieges im Westen den einzigen Ausweg aus dem Dilemma sah, war es damit wieder schnell vorüber. Für die Älteren und damit auch für Hans Kohl dürfte der Russlandfeldzug, auch wenn die katholische Kirche hinter dem »Kreuzzug gegen den Bolschewismus« stand, der Beleg dafür gewesen sein, dass es mit Hitler in die Katastrophe gehen würde. Denn der Oberleutnant wusste allzu gut, wie es im Ersten Weltkrieg mit dem Zweifrontenkrieg geendet hatte. Mit Stalingrad bewahrheiteten sich dann die schlimmsten Befürchtungen. Die Älteren waren nun alle irgendwie gegen Hitler, taten aber dennoch ihre Pflicht – des Vaterlandes wegen.

Als der Zweite Weltkrieg begann, war Helmut Kohl neun Jahre alt. Der Oberschüler konnte vorerst noch Kind sein, denn die Schlachten fanden nur im Schulunterricht statt. Die Versorgung der Bevölkerung war noch gewährleistet. Und was der Junge vom Krieg mitbekam, das waren lediglich die ersten Flüchtlingstrecks. Es waren Bauern aus dem deutsch-französischen Grenzgebiet, die mit ihrer armseligen Habe vom sogenannten Westwall weg ins Rechtsrheinische evakuiert wurden. »Meine Mutter und andere Frauen, die mit uns Kindern am Wegesrand standen, weinten. Es waren wohl diese Tränen, die das für mich als Kind noch Unbegreifliche in meiner Erinnerung wachhielten«, schreibt Helmut Kohl.

Dann begann der Bombenkrieg gegen die Zivilbevölkerung und die kriegswichtige Chemieindustrie Ludwigshafens. Schon mit dem ersten schweren Angriff Anfang September 1943 wurden die Stadt und das Werk der IG Farben weitgehend zerstört. Es sollten noch 123 Angriffe folgen. Von Helmut Kohl, der bald in Speyer zur Oberschule gehen musste, weil seine Schule in Ludwigshafen kriegsbedingt geschlossen worden war, heißt es, er habe unzählige Bombennächte im Schutzbunker verbracht, der nicht weit von seinem Elternhaus entfernt lag. Kind sein durfte er von nun an nicht mehr, denn auch er musste als Angehöriger eines Schülerlöschtrupps bei der Bergung von Verschütteten mithelfen. Das mitangesehene Grauen machte den 13-Jährigen sicherlich Wut auf diejenigen, die es unmittelbar verursacht, und nicht auf die, die es mittelbar verschuldet hatten.

Für die Ludwigshafener Bevölkerung und damit auch für die Kohls ging es damals, wie für die meisten in den vom Luftkrieg heimgesuchten Städten, ums nackte Überleben. Dazu kam bald die Sorge um den älteren Bruder, der bei der Elitetruppe der Luftwaffe, den Fallschirmjägern, gegen die alliierten Invasionsarmeen in der Normandie kämpfte. 1944 wurde er verwundet und lag in Westfalen in einem Lazarett. Als er – wieder genesen – im November mit dem Zug zu seiner Einheit zurückfuhr, kam er bei einem Tiefflieger-Angriff ums Leben. Der Vater, der zu diesem Zeitpunkt wegen eines Herzleidens als Hauptmann aus der Wehrmacht ausgeschieden war, verkraftete den Tod seines 19 Jahre alten Sohnes kaum. Wie hätte er auch? Lange Zeit soll er nicht ansprechbar gewesen sein. Erschüttert war auch Helmut Kohl, von dem sich sein Bruder beim letzten Heimaturlaub mit den Worten verabschiedet hatte: »Pass auf dich auf, ich komme nicht wieder. Und kümmere dich vor allem um Mama.«

Zeitlebens sprach Helmut Kohl mit Ehrfurcht von seinem Bruder. Später gaben er und seine Frau Hannelore ihrem Erstgeborenen den Namen Walter. Und es ist gewiss kein Zufall, dass dieser seinen Wehrdienst bei einem Jäger-Regiment ableistete. Helmut Kohl begrüßte es, dass seine beiden Söhne – der jüngere, Peter, war bei einem Fallschirmjäger-Regiment – in der Bundeswehr dienten. Offenbar sollte seine Familie ein Vorbild sein, während Söhne anderer Politiker sich mitunter der Wehrpflicht durch die Übersiedlung nach West-Berlin entzogen oder den Dienst an der Waffe verweigerten.

Helmut Kohl selbst, der nie etwas Militärisches an sich hatte, gehörte zu den sogenannten »weißen Jahrgängen«, zu denjenigen, die beim Aufbau der Bundeswehr für die

Wehrpflicht im demokratischen Deutschland als zu alt befunden wurden. Für den Kriegsdienst in der Wehrmacht waren sie nicht alt genug gewesen. Erst ganz zum Schluss griff das verbrecherische Regime sogar auf die 13- und 14-Jährigen im »Jungvolk« zurück. Der Ludwigshafener kam so wenige Monate vor Kriegsende in ein Wehrertüchtigungslager nach Berchtesgaden, nachdem er im Herbst 1944 noch in der Kinderlandverschickung in Erbach im Odenwald gewesen war. Aus der »uneinnehmbaren Alpenfestung« heraus sollte der »Endkampf« geführt werden. Und Helmut Kohl sollte als Flakhelfer dabei sein.

»Hier gefällt es mir gut«, doch »das Essen lässt zu wünschen übrig«, schrieb er im März 1945 von Berchtesgaden an die Eltern nach Ludwigshafen. In seinen *Erinnerungen* beschränkt er sich bei der knappen Schilderung seiner dortigen Zeit weitgehend auf die Fakten. Und auch gegenüber dem Sohn Walter tat er es nicht anders. Der hielt später darüber fest: »Kriegserlebnisse berichten – ja, das mochte er, aber immer nur das äußere Geschehen und die Fakten. (...) Als Kind war ich fasziniert, denn er war ein glänzender Berichterstatter. Sobald ich älter und nachdenklicher wurde, interessierte ich mich aber auch dafür, was er, der ja an Leib und Seele ein Betroffener war, wohl selbst gefühlt und gedacht haben mochte. Da schaute er mich nur lange mit bedrückter Miene an.«

Warum mochte Helmut Kohl nicht darüber sprechen? Weil er generell nicht gerne über Gefühle sprach? Oder weil er stolz gewesen war, mit den Gleichaltrigen für die Volksgemeinschaft, für das Vaterland, einzustehen? Hatte es nicht auch für ihn erhebend geschienen, Teil eines vermeintlich großen Ganzen zu sein, wie es mit bombastischen und ebenso hohlen Propagandaphrasen vom Regime in Schule und »Jungvolk« suggeriert worden war? Freilich war er mit den Mahnungen und Ratschlägen des Vaters und dem Segen der besorgten Mutter aufgebrochen. Doch verlor dies nicht rasch an Bedeutung, als er in die Verantwortung genommen wurde? Denn wer nicht dabei war, gehörte nicht dazu und empfand solches als schweres Defizit, obwohl er eigentlich dankbar hätte sein müssen. Deshalb wollten die Allermeisten zum Entsetzen ihrer Mütter und Väter dabei sein. Und diejenigen, die aus einem nationalorientierten Elternhaus kamen, in dem der Vater Offizier in zwei Weltkriegen gewesen war, allemal. Tausende Jugendliche, Opfer brauner Indoktrination, bezahlten das große Abenteuer, als das sie den Kampf für das Vaterland sahen, mit ihrem jungen Leben.

Auch wenn er es damals vielleicht nicht so wahrgenommen haben mochte: Helmut Kohl hatte Glück, dass der »Endkampf« in der Alpenfestung ausfiel. Nachdem Hitler im Berliner Bunker unter der Reichskanzlei Selbstmord begangen hatte und sich seit dem verheerenden Bombenangriff auf Berchtesgaden und dem Obersalzberg am 25. April 1945 ohnehin alles in Auflösung befand, setzte er sich mit drei Gleichaltrigen in Richtung Heimat ab. Aus dem Radio erfuhren sie dann von der Gesamtkapitulation der deutschen Wehrmacht zum 8. Mai. Der Zweite Weltkrieg, der unvorstellbare 50 Millionen Menschenleben gekostet und nicht nur den europäischen Kontinent verwüstet hatte, war vorüber. Das Dritte Reich hatte aufgehört zu existieren. Menschenströme zogen durch das Land: Flüchtlinge, die vor der Roten Armee nach Westen auswichen, von den Nationalsozialisten Verschleppte und Gefangene – »displaced persons«, wie Amerikaner und Briten sagten –, die ebenso zurück in ihre Heimat wollten, wie die vielen deutschen Soldaten und Hitlerjungen, wie diejenigen aus Ludwigshafen. »Stunde null« nannte sich das.

Der gerade einmal 15 Jahre alte Helmut Kohl hatte schon während seiner Dienstzeit eine gewisse praktische Überlebensfähigkeit an den Tag gelegt, indem er bei den Bauern Proviant »organisiert« hatte – unkonventionell und erfinderisch. Jetzt stellte er diese Überlebensfähigkeit einmal mehr unter Beweis. Denn er und seine Kumpel erreichten trotz mancher Härten, zu denen Prügel ehemaliger polnischer Zwangsarbeiter ebenso gehörten wie die Schreckensbilder von aufgehängten Deserteuren, nach fünf Wochen Fußmarsch durch Bayern und Württemberg tatsächlich die pfälzische Heimat, die Anfang März von den Amerikanern besetzt worden war. Eine Hilfe, dass ihn am Ende seine Eltern glücklich in die Arme schließen konnten, waren die tausend Mark, die sie ihm in Sorge um sein Leben kurz vor seinem Aufbruch aus Berchtesgaden mit der Post geschickt hatten.

Ludwigshafen, in das der Junge zurückkehrte, gehörte seit Sommer 1945 zur französischen Besatzungszone, genauer gesagt zur sogenannten Nordzone, die aus der bayerischen Rheinpfalz, aus dem hessen-darmstädtischen Rheinhessen, den preußischen Regierungsbezirken bzw. Gebieten Koblenz, Trier und Montabaur sowie Hessen-Pfalz bestand. Wie die meisten Städte Deutschlands glich die einstige Chemiemetropole einer Ruinenlandschaft. Jegliche Infrastruktur war zusammengebrochen. Die verbliebenen Einwohner hungerten, wobei die Kohls in der glücklichen Lage waren, einen großen Garten zu besitzen. Das Schlimmste war, dass niemand wusste, wie es weitergehen würde. Gerüchte von einem Morgenthau-Plan geisterten umher, nach denen Deutschland deindustrialisiert und in einen Agrarstaat umgewandelt werden sollte. Wie solches auf die Menschen der Arbeiterstadt Ludwigshafen wirkte, die von der chemischen Industrie gelebt hatten, lässt sich leicht erahnen.

Vielleicht hatte ja die prekäre Ernährungssituation damit zu tun, dass Helmut Kohl sein Glück zunächst in der Landwirtschaft versuchte. Bauer wollte er werden wie seine Vorfahren väterlicherseits. Deshalb verließ er Ludwigshafen und begann im amerikanischen Mainfranken eine Lehre. Er war sich darüber im Klaren, die Zukunft in die eigenen Händen nehmen zu müssen. Dies war seinerzeit nichts Besonderes, hatten doch die Umstände aus Kindern allzu früh Erwachsene gemacht. Mit anderen Worten: Der Krieg hatte neben den Kindern und Jugendlichen, die schwere, ihr ganzes Leben bestimmende psychische Verwundungen davongetragen hatten, in der Mehrheit robuste und überlebensfähige junge Leute hervorgebracht, die mit den Unbilden der Nachkriegszeit umzugehen wussten.

Die Landwirtschaft erwies sich bald als eine fixe Idee des 15-jährigen Helmut Kohl. Bestärkt von den Eltern, beschloss er dann doch, die Oberschule in Ludwigshafen, die ihren Lehrbetrieb wieder aufgenommen hatte, zu Ende zu machen. »Helle« nannten sie dort den Kerl, der bald 1,93 Meter groß war und trotz überschaubarer schulischer Leistungen entsprechend selbstbewusst und selbstständig auftrat. Dies mag auch daran gelegen haben, dass er neben der Schule allerlei Beschäftigungen nachging. So verdiente er etwas Geld auf dem Bau, an einer Tankstelle und in einer Getränkehandlung. Gleichwohl war er denen, die weniger hatten als er, ein guter Kamerad. Man hielt damals zusammen, denn man war aufeinander angewiesen. Um einigermaßen durchzukommen, musste oft improvisiert und organisiert werden, und Letzteres notfalls an den Verordnungen der Besatzungsmächte vorbei. In der französischen Zone war das Leben schwerer und auch demütigender als in der amerikanischen auf der anderen Seite des Rheins. Die Franzosen führten ein rigoroses Regiment gegen die verhassten Deutschen und schürten überdies – wie schon nach dem

Ersten Weltkrieg – den Separatismus, um linksrheinische Gebiete von Deutschland abzutrennen.

Die Schaffung des späteren Landes Rheinland-Pfalz aus der Nordzone verzögerten sie. Im August 1946 taten sie es dann widerwillig, nachdem Amerikaner und Briten bereits die Bildung der Länder in ihren Besatzungszonen abgeschlossen hatten und Paris unter Druck geraten war. Doch mit der Gründung des Landes, der Zulassung politischer Parteien und der Einrichtung einer provisorischen Landesregierung unter der Aufsicht eines in Koblenz residierenden französischen Landeskommissars war die Gefahr noch nicht gebannt. »Über dem Rhein schwebte das Damoklesschwert: Holt die Besatzungsmacht jetzt nach, was sie nach dem Ersten Weltkrieg schon einmal versucht hatte? Kein Geringerer als General Charles de Gaulle sprach sich im Herbst 1945 für die Annexion der Rheinlande aus und brachte noch 1948 die besetzte Zone als Pfand, wie einst Poincaré, ins Spiel«, fasst der Pfälzer Historiker Theo Schwarzmüller die damals schwierige Lage zusammen.

Nicht zuletzt deshalb lebten die alten Feindbilder in den Köpfen vieler Deutscher in der französischen Besatzungszone und damit in der Pfalz fort. Den 8. Mai 1945 hatten die meisten in den zerbombten Städten und auch auf dem Land nicht als Tag der Befreiung empfinden können, höchstens als Tag der Erleichterung, dass endlich alles vorüber war. Die Menschen brauchten ihre Zeit, die zwölf Jahre Nationalsozialismus hinter sich zu lassen, zu verarbeiten, was eigentlich geschehen war, und um das Kriegsende als Chance eines Neuanfangs zu erkennen. Außerdem waren sie mit den praktischen Dingen des Lebens befasst, weshalb politische Betätigung in der Bevölkerung auf wenig Resonanz stieß. Entsprechend zäh gestaltete sich dieser Neuanfang, wie ihn die westlichen Sieger, allen voran die Amerikaner betrieben, indem sie die Bildung demokratischer Strukturen und Parteien förderten.

Gleichwohl gab es besonders unter den Jungen, die nur noch nach der Zahl ihrer Lebensjahre jung waren, diejenigen, die nach politischer Neuorientierung und Perspektive strebten und sich selbst einbringen wollten. Anfangs hatten sie noch unklare Vorstellungen von einer menschlichen, stabilen und freiheitlicheren Zukunft. Eines stand aber für Helmut Kohl und seine Generation fest, nachdem sie begriffen hatten, was Krieg an Verwüstungen materieller und menschlicher Art bedeutete: Ein künftiges Deutschland sollte ein pazifistisches sein, hieß doch die Losung der Stunde »Nie wieder Krieg!«. Sie sollte die lebenslange Grundlage des politischen Wirkens von Helmut Kohl werden.

Diejenigen, die wie er den Neuanfang mitgestalten wollten, trafen nun auf die Politiker, die soeben aus den Gefängnissen der Nationalsozialisten oder aus der Emigration auf die politische Bühne zurückkehrten, die sie nach dem Ende der Weimarer Republik hatten verlassen müssen. Die politische Gedankenwelt aus den Zeiten der Demokratie war ihnen noch gegenwärtig, waren doch die zwölf Jahre, die seitdem vergangen waren, kein zu langer Zeitraum. (Es erscheint uns heute aufgrund der Monstrosität des Geschehenen ungleich länger.) Diese Frauen und Männer waren es, die dem darniederliegenden Deutschland unter der strengen Aufsicht der Siegermächte den politischen Neuanfang bescherten. Es waren viele, doch nur die Namen weniger finden sich in den Geschichtsbüchern wieder, wie etwa die der Sozialdemokraten Kurt Schumacher und Erich Ollenhauer, die der christlichen Demokraten Konrad Adenauer und Jakob Kaiser oder der des liberalen Theodor Heuss.

Es war folgerichtig, dass Helmut Kohl, der Oberschüler aus dem katholischen Kleinbürgertum 1946 in den Dunstkreis der soeben von zumeist ehemaligen Zentrumsleuten gegründeten, interkonfessionellen Christlich Demokratischen Union (CDU) geriet und im folgenden Jahr in diese eintrat. Sein Vater hatte zu diesem Zeitpunkt in Ludwigshafen-Friesenheim einen Ortsverband der CDU mit ins Leben gerufen. Und Sohn Helmut wurde vom dortigen Gemeindepfarrer zu einem Dekan namens Johannes Finck vermittelt. Dieser war der geistige und programmatische Kopf der pfälzischen CDU. Der schon 1912 im Dom zu Speyer geweihte Priester war Kaplan in verschiedenen Teilen der Pfalz und hatte nach dem Ersten Weltkrieg, an dem er teilnahm, die *Neue Pfälzische Landeszeitung* gegründet. Als deren Chefredakteur wagte der Zentrumspolitiker, zusammen mit seinem Bruder Albert, die Auseinandersetzung mit der französischen Besatzungsmacht.

Ebenso mutig hatte sich Johannes Finck zuvor publizistisch den Nationalsozialisten entgegengestellt, ehe sie ihn mit ihren Methoden zur Räson gebracht hatten. Sein Pfarrhaus in Limburgerhof, einer Arbeitergemeinde an der Grenze zu Ludwigshafen, blieb dennoch eine demokratische Insel im Meer der Anpassung und Verblendung. In den letzten Jahren der braunen Herrschaft trafen sich dort katholische Regimegegner. In eben jenem Pfarrhaus versammelte sich jetzt nach Kriegsende ein Gesprächskreis gleichgesinnter Christen, die über die Zukunft Deutschlands nachdachten. Doch nicht nur das: Fincks Kreis – die »politische Sonntagsschule« – ähnelte einem Seminar, das sich mit den geistespolitischen Strömungen des 19. und 20. Jahrhunderts beschäftigte. Helmut Kohl wurde nun mit seinen 16 Jahren der jüngste Teilnehmer. »Über Johannes Finck bin ich in die Politik geraten«, schrieb er später in seinen Memoiren. Ohne den ehemaligen »Zentrumsprälaten« hätte es also den Politiker und Staatsmann Helmut Kohl wohl nicht gegeben.

Nach Elternhaus und nationalsozialistischer Zeit erhielt der junge Mann dort seine zweite – politische – Sozialisierung. Sein »Lehrmeister«, wie er Finck in der Rückschau bezeichnen sollte, und dessen Bruder Albert waren »reichstreu«, wie man damals sagte. Es bedeutete, dass ihnen die Schaffung eines ungeteilten Nationalstaats, genauer gesagt eines »Föderativ-Staats«, vor Augen schwebte. Etwas anderes mochte und konnte man sich in Limburgerhof auch gar nicht vorstellen. Doch das Sagen in Deutschland hatten die Sieger, die das in seinem Territorium im Osten verkleinerte ehemalige Reichsgebiet in vier Zonen aufgeteilt hatten, seine Hauptstadt Berlin in vier Sektoren. Waren schon Amerikaner, Briten und Franzosen mitunter uneins, so kam noch hinzu, dass sich zwischen den Westzonen und der Ostzone eine Weltanschauungsgrenze auftat, die beim Blick auf die Errichtung eines künftigen Nationalstaats alles andere als Zuversicht vermitteln konnte. Und daheim in der Pfalz hatten sie ja das Problem mit der französischen Besatzungsmacht.

Johannes Finck war ein leidenschaftlicher Kämpfer für eine deutsche Pfalz und auch gegen die Saarpolitik Frankreichs, das sich das Gebiet mit seinen Bergwerken und Eisenhütten – wie schon nach dem Ersten Weltkrieg – einverleiben wollte. Doch Finck schürte bei allem Widerstandswillen gegen die Besatzer keinen Hass. Er dachte vielmehr in Kategorien wie Nächstenliebe und Vergebung. Außerdem war er sich bewusst, dass zu einer so langen Feindschaft, wie sie zwischen Deutschen und Franzosen gegeben war, immer zwei Seiten gehörten. Getragen war seine Vorstellungswelt von einer Aussöhnung mit dem Nachbarn, die gleichzeitig Fundament eines vereinten Europa sein sollte – Überlegungen, wie sie überall angestellt wurden, wo Christdemokraten in der Nachkriegszeit über die Zukunft Deutschlands nachdachten.

In Limburgerhof wähnten sie sich damit in der Tradition des Hambacher Festes vom März 1832. »Damals kamen auf der Maxburg oberhalb von Hambach in der Pfalz dreißigtausend Menschen zusammen, darunter auch Polen und Franzosen, und forderten ein freies, geeintes Deutschland und einen Bund der europäischen Staaten. Die Redner ließen das gemeinsame und freiheitliche Europa begeistert hochleben«, berichtete Kohl nicht weniger begeistert in seinen *Erinnerungen*, in denen er noch darauf hinwies, dass über dem Hambacher Schloss erstmals wieder die schwarz-rot-goldene Nationalfahne als Symbol für Demokratie und Vaterland geflattert habe.

Was angesichts der Trostlosigkeit der Nachkriegszeit so weit entfernt schien, war schon infolge des Ersten Weltkrieges in den Zentrumszirkeln der Weimarer Republik diskutiert worden. Auch damals hatte man nach Wegen gesucht, die statt immerwährendem Hass und Revanchegedanken zwischen Deutschen und Franzosen in eine friedfertige Zukunft führen sollten. Die Vision vom »Friedensprojekt Europa«, die Helmut Kohl in Limburgerhof sozusagen mit der Muttermilch einsog, änderte nichts an seiner Haltung, für eine deutsche Pfalz im Geiste von Johannes Finck gegen die französischen Besatzer kämpfen zu wollen. In der Rückschau schrieb er: »Der Verbleib meiner Heimat bei Deutschland (...) war schon uns Schülern im zerbombten Nachkriegs-Ludwigshafen ein hohes Gut.« Ihre ganze Leidenschaft, eine ungestüme Leidenschaft, wie sie den Jungen eigen ist, galt diesem Kampf. Und so schilderte es Kohl immer wieder als eines seiner eindrucksvollsten frühen politischen Erlebnisse, als Johannes Finck eine Großkundgebung der CDU im pfälzischen Landau mit der Aufforderung beschloss, nunmehr gemeinsam »unsere Nationalhymne« anzustimmen und dreitausend Gekommene mitsangen – und dies gegen den Protest der französischen Besatzungsmacht. Kohl schrieb von einer unbeschreiblichen Stimmung – »viele weinten in diesem Augenblick, und keiner zweifelte mehr daran, dass die linksrheinische Pfalz bei Deutschland bleibt«.

Dass sie in Landau das »Einigkeit und Recht und Freiheit« anstimmten, war alles andere als eine spontane Sache, sondern von den Brüdern Finck wohlvorbereitet. Auf der Rückseite des Programmzettels hatten sie die dritte Strophe des Deutschlandliedes abdrucken lassen. Dies war auch erforderlich, denn kaum ein Versammlungsteilnehmer kannte damals die dritte Strophe des Liedes, wohl aber die erste, in der es hieß, »Deutschland, Deutschland über alles …«. Wenn Johannes Finck von »unserer Nationalhymne« sprach, dann war er der Zeit weit voraus. Es war sein Bruder Albert, der nicht ruhen und rasten sollte und schließlich einen gehörigen Anteil daran hatte, dass die dritte Strophe des Deutschlandliedes im Jahr 1952 die Nationalhymne der Bundesrepublik Deutschland wurde. Helmut Kohl sollte nach der Wiedervereinigung im Schriftverkehr mit Bundespräsident Richard von Weizsäcker sicherstellen, dass dies auch so bleiben würde.

Wie die Landauer Episode zeigte, war das Nationalbewusstsein der Deutschen in der Nachkriegszeit ungebrochen. Die moralische Schuld, die die Nation auf sich geladen hatte, spielte in ihrem Bewusstsein noch eine geringe Rolle. Sie waren vor allem mit sich selbst beschäftigt. Die Verbrechen, insbesondere der Völkermord an den europäischen Juden, auf den sich in späteren Jahrzehnten die Auseinandersetzung mit dem Nationalsozialismus fokussieren sollte, wurden damals weitgehend verdrängt. Das lag auch daran, dass Millionen Deutschen durch Bombenkrieg, Vertreibung und Deportation ebenfalls schlimmes Unrecht widerfahren war und viele im Machtbereich der Sowjets unter der kommunistischen

Herrschaft litten, oder, wie der Publizist und ehemalige Buchenwald-Häftling Eugen Kogon im Nachwort seines bekannten Buchs *Der SS-Staat* schrieb, »weil das Abschreckende, das vergangen ist, unter den wirren Schrecken, die gegenwärtig sind, seine Wirkung« verlor.

Die Frage nach der moralischen Verantwortung, die die nachfolgende Generation formulierte und damit die Republik zu verändern begann, stellten sie in Limburgerhof und andernorts in den Zirkeln der Nachkriegs-CDU (und auch bei den anderen Parteien) vorerst nicht. Und auch diejenigen, denen in deutschem Namen unendliches Leid zugefügt worden war, blieben außen vor. Man beteuerte stattdessen den Friedenswillen der christlichen Sozialisten, wenn es etwa in den »Kölner Leitsätzen« aus der unmittelbaren Nachkriegszeit hieß, »dass die Politik der Gewalt und des Krieges nicht nur eine Versündigung am eigenen Vaterland, sondern auch ein Verbrechen an der Menschheit ist. Deutschland muss führend sein in der Verwirklichung der Sehnsucht der Völker nach einem ewigen Frieden.« Und zu diesem »ewigen Frieden« gehörte natürlich auch einmal die Aussöhnung mit den Polen, aber auch mit den Juden, die in Israel ihren eigenen Staat errichteten.

Solches war noch außerhalb der Welt des jungen Helmut Kohl. Zu Beginn der 50er-Jahre verfolgte er dann interessiert die ersten Kontakte zwischen der Bundesrepublik und Israel. Ein sogenanntes »Wiedergutmachungsabkommen« wurde abgeschlossen. Der materiellen Unterstützung für den bedrängten Judenstaat folgte eine Annäherung, die mit dem historischen Treffen im New Yorker Waldorf Astoria Hotel ihren symbolischen Ausdruck fand. Am 14. März 1960 reichten sich dort Bundeskanzler Konrad Adenauer und der israelische Premierminister David Ben Gurion die Hand. Damit begann die Aussöhnung. Kohl sollte später als Bundeskanzler nicht nur im Geiste Adenauers voranschreiten. Die Beziehungen zu Israel sollten ihm ein besonderes Anliegen werden. Der britisch-jüdische Verleger Lord George Weidenfeld spricht von einer »tiefen Bindung« Helmut Kohls an die jüdisch-deutsche Aussöhnung. »Helmut Kohls Leben hat eine zunächst steile, aber kontinuierliche Lernkurve in seiner Beziehung zur jüdischen Welt gezeigt.« Dies sei die bemerkenswerteste Leistung Kohls, für die er ihm dankbar sei, schrieb Weidenfeld im April 2000.

Sechzehn Jahre zuvor, im Januar 1984 war Helmut Kohl zum ersten Mal als Bundeskanzler nach Israel gereist. Dort umriss er, der noch am Anfang des Lernprozesses stand, von dem Weidenfeld sprach, die Haltung des demokratischen Deutschland zum düstersten Kapitel seiner Geschichte. Er sagte, dass es zum deutschen Selbstverständnis gehöre, »das Bewusstsein für das ganze Ausmaß dieser schrecklichen Vergangenheit stets wach zu halten. Wir wollen nicht vergessen, und wir müssen uns gegen jeden Versuch zur Wehr setzen, die Verbrechen zu verdrängen oder zu verharmlosen. Deutsche wurden als Einzelpersonen schuldig, aber die Deutschen in ihrer Gesamtheit haften für das Unrecht, das in ihrem Namen begangen wurde. Sie tragen auch gemeinsam Verantwortung dafür, dass auf deutschem Boden nie wieder eine Gewaltherrschaft entsteht und dass von deutschem Boden nie wieder Krieg ausgeht.«

Von einer kollektiven Schuld der Deutschen, wie sie in den frühen 50ern und wiederum zu Beginn der 90er-Jahre diskutiert wurde, wollte Kohl nichts wissen. Dies hat nicht zuletzt mit seinem und dem Geschichtsbild seiner Generation zu tun. Männer machten danach Geschichte, die Bismarcks, die Wilhelms, die Churchills und Hitlers. Sie – und nicht die Völker – trugen auch die Verantwortung für ihr Tun. Schuld an der großen Katastrophe der Deutschen waren demnach für den jungen Kohl – er stand damit nicht alleine, wie in den frühen Papieren der CDU zu lesen ist – einzelne Personen: der Diktator, seine Paladine und Vollstrecker und deren Verbündete, die Militärs und die großkapitalistischen Rüstungsmagnaten. Mit regem Interesse – hieß es über Helmut Kohl – habe er schon als Schüler die Nürnberger Prozesse gegen die Hauptkriegsverbrecher und gegen all die anderen verfolgt. Später, als Bundeskanzler, sollte er sich für die Begnadigung des in Nürnberg zu lebenslanger Haft verurteilten Hitler-Stellvertreters Rudolf Hess verwenden, der 45 Jahre in Einzelhaft gesessen hatte. Es war für Kohl ein Akt christlicher Barmherzigkeit.

Die Masse der Deutschen bestand für ihn aus Mitläufern. Sie legten nach Auffassung der im Pfarrhaus in Limburgerhof Versammelten und damit auch für Kohl, die Ohnmacht der Menschen in der Diktatur offen, nämlich dass sie – wie sein Vater – als Soldaten der Wehrmacht anständig sein, aber durch die Umstände dennoch zu Rädern im Räderwerk des Bösen werden konnten – Umstände, denen sich zu widersetzen oft auch die Erziehung nicht zuließ. Wie Helmut Kohl über die Rolle des »normalen« Deutschen in der Diktatur dachte, zeigte später auch seine Haltung im Fall des österreichischen Bundespräsidenten. Kurt Waldheim war wegen seiner Vergangenheit als Offizier der Wehrmacht Ende der 80er-Jahre in die öffentliche Kritik geraten. Eine Untersuchungskommission stellte schließlich fest, er hätte in Griechenland zwar »genaue Kenntnis« von Kriegsverbrechen gehabt, sei aber nicht an solchen beteiligt gewesen und habe sich auch nicht schuldhaft verhalten. Doch der Bericht half Waldheim wenig. Seine internationale Reputation war dahin. Er sei ein »anständiger Mann, der viel zu feige war, um unanständig zu sein«, meinte Kohl über Waldheim, mit dem er gelegentlich während seines Urlaubs im österreichischen St. Gilgen zusammentraf. Zu den Vorwürfen gegen den baden-württembergischen Ministerpräsidenten Hans Filbinger, der im Zweiten Weltkrieg Marinerichter gewesen war und als solcher Todesurteile verhängt hatte, äußerte er, bei ihm »hatte ich praktisch die gleiche Position wie bei dem österreichischen Bundespräsidenten. Ich habe beiden gesagt: ›Sagt den Menschen, wie es war!‹«

Auch über die Soldaten der Waffen-SS brach Kohl den Stab nicht: »Das waren Feldsoldaten, anständige Leute.« Er meinte damit nicht jene, die KZs bewachten, sondern die unzähligen jungen Männer, die seit 1943 zur Waffen-SS eingezogen wurden, ohne jemals gefragt worden zu sein. Auch sie hatten Brüder, Väter und Mütter, die trauerten, wenn sie gefallen waren, so wie sie zu Hause in Ludwigshafen um den Soldatentod seines Bruders getrauert hatten. Insofern sah der Bundeskanzler nichts Anrüchiges daran, auf dem Soldatenfriedhof Kolmeshöhe bei Bitburg, auf dem auch Angehörige der Waffen-SS ihre letzte Ruhe gefunden hatten, mit Ronald Reagan im Mai 1985 Kränze niederzulegen.

Was zusammen mit dem Besuch im ehemaligen Konzentrationslager Bergen-Belsen als Versöhnungsgeste gedacht war, zog eine lange, kontroverse und überaus hitzig geführte Diskussion nach sich. In seinem 1994 erschienenen Buch *Helmut Kohl. Ein Prinzip* kam der langjährige Leiter der hessischen Staatskanzlei und ehemalige CDU-Mann Alexander Gauland zum Kern, wenn er schrieb: »Versöhnung ist etwas ganz und gar Individuelles. Wird sie öffentlich zelebriert, kann sie als der Versuch missdeutet werden, die Vergangenheit zu begraben, sich sogar mit dem Verbrechen zu versöhnen. Im Osten mag die Erfahrung des russischen Einbruchs in Ostpreußen 1944 die scharfe Trennung zwischen wahr und falsch aufgehoben und damit dem Kampf der deutschen Truppen ein Recht gegeben haben. Im Westen galt einschränkungslos der

Satz von Norbert Blüm: ›Solange die Front hielt, arbeiteten die KZs.‹«

Bitburg bestärkte die Kritiker Kohls, die glaubten, er sei ein gefährlicher Revisionist, der die Vergangenheit »entsorgen« wolle. Und als er zu Beginn seiner Kanzlerschaft von der »Gnade der späten Geburt« sprach, sahen sie darin den Versuch, die Nachkriegsgeneration von ihrer Verantwortung infolge des Holocaust freizusprechen. Kohl meinte aber damit – fast demütig – das Glück, dass es seiner Generation aufgrund ihres Alters erspart geblieben war, unschuldig schuldig zu werden. »Gnade der späten Geburt« heiße aber auch »Auftrag gegenüber den Jungen, die Erfahrungen weiterzugeben, die wir noch machen mussten, und Auftrag gegenüber der älteren Generation, dass wir jenen widerstehen, die ganz pauschale Urteile abgeben (...). Damit ist aber auch gesagt, dass wir Jüngeren kein Recht zur moralischen Überheblichkeit gegenüber einer Generation haben, der die ›Gnade der späten Geburt‹ nicht zuteilwurde.« Wer ein solches Recht für sich in Anspruch nehme, offenbare ein erschreckendes Maß an Geschichtslosigkeit, schrieb Kohl in seinen *Erinnerungen*.

Geschichtslosigkeit sah Kohl auch darin, wenn das »andere Deutschland« der Vergessenheit anheim gegeben werden würde. Schon in Limburgerhof wurde der Widerstand gegen Hitler gewürdigt, hatte man doch im Pfarrhaus auch konspirative Kontakte zu einigen seiner namhaften Vertreter gehalten. Einer von ihnen war der Jesuitenpater Alfred Delp, der dem Kreisauer Kreis um Helmuth James von Moltke angehörte und von den Nationalsozialisten in Plötzensee hingerichtet wurde. Kohl, der im November 1989 als Bundeskanzler das heute polnische Kreisau besuchen sollte, sog die Informationen über den deutschen Widerstand, die er im Pfarrhaus erhielt, geradezu in sich hinein. Wer ihn einmal über die mutigen Frauen und Männer hat sprechen hören, die den Aufstand des Gewissens gegen Hitler gewagt und mit dem Leben bezahlt hatten, der spürte den Respekt, den er ihnen entgegenbrachte – gleichgültig, ob sie aus dem Militär kamen, aus der Arbeiterbewegung, aus den Kirchen oder aus der Studentenschaft. Ein Claus Graf Schenk von Stauffenberg, der die Bombe in Hitlers ostpreußischem Hauptquartier legte, ein Carl Friedrich Goerdeler, der sich um die konkrete Ausgestaltung eines künftigen demokratischen Deutschlands den Kopf zerbrach, oder eine Sophie Scholl, die zusammen mit ihrem Bruder an der Münchner Universität der Barbarei mit Flugblättern entgegentrat. Sie waren für Kohl die wahren Helden der deutschen Geschichte und es hatte immer den Anschein, als sei er ein wenig stolz darauf gewesen, dass sein politischer Weg dort begann, wo sie mit dem Widerstand gegen Hitler im Bunde standen.

Die Erinnerung an den Widerstand fügte sich ein in Helmut Kohls Bemühungen, den Nachkriegsdeutschen eine Haltung gegenüber ihrer dunkelsten Geschichte zu vermitteln, die es ihnen ermöglichte, damit zurechtzukommen, was sie seiner Auffassung zufolge seit dem Ende der 60er-Jahre nicht mehr taten. Er wollte ein Stück Normalität für die Menschen »in diesem unserem Lande«, ohne dabei die braune Vergangenheit zu »entsorgen«. Und der Welt wollte er mit selbstbewussten Versöhnungsgesten zeigen, dass Deutschland ein ganz normales, modernes Land geworden sei, dessen Geschichte nicht automatisch mit den zwölf Jahren nationalsozialistischer Barbarei gleichgesetzt werden dürfe. Für Alexander Gauland manifestierte sich dies nach der Wende auch in Kohls »schon fast verzweifeltem Bemühen, mit der Kollwitz-Plastik in der Neuen Wache das Symbol der Erinnerung und der Mahnung zu finden, das alle Schrecken deutscher Geschichte in sich aufnimmt, um sie so im künstlerischen Ausdruck des Schmerzes geläutert, aber auch gebändigt begreifbar zu machen für die anderen wie für uns selbst«.

So groß das Interesse Helmut Kohls an der Geschichte von früh an auch war, in der unmittelbaren Nachkriegszeit schauten die Christdemokraten und damit auch er vor allem nach vorne. Wie sollte die künftige deutsche Gesellschaft aussehen? Oberstes Kriterium musste sein, den Rückfall in die Diktatur zu verhindern. Dem Christentum wurde dabei eine zentrale Rolle eingeräumt, denn »Christ sein in Deutschland«, sagte Kohl später einmal in einem Interview, »heißt zuallererst zu wissen, dass jede Form von Nationalismus und Chauvinismus eine schwere Sünde ist.« Analog dazu wurde eine Art christlicher Sozialismus, wie er schon in der Zentrumspartei der Weimarer Republik eine Rolle gespielt hatte, nun zu neuem Leben erweckt. Der Historiker Hans-Peter Schwarz schreibt über die diesbezüglichen Überlegungen des Finck-Kreises: »Die päpstlichen Sozialenzykliken werden vorgestellt und die Prinzipien von Solidarität und Subsidiarität als Universalschlüssel dargeboten, mit denen sich – so glaubt Finck, und so wird auch künftig Helmut Kohl glauben – die Tore zu einer gerechten, gut funktionierenden und humanen Industriegesellschaft öffnen lassen.«

Was in den Gruppierungen und Zirkeln in der Frühzeit der CDU diskutiert wurde, wies durchaus Parallelen zum Marxismus auf. Dies galt vor allem hinsichtlich der Verantwortung der Großindustrie für die deutsche Katastrophe. Laut marxistischer Lehre war der Faschismus die Speerspitze des Kapitalismus. Als Antwort darauf favorisierten sowohl Christen als auch Marxisten eine mehr oder weniger ausgeformte Planwirtschaft. In der CDU versuchte man sich daher von den gottlosen Widersachern abzugrenzen. So hieß es etwa im Ahlener Programm von 1948, dass die Planwirtschaft, wie sie die CDU anstrebe, kein Selbstzweck sei, sondern ausschließlich der Bedarfsdeckung des Volkes zu dienen habe. In der Plankommission der SED, die in der Sowjetischen Besatzungszone aus der zwangsweisen Vereinigung zwischen KPD und SPD hervorgegangen war, hätte man dem sicherlich nicht widersprochen.

Verkörperung der frühen linken Ausrichtung der CDU war nicht nur aus der Perspektive der Finck-Gefolgschaft neben dem christlichen Gewerkschafter und ersten nordrhein-westfälischen Ministerpräsidenten Karl Arnold vor allem der ehemalige Zentrumspolitiker und Vorsitzende der Ost-CDU, Jakob Kaiser. Nach dessen Vorstellungen sollte ein planwirtschaftlich gesteuertes Deutschland mit verstaatlichten Schlüsselindustrien fortan als blockfreier Staat in eine Vermittlerrolle zwischen Ost und West treten. Die linken unter den Gründervätern der CDU, deren Vorstellungen durchaus denen des Sozialdemokraten Kurt Schumacher ähnelten, waren der Auffassung, dass angesichts der immer tiefer werdenden weltanschaulichen Gräben zwischen Ost und West einzig eine deutsche Neutralität den Weg zur Wiedererrichtung eines gesamtdeutschen Staates ermöglichen würde.

Insbesondere die Jungen wie Helmut Kohl sahen in den politischen Vorstellungen der beiden Politiker die künftige Orientierung der CDU. Mit Begeisterung blickten sie deshalb zu ihnen auf. Besonders mit Jakob Kaiser verband den jungen Kohl noch etwas anderes. So wie er sich im Westen im Kampf gegen die französischen Besatzer sah, kämpfte dieser im Osten gegen die Sowjets und ihre deutschen Helfer. Kohl, der als 17-Jähriger Berlin besucht hatte, schrieb in der Rückschau, dass Jakob Kaiser einen »prägenden Eindruck« bei ihm hinterlassen habe. Dieser habe als Einziger aus dem engeren Kreis des christlich-gewerkschaftlichen Widerstandes in Berlin das Dritte

Reich überlebt und zusammen mit Andreas Hermes und Joseph Ersing in der Sowjetischen Besatzungszone die CDU aufgebaut. Er habe stets Hochachtung vor deren Mut und Gesetzestreue empfunden, mit denen sie in Berlin gegen Willkür und Diktatur der Sowjets gefochten hätten, meinte Kohl und hob hervor, dass Jakob Kaiser auch gute Beziehungen zur CDU der Pfalz unterhalten und sie in ihrem politischen Kampf gegen die französische Abspaltungspolitik mit Rat und Tat unterstützt habe.

Über Jakob Kaisers und Karl Arnolds deutschlandpolitische Vorstellungen, vor allem aber ihre sozialistischen Ambitionen, blieb Helmut Kohl in seinen *Erinnerungen* recht vage, standen diese doch in schroffem Gegensatz zu denen Konrad Adenauers. Aus der Sicht der Jungen in der CDU war der Mittsiebziger ein Anachronismus, ein Überbleibsel aus einer anderen Welt. Noch in der Kaiserzeit war der streng-katholische Zentrumspolitiker zum Kölner Oberbürgermeister gewählt und auf Lebenszeit ins Preußische Herrenhaus berufen worden. In der Weimarer Republik wurde er sogar mehrmals als künftiger Reichskanzler gehandelt. Als Präsident des Preußischen Staatsrates stand Adenauer in einer langen Auseinandersetzung mit dem sozialdemokratischen preußischen Ministerpräsidenten Otto Braun, die er bis vor den Staatsgerichtshof für das Deutsche Reich trug. Unterstützt von Teilen der Zentrumspartei versuchte er dort 1918/19 und 1929 ein von Preußen autonomes Rheinland zu schaffen, was ihm damals und auch später den Vorwurf einbrachte, er wolle das Rheinland auch von Deutschland loslösen. Unter den jungen Patrioten, wie Helmut Kohl einer war, machte dies den alten Mann zunächst einmal suspekt.

Adenauer, der im Dritten Reich zeitweise untertauchen musste und sogar vorübergehend in Gestapo-Haft saß, galt als Politiker, der nach Westen blickte. Die vorrückenden Amerikaner hatten ihn zum Oberbürgermeister seiner völlig zerstörten Heimatstadt Köln gemacht, die dann zur britischen Zone gehörte, in der er schließlich Vorsitzender der CDU geworden war. Adenauer war ein äußerst kluger und misstrauischer Mann, ein politischer Realist, der bei allem Bewusstsein für Macht in einem festen katholischen Wertgefüge lebte. Für jegliche Form des Kommunismus oder Sozialismus war darin kein Platz. Er favorisierte ein ganz anderes, bahnbrechendes, neues Gesellschaftsmodell: die Soziale Marktwirtschaft. Mit ihr sollte »das Prinzip der Freiheit auf dem Markt mit dem des sozialen Ausgleichs und der sittlichen Verantwortung jedes Einzelnen dem Ganzen gegenüber verbunden werden«. Die Soziale Marktwirtschaft stellte damit den dritten Weg zwischen sozialistischer Planwirtschaft und frei flottierendem Kapitalismus dar. Alfred Müller-Armack hatte die Idee dazu. Zusammen mit dem ersten Wirtschaftsminister der Bundesrepublik, dem Ordoliberalen Ludwig Erhard und anderen, wurde dann die Theorie zur praktischen Anwendung weiterentwickelt.

Die Soziale Marktwirtschaft, die mit der Wirtschafts- und Währungsreform im Juni 1948 in den Westzonen eingeführt wurde, sollte einen unaufhaltsamen Siegeszug antreten, indem sie der Bundesrepublik das Wirtschaftswunder und damit Wohlstand für alle bringen sollte. Und so leidenschaftlich Kohl später für sie werben sollte, die christ-sozialistische Vorstellungswelt von Limburgerhof und eines Jakob Kaisers lebte in ihm in gewisser Hinsicht fort. Wer den Blick auf die CDU, als Kohl dann Kanzler geworden war, richtet, dem sticht die Bedeutung der von Jakob Kaiser mitgegründeten Sozialausschüsse, ja, des gesamten linken Parteiflügels ins Auge. Politiker wie Heiner Geißler, der zehn Jahre lang CDU-Generalsekretär war, oder der christliche Gewerkschafter Norbert Blüm schalteten und walteten damals, wie sie wollten.

Kohls Verhältnis zu den Industriellen war dagegen seit eh und je schwierig. Sie hätten ihn zusammen mit einigen aus der FDP als Bundeskanzler verhindern wollen, weil er als nicht industriefreundlich galt. Zu seinem Ghostwriter Schwan bemerkte Kohl: »Die Industrie hat doch nichts mehr drauf. Das sind Leute, die nichts mehr wagen und riskieren. Das ist doch eine Freizeitgesellschaft geworden. Wer golft denn freitagmittags in Marbella und fliegt mit dem Firmenflugzeug dorthin? Das ist doch diese ganze Mischpoke. Schauen Sie sich doch einmal die Banken an! Was für eine Bank ist denn die Deutsche Bank geworden. Ist ihr Vorstand noch Elite?« Die Vertreter der Chemieindustrie nahm er von seinen Attacken aus: »Das waren Typen aus der Tiefstapler-Region, die einen ganz anderen Lebensstil hatten.« Kohl musste es ja wissen, denn er hatte in den 50er-Jahren als Referent im Verband der Chemischen Industrie in Ludwigshafen gearbeitet.

Doch wie stand der junge Kohl zu Adenauers Westbindung? Hierbei spielt die damalige Entwicklung im Osten eine entscheidende Rolle, brachte sie doch die untereinander zerstrittenen Christdemokraten und damit auch Kohl gleichsam automatisch auf den Kurs des »Alten«, wie sie Adenauer nannten. Denn für die CDU, die sich in den Westzonen relativ frei entwickeln konnte, war es überaus ernüchternd zu sehen, was in der Sowjetischen Besatzungszone geschah: Jakob Kaiser wurde 1947 zusammen mit Ernst Lemmer, mit dem er der Ost-CDU vorsaß, von der russischen Militäradministration abgesetzt, ihre Partei im Zuge der politischen Gleichschaltung zur Blockpartei umgestaltet, womit sie ihre Eigenständigkeit verlor. Gleichzeitig wurde der gesellschaftliche Umbau in der Sowjetzone mit Brachialgewalt durchgesetzt. Spätestens mit der Berlin-Blockade 1948/49, mit der der Kalte Krieg einen ersten Höhepunkt erreichte, wurde jedermann in der CDU der Westzonen klar, dass es zu einer Anbindung an die freie Welt keine Alternative mehr geben würde.

Das Auseinanderdriften beider deutscher Staaten beförderte Adenauers von Anfang an verfolgten Westbindungskurs nachhaltig und ließ den CDU-Vorsitzenden sicherheitspolitisch vor allem auf die Vereinigten Staaten setzen. Umgekehrt beschleunigte dieser Kurs wiederum das Auseinanderdriften der beiden deutschen Staaten. Die Folge war eine doppelte Staatsgründung in Deutschland: Im Mai 1949 verkündete Adenauer als Präsident des Parlamentarischen Rates das Grundgesetz. Die Bundesrepublik Deutschland als freiheitlich-demokratischer und sozialer Rechtsstaat mit der provisorischen Hauptstadt Bonn war damit aus der Taufe gehoben. Wenige Monate danach wurde die sozialistische Deutsche Demokratische Republik ins Leben gerufen. Anders als der »Arbeiter- und Bauernstaat« war die Bundesrepublik föderalistisch, bestand also aus Bundesländern. Eines davon war Rheinland-Pfalz, in dem Kohls Heimat, die einst bayerische Rheinpfalz nach jahrelangem Kampf und langem Bangen aufging.

Für Kohl waren Westbindung und Gründung der Bundesrepublik eine historische Zwangsläufigkeit geworden. In dem Buch *Helmut Kohl. Ich wollte Deutschlands Einheit* schildert er seine damaligen Gefühle: »Ich war begeistert, als das Grundgesetz in Kraft trat. Wie viele in meiner Generation, die noch den Zweiten Weltkrieg bewusst miterlebt hatten, habe ich gespürt: Das wird unsere Republik.« Und es war ja die Republik der Christdemokraten, denn aus den ersten Bundestagswahlen im August 1949 gingen sie als Sieger hervor. Mit der bayerischen Schwesterpartei CSU, mit FDP und Deutscher Partei bildete Adenauer die Regierung und wurde erster Kanzler der Bundesrepublik Deutschland.

Helmut Kohl war dem starken Mann der CDU zum ersten Mal beim Wahlkampfauftakt für die Bundestagswahl im Juli 1949 in Heidelberg begegnet, wo er als Helfer eingesetzt war. Der Mittsiebziger polemisierte in seiner damaligen Rede gegen den Sozialdemokraten Schumacher, dessen politische Vorstellungen gar nicht so weit von denen der Finck-Gruppe entfernt waren. Er sei ihnen »einfach als zu alt« erschienen, schrieb Kohl in seinen *Erinnerungen*. Tatsächlich dürfte er aber auch der Politik des CDU-Vorsitzenden mit einem gewissen Argwohn gegenübergestanden haben. Denn die Sympathien Kohls, der 1950 sein Abitur bestand, gerade so, dass es für ein Studium reichte, galten nach wie vor Jakob Kaiser, der beratend dem Parlamentarischen Rat angehört hatte und in Adenauers Kabinett zum Minister für gesamtdeutsche Fragen ernannt wurde.

Bei aller Zusammengehörigkeit unter dem Dach der CDU und bei aller prinzipiellen Einigkeit in den Grundfragen der Politik – Westbindung und Soziale Marktwirtschaft – gab es weiterhin Dissonanzen zwischen der rheinland-pfälzischen CDU und Adenauer. Sie kreisten um die französische Nordzone und – nach Gründung der Bundesrepublik – besonders um das Saargebiet. Adenauer schien einer Europäisierung der Saar mit besonderer wirtschaftlicher Anbindung an Frankreich, so wie es Paris wollte, zugeneigt. Der rheinland-pfälzische Ministerpräsident Peter Altmeier, aber auch Kultusminister Albert Finck, dessen Bruder Johannes 1953 starb, sahen darin die Bereitschaft des »Alten«, das Saargebiet auf dem Altar der von ihm angestrebten deutsch-französischen Aussöhnung zu opfern. Als deutsche Patrioten wollten dies die Pfälzer Christdemokraten nicht zulassen.

Zusammen mit Jakob Kaiser kämpften sie daher für

eine Rückkehr der Saar zu Deutschland und damit gegen die Regierung von Johannes Hoffmann. Es war derselbe Hoffmann, der schon nach dem Ersten Weltkrieg an der Spitze der von Bayern unabhängigen Pfalz, jenes kurzlebigen französischen Marionettenstaats, gestanden hatte. Mit dabei in diesem Kampf war Kohl, der zu dieser Zeit in Heidelberg Geschichte, Politische Wissenschaften sowie Staatsrecht und Öffentliches Recht studierte. In seinen *Erinnerungen* berichtet er, wie er als stellvertretender Vorsitzender der Jungen Union von Rheinland-Pfalz mit seiner damaligen Freundin und späteren Frau Hannelore Renner illegal Werbematerial aus dem Kaiser-Ministerium über Lothringen in das abgeriegelte Saargebiet brachte. Sie wählten den Weg über Frankreich, weil die dortigen Grenzübergänge nicht so scharf kontrolliert wurden wie die zwischen der Bundesrepublik und dem Saargebiet, in dem Helmut Kohls ältere Schwester Hildegard verheiratet war. Der Einsatz der beiden war nicht vergeblich. Bei der Volksabstimmung im Oktober 1955 lehnte eine klare Mehrheit das vorgesehene Europäische Statut ab, womit der Weg für die »kleine Wiedervereinigung« im Westen frei wurde.

Auch in der Frage der großen Wiedervereinigung dachte Helmut Kohl als Anhänger Jakob Kaisers ein Stück patriotischer. Anders als Adenauer, dem eine Abneigung gegen den protestantischen Osten nachgesagt wurde, hatte der in Limburgerhof interkonfessionell geprägte Kohl diese nicht. So musste es für den jungen Mann mit der aus Leipzig stammenden Freundin unbefriedigend sein, dass die Deutschlandfrage durch die notwendige Westbindung untrennbar mit der Lösung des Ost-West-Konfliktes verknüpft und damit von der Tagesordnung der Weltpolitik genommen worden war. Dies änderte sich noch mal für einen Augenblick mit den beiden Stalin-Noten von März und April 1952. Der sowjetische Diktator hatte nämlich den einen deutschen Staat zum Preis der Neutralität angeboten. Adenauer lehnte in enger Absprache mit den Westmächten ab. Er sah darin eine Finte der Sowjetunion und kein ehrliches Angebot, was ihm aus den Reihen der Opposition erbitterte Kritik einbrachte. Er ließ sich nicht davon beeindrucken.

Ob Helmut Kohl schon damals diese Auffassung uneingeschränkt teilte? Im Rückblick schrieb er: »Konrad Adenauer ging (...) davon aus, dass die angebotene Neutralisierung Deutschlands dem verschleierten Expansionsdrang der Sowjets gedient hätte. Er befürchtete, dass durch die Neutralisierung ein Machtvakuum in der Mitte Europas entstehe, das schließlich ›Sowjetrussland‹, wie er es nannte, ausfüllen würde. Eine solche Vermutung lag nahe: Die Offerte des Kreml kam nämlich nur wenige Wochen vor der Unterzeichnung des Deutschlandvertrages, in dem sich die Westalliierten – die USA, Großbritannien und Frankreich – verpflichteten, mit friedlichen Mitteln ein vereintes, freiheitlich demokratisches und in die europäische Gemeinschaft integriertes Deutschland wiederherstellen zu wollen.« Die Diskussion der jungen Bundesrepublik über die Stalin-Noten war jedenfalls hitzig. Doch der 17. Juni 1953 bestätigte alle, die für deren Ablehnung eingetreten waren. Denn an diesem Tag walzten russische Panzer den Aufstand der Bauarbeiter der Ost-Berliner Stalinallee nieder, der sich zu einem Volksaufstand gegen die kommunistische Herrschaft ausweitete.

Es war insbesondere für die Jungen – wie Helmut Kohl – beeindruckend, was sich im Ostsektor Berlins und in der sowjetischen Besatzungszone ereignete. Es prägte nicht nur jene Generation von Christdemokraten in ihrer Haltung gegenüber der Sowjetmacht. Es schloss auch die Reihen in der Partei. Und, obwohl die Einheit der Nation in weite Ferne gerückt war, wollten sie dennoch daran glauben, dass sie eines Tages wiedererlangt werden würde. Adenauer wies den einzigen noch verbliebenen Weg, wenn er an die geistig-moralische und ökonomisch-technische Überlegenheit des Westens glaubte. Neben dessen Entschlossenheit und Stärke würde vor allem auch die Faszination der Freiheit eines Tages die Macht der kommunistischen Unterdrücker brechen. Moskau würde demzufolge einsehen müssen, dass die Teilung Deutschlands der Sowjetunion nicht zum Vorteil gereiche.

Was sich in Adenauers Erinnerungen wie die Vorwegnahme der Ereignisse der Jahre 1989/90 liest, berührte den ersten Bundeskanzler aufgrund seines hohen Alters vielleicht nicht mehr so sehr. Für ihn kam es vielmehr darauf an, der Bundesrepublik den gesicherten Platz in der westlichen Staaten- und Wertegemeinschaft zu verschaffen. Dies geschah mit ihrer Teilnahme an der Montanunion 1952, ihrer Souveränität 1955 und ihrem Beitritt zur NATO im selben Jahr. Es waren dies die ersten Schritte in Richtung auf das angestrebte vereinte Europa, mit dem Kernstück einer deutsch-französischen Freundschaft. Und da alles miteinander zusammenhing, war es gleichzeitig ein erster Schritt hin zur erhofften Wiedererlangung der nationalen Einheit. Bis es einmal so weit sein würde, sollte – Adenauers Vorstellungen zufolge – die Bundesrepublik der alleinige demokratisch legitimierte deutsche Kernstaat in der Rechtsnachfolge des Deutschen Reiches sein. Entsprechend der Präambel des Grundgesetzes, in der auch die eine Staatsbürgerschaft verankert war, sollte sie als eine Art Treuhänder aller Deutschen darauf hinwirken, »in freier Selbstbestimmung die Einheit und Freiheit Deutschlands zu vollenden«.

Helmut Kohl, der lange Zeit Vorbehalte gegenüber Adenauer hatte, wurde gleichwohl maßgeblich durch dessen Politik geprägt. Später sollte er sich als »Enkel

Adenauers« bezeichnen und sich damit in die politische Kontinuität des Mannes stellen, der entscheidenden Anteil am Entstehen der Bundesrepublik und deren politischer Verortung hatte. Helmut Kohl sollte die von Adenauer begründete deutsch-französische Freundschaft erneuern. Er sollte die europäische Integration fortschreiben und die Verbindung mit den Vereinigten Staaten als den transatlantischen Sicherheitsgaranten vertiefen. In der unmittelbaren Deutschlandpolitik jedoch sollte er der Rolle des Adenauer-Enkels zunächst nur bedingt gerecht werden, wenn er später zu den Allerersten in der CDU gehörte, die die sozialliberale Ostpolitik als Gegenentwurf zu Adenauers Vorstellungen in ihrem Kern befürworteten. Umso mehr nötigte es ihm dann offenbar Respekt ab, als sich die deutschlandpolitischen Prophezeiungen des »Alten«, die man längst in der Ablage der Geschichte wähnte, bewahrheiteten und ihm selbst mit der Vollendung der deutschen Einheit den großen politischen Triumph ermöglichten. Vielleicht ließ er sich deshalb später gelegentlich zum Rhöndorfer Friedhof hinauffahren, um eine Weile an Adenauers Grab zu verharren.

Macht

Helmut Kohl sei der Prototyp des Machtmenschen. Er strahle einen »fast kreatürlichen Willen zur Macht« aus, wurde ihm nachgesagt. Dabei war er nicht unbedingt autoritär und er war auch nicht der Mann, der den Konflikt mit anderen suchte. Und dennoch war er von Anfang seiner politischen Laufbahn an enorm durchsetzungsstark. Ansonsten hätte er nicht eine schnelle Karriere in der rheinland-pfälzischen Politik gemacht: Mit 24 Jahren wurde er Landesvorsitzender der Jungen Union, mit 25 Jahren saß er im CDU-Landesvorstand, mit 29 war er Vorsitzender des CDU-Kreisverbandes Ludwigshafen. Außerdem wurde er in den Mainzer Landtag gewählt. Mit 30 führte er bereits die dortige CDU-Fraktion an, mit 34 den Landesverband. Inzwischen war er promoviert mit einer Arbeit über die Anfänge der pfälzischen CDU und wirkte als Referent beim Verband der Chemischen Industrie in Ludwigshafen. Außerdem war er verheiratet, was damals als Voraussetzung für die weitere Karriere unerlässlich war.

Kohl habe einen »Blitzstart in verkrustetem Gelände« hingelegt, schreibt denn auch sein Biograf Henning Köhler und meint mit »verkrustetem Gelände« die altvorderen Katholiken und das rückständige Bundesland, das sie regierten. Der Jungpolitiker verstand sich als Modernisierer, katholisch, aber nicht klerushörig. Sein Betätigungsfeld war die Bildungspolitik, vom Gesetz über die Volksschule, die als Konfessionsschule abgeschafft wurde, über die Reform der Lehrerbildung bis hin zur Neustrukturierung des katholischen Privatschulwesens. Sein kaum zu bremsender Aktivismus, mit dem er die Dinge anpackte, ließ ihn rasch in Konflikt mit dem rabenschwarzen Ministerpräsidenten Peter Altmeier geraten. Es dauerte nicht lange und er hatte das Image, dass er es sein würde, der Altmeier einmal herausfordern oder gar beerben würde.

Doch all sein Durchsetzungsvermögen, seine Unerschrockenheit und sein Elan, aber auch seine Fähigkeiten und seine intuitive Cleverness erklären nicht, dass der Mann aus Ludwigshafen dann tatsächlich rheinland-pfälzischer Ministerpräsident wurde, dass er es zum CDU-Vorsitzenden brachte und als solcher zum Bundeskanzler. Und es erklärt schon gar nicht, dass er als Kanzler der Einheit und Ehrenbürger Europas in den Olymp der großen Staatsmänner aufsteigen konnte. Helmut Kohl war nicht hochbegabt wie sein Widersacher Franz Josef Strauß. Und er war auch kein großer Redner. Hans Werner Kilz, einst Chefredakteur des *Spiegel* und der *Süddeutschen Zeitung* und selbst Pfälzer, schrieb, dass Helmut Kohl, wie allen Pfälzern, jegliche Sprachbegabung abging. »Die Menschen in Deutsch-Südwest sprechen bedächtig, betonen oft an der falschen Stelle, unterscheiden nicht zwischen ch und sch.« »Gechichte« statt Geschichte sagte Kohl. Und er bemühte sich gar nicht erst, es besser zu machen.

Helmut Kohl verfügte aber über eine Gabe, die neben seinem Willen zur Macht von entscheidender Bedeutung für seinen Aufstieg und letztendlich auch für seinen Erfolg als Staatsmann werden sollte: Er hatte eine extrem ausgeprägte emotionale Kompetenz. Sie ermöglichte es ihm, Menschen für sich zu gewinnen. Manche nannten ihn sogar einen »Menschenfänger«. Kohl war sich seiner

Stärke bewusst und setzte sie zielgerichtet ein. Zu Schwan sagte er einmal: »Wenn jemandem nachgesagt wird, dass er die Fähigkeit hat, die Menschen für sich zu vereinnahmen, ist das doch ein Pluspunkt, und ich würde sagen, der Mann verdient eine erstklassige Note, wenn er einen Job hat, wo er etwas erreichen muss.«

Doch wie vereinnahmte Kohl Menschen für sich? »Wo kommst du denn her?«, war oft die Frage, mit der er das Gespräch mit Menschen eröffnete, mit denen er zum ersten Mal zusammentraf. Er, der jedermann duzte, meinte damit nicht die Abstammung oder das Milieu, nein, er meinte zunächst die Region. Aus der geografischen Herkunft zog er erste Rückschlüsse auf die Person, an die er sich im Gespräch herantastete. Außerdem lieferte sie ihm Anknüpfungspunkte für die weitere Unterhaltung, bei der früher oder später auch das Elternhaus thematisiert wurde. Kohl verfuhr dabei nach der Volksweisheit: Sage mir, wo du herkommst, und ich sage dir, wer du bist. Er war sich darüber bewusst, dass die Herkunft und insbesondere das Verhältnis zur Mutter mehr über einen Menschen aussagt als alles andere. Dann war man schon beim Menschlichen angekommen. Das war wichtig, denn er sah sein Gegenüber nie nur in seiner Funktion, sondern immer auch als Individuum mit Fähigkeiten, Empfindungen, Leidenschaften oder auch Abgründen. Kohl konnte hinter die Fassade blicken, was ihm Macht über Menschen verlieh.

Als Bundeskanzler telefonierte er schon morgens vor Dienstbeginn mit Parteigeschäftsführern und Landtagsabgeordneten in den Untergliederungen der Partei. Auch hier erkundigte er sich nicht nur nach Neuigkeiten von der Parteibasis, sondern es ging auch um Persönliches und Familiäres. Der Klatsch war dabei nicht unerheblich, denn Wissen ist auch Macht. Später, als er kein Kanzler mehr war, rief er auch ohne ersichtlichen Grund an.

»Hab gerade mit Juliane Weber über dich gesprochen und da haben wir gedacht, wir rufen dich mal an«, war er dann am Telefon zu hören. So etwas hatte mit Verbindlichkeit zu tun und für manch einen, den er anrief, war dies eine Art Ritterschlag, war doch am anderen Ende der Leitung der Bundeskanzler bzw. Altkanzler. Und einen Grund für das Telefonat gab es dann auch noch.

Oder er lud spontan zum Essen ein, unkompliziert, formlos, wie unter alten Freunden. »Ecki holt dich ab.« (Ecki Seeber war über Jahrzehnte hinweg sein Fahrer.) Es waren Einladungen mit üppigen Mahlzeiten, gutem Wein und mit Anekdoten garniert, mit Anekdoten aus dem Leben und immer wieder aus der Geschichte versteht sich, die er ja studiert hatte. So etwas nahm dann die, die mit ihm zusammensaßen, für ihn ein, wie zum Beispiel den deutsch-französischen Bildhauer Serge Mangin, der ihn in Bronze verewigen sollte. Der Verfasser erinnert sich noch gut daran, wie Helmut Kohl mit seiner großen Neugierde auf Menschen Mangin über sein Leben ausfragte und schnell auf dessen Interesse für Geschichte stieß.

So entwickelte sich beim Italiener in der Berliner Reinhardtstraße eine angeregte Unterhaltung über die schicksalsbeladene deutsch-französische Vergangenheit mit ihren furchtbaren Kriegen. Schließlich kam man auf die Kollaboration zu sprechen. Helmut Kohl erzählte dabei von der Tochter Pierre Lavals, die für seinen Freund, den französischen Staatspräsidenten François Mitterrand, gearbeitet habe. Der Sozialist, der in deutscher Kriegsgefangenschaft war, und die Nachkommin des Vichyfranzösischen Ministerpräsidenten, der mit Hitler kollaborierte und dafür exekutiert wurde! »So etwas gibt es nur in Frankreich«, war der gemeinsame Tenor. Nachdem die letzten Gläser geleert waren, verließ ein begeisterter und redselig gewordener Mangin das Restaurant.

Er hätte sich vieles vorstellen können, aber nicht, dass Helmut Kohl so war.

So wie Serge Mangin Helmut Kohl ins Netz ging, waren es in den langen Jahren seines politischen Wirkens viele; anfangs in der Pfalz, dann auch in Bonn, wo er seit seiner Wahl in den Bundesvorstand im Jahr 1964 regelmäßig vertreten war. Es war eine Zeit des sich ankündigenden Wandels. Adenauer war im Jahr davor als Bundeskanzler abgetreten. Das Ende seiner Ära hatte sich durch innenpolitische Krisen, wie den Konflikt um seine Präsidentschaft, den Streit um das zweite öffentlich-rechtliche Fernsehen sowie die Spiegel-Affäre bereits seit Jahren angekündigt. Letztere deutete darauf hin, dass sich das gesellschaftliche Klima im deutschen Weststaat allmählich zu verändern begann. Mit dem Wirtschaftswunder unter der Kanzlerschaft Ludwig Erhards setzte sich diese Entwicklung fort.

In der Deutschlandpolitik herrschte Eiszeit und dass dies anders werden würde, dafür gab es keinerlei Hoffnung, seit die Kubakrise im Oktober 1962 die Welt an den Rand eines Atomkrieges gebracht hatte. Der Bau der Berliner Mauer im August 1961 verdeutlichte dies den Deutschen auf dramatischste Weise. Immer mehr wurden die politischen Positionen der Bundesregierung hinterfragt. Deren allmähliche Erosion war die Folge. Dies galt vor allem auch für den Alleinvertretungsanspruch, wie er nach Adenauers Moskau-Besuch und der Aufnahme diplomatischer Beziehungen zur Sowjetunion nachhaltig postuliert worden war. Das war kaum verwunderlich, denn die sogenannte »Hallstein-Doktrin«, mit der man Staaten, die die DDR anerkannten, mit Sanktionen hatte belegen wollen, war ohnehin nur schwer mit der außenpolitischen Wirklichkeit in Einklang zu bringen.

Obwohl Helmut Kohl stets interessiert auf den anderen Teil Deutschlands blickte, waren dies nicht die

Themen, mit denen er sich vorrangig auseinandersetzte, als er die bundespolitische Bühne betrat. Sein Interesse galt nach wie vor der Neuorganisation der Partei. Und dabei setzte er sich überaus selbstbewusst als Führungsfigur der jungen Generation mit dem Anspruch des Modernisierers in Szene. Sein Biograf Hans-Peter Schwarz schrieb, dass Kohl daran geglaubt habe, »alles besser zu machen als die Parteihonoratioren – moderner, effektiver, volksnäher, vernünftiger, kraftvoller. Manche stoßen sich zwar an dem lauten pfälzischen Gehabe dieses riesigen Gesellen aus dem ›roten Ludwigshafen‹ (…), aber er verfügt zugleich über herzhaften persönlichen Charme, mit dem er vor allem Gleichaltrige für sich einnimmt.«

Doch nicht nur die, sondern auch Leute wie Josef Hermann Dufhues, der als Geschäftsführender Vorsitzender ein wichtiger Mann in der Bundes-CDU war. Kurt Georg Kiesinger, der baden-württembergische Ministerpräsident, dessen Einfluss in der Bundespartei beständig wuchs, hatte er schon in den 50er-Jahren aufgesucht und für sich einnehmen können, als sich dieser einmal in Ludwigshafen in einer Klinik aufgehalten hatte. Und mit dem schleswig-holsteinischen Ministerpräsidenten und dortigen CDU-Chef Gerhard Stoltenberg war er ebenfalls in dieser Zeit über Fragen der Lebensmittelchemie in einen Briefverkehr gekommen. Er tat dies alles ohne jegliche Scheu vor den Persönlichkeiten, so, als sei alles eine Selbstverständlichkeit.

Kohl suchte in Bonn auch zielstrebig den Kontakt zu Adenauer und Erhard, jeweils nachdem sie nicht mehr Kanzler waren. Zu beiden baute er eine persönliche Beziehung auf. Oft saß er mit dem »Alten« zusammen. In seinen *Erinnerungen* schrieb er darüber, dass er immer wieder tief beeindruckt gewesen sei, mit welcher »Intensität des Geistes, aber auch des Herzens« dieser seine politische Idee verfolgt habe. Es sollte sich auszahlen, denn Adenauer, der das politische Talent des Pfälzers erkannte, unterstützte ihn. Als Kohl im März 1966 Peter Altmeier als Landesvorsitzenden ablöste, erschien Adenauer auf dem Parteitag und hielt eine Rede, in der er nicht nur die Prinzipien seiner Politik hervorhob, sondern auch den Generationswechsel als eine gute Sache begrüßte. Für Helmut Kohl, so heißt es in seinen *Erinnerungen*, sei dies ein »Ritterschlag« gewesen. Der Pfälzer, zu dem inzwischen die Pfeife gehörte wie zu Erhard die Zigarre, betrachtete sich fortan gerne als politischen Enkel Adenauers, und als dieser 1967 starb, war er in dem langen, von Charles de Gaulle, Lyndon B. Johnson und Heinrich Lübke angeführten Trauerzug dabei, der dem Sarg vom Kölner Dom hinunter zum Rhein folgte, von wo sie den Leichnam des ersten Bundeskanzlers flussaufwärts nach Rhöndorf fuhren.

Doch Helmut Kohl begnügte sich nicht damit, in Bonn Verbündete zu suchen. Er fand sie auch in den Landesverbänden. Es waren viele jüngere, engagierte oder auch schon etablierte CDUler, die bald seinem wachsenden Netzwerk angehörten. Er selbst sagte einmal gegenüber der *Bild*-Zeitung: »Ich bin jung in die Partei gegangen und jung in wichtige Ämter gewählt worden. Daraus haben sich über die Jahre sehr viele Bekanntschaften ergeben. Und daraus sind viele echte – nicht nur politische – Freundschaften erwachsen, die ich immer gepflegt habe. Kein Bereich des menschlichen Zusammenlebens funktioniert ohne Freundschaft. Auch in der Politik sind Sie ohne Freundschaften oder ein Beziehungsgeflecht ein ganz armer Hund, um es einfach auszudrücken.«

Im Deidesheimer Kreis kamen die Freunde zusammen – Kurt Biedenkopf, Gerhard Stoltenberg, Bernhard Vogel, Richard von Weizsäcker und andere. Die Treffen fanden im Deidesheimer Hof, jenem Gastronomie- und Festsaalbetrieb statt, in den später Kohl Staatsgäste aus aller Welt bringen sollte, um sie mit pfälzischen Spezialitäten zu verköstigen. Seinerzeit stellte den Deidesheimer Hof Freiherr Karl Theodor von und zu Guttenberg zur Verfügung, der als Erbe des berühmten Weingutes Buhl auch in Deidesheim ansässig war. Der Franke, der der CSU angehörte, war Widersacher eines CSU-Politikers, der in seinem Drang zur Macht sich nicht von Helmut Kohl unterschied: von Franz Josef Strauß, der 1962 im Zuge der Spiegel-Affäre gestürzt worden war und soeben sein bundespolitisches Comeback als Wirtschaftsminister in der ab 1966 von Kiesinger geführten Großen Koalition feierte.

Es war ein Geben und Nehmen in dieser Zeit unter denen, die dazugehörten. Einer, der besonders gerne nahm, war Richard von Weizsäcker. Kohl hatte den promovierten Juristen und Assistenten der Geschäftsführung des Chemiekonzerns Boehringer Ingelheim in die Politik geholt. Es kümmerte ihn nicht, dass er der Sohn des Staatssekretärs im Reichsaußenministerium und SS-Brigadeführers Ernst von Weizsäcker war, der im Nürnberger Wilhelmstraßen-Prozess wegen Verbrechen gegen die Menschlichkeit zu einer Gefängnisstrafe verurteilt worden war. 1969 brachte Kohl den »Freiherrn«, wie er ihn nannte, als CDU-Kandidat für die Wahl des Bundespräsidenten ins Gespräch. Doch er konnte sich nicht durchsetzen. Die Partei einigte sich auf Gerhard Schröder, der aber ebenso chancenlos blieb, wie es Weizsäcker gewesen wäre. Zum Bundespräsidenten gewählt wurde der Sozialdemokrat Gustav Heinemann. Weizsäcker, der sich nach der parteiinternen Abstimmung zurückgezogen hatte, beschloss daraufhin, für den Bundestag zu kandidieren, und sein Mainzer Förderer beschaffte ihm einen pfälzischen Wahlkreis.

Helmut Kohls Netzwerk wuchs weiter. Besonderes Interesse zeigte er an dem Versicherungsunternehmer

Walther Leisler Kiep, der in Bonn wie ein Jungstar gehandelt wurde. Der Neu-Bundestagsabgeordnete Kiep, der bald Schatzmeister der CDU werden sollte, galt als Mann des Geldes mit allerbesten Verbindungen, vor allem auch über den Atlantik. Doch auch in Mainz rüstete der neue Ministerpräsident auf und scharte eine junge, schlagkräftige Truppe um sich. Dazu gehörte Heiner Geißler, den er aus dem baden-württembergischen Landesverband in sein Kabinett holte. Geißler, Kohls späterer Generalsekretär, war Jesuitenschüler und nicht nur ein anerkannter Sozialpolitiker, sondern auch ein Mann, der seinerseits über exzellente Kontakte in der CDU verfügte. Mit Bernhard Vogel hatte er einen profilierten Kulturpolitiker an seiner Seite. Zu Kohl stieß bald auch ein junger Mann namens Horst Teltschik, der später als sein außenpolitischer Berater eine wichtige Rolle auf dem Weg zur deutschen Einheit spielen sollte.

Durch sein Engagement als »unheimlich offener Menschensammler«, wie Peter Radunski, sein späterer Wahlkampfmanager, Kohl einmal bezeichnete, war dieser bestens gerüstet für den weiteren Aufstieg in der CDU. Und so konnte es dann niemanden überraschen, dass er auf dem Bundesparteitag in Mainz im November 1969 in die engste Führungsspitze der Partei aufrückte. Hinter Gerhard Stoltenberg wurde er zum 2. Stellvertreter des Parteivorsitzenden Kiesinger gewählt. Und die Perspektive für den Pfälzer, der nun im Präsidium saß, war ausgezeichnet, denn in der Parteiführung wurden die Karten bald neu gemischt. Kiesinger hatte die Bundestagswahlen vom September 1969 zwar gewonnen, aber die Macht im Staat verloren. Nach zwanzig Jahren musste die CDU auf die harten Oppositionsbänke.

Willy Brandt hieß der neue Bundeskanzler, der – gestützt auf eine Koalition aus SPD und FDP, dem ehemaligen Partner der CDU – zu neuen Ufern aufbrechen sollte. Seine sozialliberale Koalition wurde durch den Rückenwind eines sich verändernden gesellschaftlichen Klimas getragen. Die 68er-Bewegung, die an den Universitäten in den Seminaren eines Adorno und Marcuse ihren Ausgang genommen hatte, die auf den Straßen mit Sympathiekundgebungen für Mao Zedong und Ho Chi Minh ihre Fortsetzung fand, hatte nämlich das gesamte bisherige Wertegefüge der Bundesrepublik in Frage gestellt. Ausgegangen war alles von der Auseinandersetzung mit den Frankfurter Auschwitz-Prozessen Mitte der 60er-Jahre. Angesichts der Konfrontation mit den unvorstellbaren Verbrechen, die in deutschem Namen begangen worden waren, stellte die junge Generation die Frage, die sie sich unmittelbar nach dem Krieg nicht gestellt hatte, nämlich die nach Schuld und Verantwortung der Elterngeneration. Ein konsequenter Antifaschismus wurde bald in diesen Kreisen Bestandteil eines neuen Selbstverständnisses. Damit einhergehend wandelte sich das Bild der DDR und des Kommunismus als der großen Gegenbewegung zum Faschismus. Umgekehrt änderte sich – vor dem Hintergrund des Vietnamkrieges – auch die Haltung gegenüber den Vereinigten Staaten und gegenüber dem Kapitalismus. Die linken Studenten verdammten nun den »US-Imperialismus« und sahen in der DDR bald nicht mehr die Diktatur, sondern den moralisch höherstehenden deutschen Staat.

Diese Entwicklung war für Helmut Kohl ein Albtraum, eine schlimme Fehlentwicklung, initiiert von »üblem Lumpenpack« und befeuert von den Kommunisten jenseits des Eisernen Vorhangs. Doch die Veränderung der Bundesrepublik durch die 68er-Bewegung beobachtete er mit wachem Auge. Die Biederkeit der Adenauerzeit, in der sich alles um die Wirtschaft und damit um den Wiederaufbau drehte, wurde durch einen neuen Zeitgeist überlagert, und dieser Zeitgeist hatte mit der Gedankenwelt der Christdemokraten immer weniger zu tun. Für einen Machtmenschen und Modernisierer wie Helmut Kohl musste das eine Herausforderung sein; denn die Bedingungen der Macht veränderten sich. Der Pfälzer, zu dessen Entourage längst auch Journalisten mit dem Sensorium für Zeitströmungen gehörten, wie etwa Günter Gaus, der auch im Deidesheimer Kreis mit dabei war, verfolgte daher mit großem Interesse die Politik des Sozialdemokraten Willy Brandt. »Mehr Demokratie wagen«, lautete das innenpolitische Motto des früheren Regierenden Bürgermeisters von Berlin. In der Ost- und Deutschlandpolitik sollte das Konzept von dessen einstigem Berliner Mitarbeiter Egon Bahr den »Wandel durch Annäherung« herbeiführen.

Groß war die Euphorie im geteilten Deutschland, als Willy Brandt mit dem Vorsitzenden des Ministerrats der DDR Willi Stoph im März 1970 im thüringischen Erfurt zusammentraf und von Tausenden bejubelt wurde. Das ergebnislose Treffen markierte den Anfang der neuen sozialliberalen Ostpolitik. Bereits im Moskauer Vertrag vom August 1970 war vereinbart worden, den Entspannungsprozess zu fördern und die Oder-Neiße-Grenze als unverletzlich anzusehen. Ähnliche Dokumente wurden in Warschau und Prag unterschrieben. Bald regelten Verträge auch den Status West-Berlins sowie den freien Zugang in die westliche Teilstadt. Im Dezember 1972 erkannten im Grundlagenvertrag beide Seiten die Existenz des jeweils anderen deutschen Staates an, was in einem gewissen Widerspruch zur Präambel des Grundgesetzes stand, in der die eine deutsche Staatsbürgerschaft festgeschrieben war.

Die sozialliberale Ostpolitik, die vom Bekenntnis der deutschen Schuld flankiert wurde, die seit dem Kniefall Brandts vor dem Warschauer Ghetto-Mahnmal zunehmend bundesrepublikanische Staatsräson werden sollte, stieß zunächst auf den erbitterten Widerstand einer breiten Mehrheit in der oppositionellen CDU. Wortführer war der CDU-Fraktionsvorsitzende Rainer Barzel, der, wie Helmut Kohl, Kurt Georg Kiesinger als Parteivorsitzenden beerben wollte. Die Rede war von einem Ausverkauf deutscher Interessen. Die sozialliberale Regierung würde die Ostgebiete abschreiben und die Oder-Neiße-Linie als deutsche Ostgrenze anerkennen und vor allem auf die Einheit der Nation verzichten, hieß es. Letzteres hatte den CSU-Vorsitzenden Strauß veranlasst, in Sachen Grundlagenvertrag das Bundesverfassungsgericht anzurufen. In dem 1973 ergangenen Urteil wurden alle Verfassungsorgane nachdrücklich auf den Verfassungsauftrag der Wiedervereinigung verpflichtet. Dadurch wurde Zweideutigkeiten in den ost- und deutschlandpolitischen Verträgen der Boden entzogen und die deutsche Frage völkerrechtlich offen gehalten, was sich in der Rückschau als weise Voraussicht herausstellen sollte.

Helmut Kohl übte sich in dieser fundamentalen Frage der Bonner Politik eher in Zurückhaltung. In seinen voluminösen *Erinnerungen* findet sich so gut wie nichts über seine Haltung zur sozialliberalen Ostpolitik und zu den Verträgen. Der Historiker Hans-Peter Schwarz schreibt darüber, dass sich Kohl, der damals den CDU-Vorsitz anstrebte, »während der langgezogenen Auseinandersetzungen auf die diffizilen Fragen (...) nicht allzu tief einlassen (wollte). Öffentlich verlautbart er nur das, was durch die parteioffiziellen Aussagen gedeckt ist. Verschiedene deutliche Indizien weisen aber darauf hin, dass Kohl bereits auf einer ähnlichen ost- und deutschlandpolitischen Linie liegt wie Richard von Weizsäcker und Walther Leisler Kiep.« Der in der CDU nach vorne drängende Bundestagsabgeordnete sowie deren Schatzmeister billigten die Ostverträge.

Die Festlegung auf eine Minderheitenposition, aber auch Festlegungen überhaupt, wären kontraproduktiv für

Helmut Kohl gewesen, der das Amt des Parteivorsitzenden anstrebte. Wollte er sich als solcher empfehlen, musste er integrieren. Er wusste das und handelte danach, oder besser: Er handelte eben nicht. Auf seinem politischen Weg sollte er das später noch oft tun. »Aussitzen« nannte sich das bald und verärgerte mitunter seine Parteifreunde. Manche verwechselten sein Abwarten, bis die Dinge sich in eine für ihn günstige Richtung entwickelten, mit Zögerlichkeit oder Führungsschwäche. Und seine politischen Gegner sahen es gar als Beleg für Kohls Unfähigkeit als Regierungschef an, weshalb dieser einmal in einem Interview mit der *Bild*-Zeitung erklärte, dass »nur Trottel« Entwicklungen aussäßen, er aber sofort handele. Tatsächlich wusste Kohl jedoch allzu gut, dass Geduld eine unschätzbar wichtige Tugend im Spiel der Macht ist. Alexander Gauland schreibt in seiner Kohl-Biografie: »Wenn Politik nach Max Weber das langsame Bohren harter Bretter aus Leidenschaft und Augenmaß bedeutet, dann hat ihm (Kohl) zwar manchmal das Augenmaß gefehlt, aber nicht die Leidenschaft, einen Machtkampf für sich zu entscheiden und dazu alle Mittel einzusetzen, die er für notwendig hielt.«

Dies tat Helmut Kohl, als er auf dem CDU-Bundesparteitag in Saarbrücken im Oktober 1971 seinen Führungsanspruch reklamierte. Als sei es eine Selbstverständlichkeit kandidierte er, der nicht einmal über einen Sitz im Bundestag verfügte, gegen Rainer Barzel um den Parteivorsitz, nachdem Kiesinger seinen Verzicht erklärt hatte. Es war der Ansturm der Nachkriegsgeneration, getragen von eben jenem Netzwerk, das Kohl in den zurückliegenden Jahren aufgebaut hatte. Es waren die Geißlers, die Vogels, die Biedenkopfs und die aus der Jungen Union, aber auch Kiesinger und Schröder, die den Kandidaten und dessen Programm von der »modernen Volkspartei« unterstützten. Kohl scheiterte. Rainer Barzel wurde mit einer Zweidrittelmehrheit zum Bundesvorsitzenden gewählt. Doch dann war ihm das Glück des Tüchtigen hold. Sein Widersacher forderte Bundeskanzler Willy Brandt mit einem konstruktiven Misstrauensvotum heraus und scheiterte seinerseits. Zwei Stimmen fehlten Barzel und diese beiden Stimmen waren vom Staatssicherheitsdienst der DDR gekauft worden, wie später bekannt werden sollte. Honeckers Geheimdienst war es also, der das Ende der Laufbahn Barzels einleitete und Kohl zum Durchbruch in der CDU verhalf.

Die Zeit arbeitete nun für Kohl. Er musste Barzel eigentlich nur noch »aussitzen«, denn dessen Stern sank schnell. Es gelang dem Parteichef und Vorsitzenden der Unionsfraktion im Bundestag nicht mehr, die Abgeordneten von CDU und CSU auf einen einheitlichen Kurs gegenüber den Ostverträgen zu bringen. Die Mehrheit enthielt sich bei der Abstimmung im Mai 1972; einige votierten dagegen. So passierten der Moskauer und der Warschauer Vertrag das Parlament und wurden ratifiziert. Dann kam die Niederlage Barzels bei den Bundestagswahlen vom November 1972, bei denen Brandt und die sozialliberale Ostpolitik von den Deutschen bestätigt wurden. Im darauffolgenden Mai kündigte Barzel an, nicht mehr für den Parteivorsitz zu kandidieren. Der Pfälzer war nun der Einzige, der für seine Nachfolge in Frage kam. Auf einem Sonderparteitag in Bonn wurde er im Juni 1973 mit 520 von 600 gültigen Stimmen zum Bundesvorsitzenden der Christlich Demokratischen Union Deutschlands gewählt. Er war 43 Jahre alt.

Als Helmut Kohl sein Büro im Bonner Konrad-Adenauer-Haus bezog, war die Partei in einem desolaten Zustand. Seine Arbeit richtete sich deshalb vor allem auf deren Reorganisation. Der Parteiapparat wurde auf allen Ebenen ausgebaut. So wurde aus dem »Kanzlerwahlverein« beziehungsweise aus der Honoratiorenpartei

Adenauers allmählich eine Mitgliederpartei, die von ihrer Struktur her der SPD glich. Auch inhaltlich näherte sich die CDU, deren Mitgliederzahl sich unter Kohl verdreifachte, der SPD an. Denn eine neue soziale Sensibilität und die Hinwendung zu Frauen und jüngeren Leuten sollten die Partei in die Mitte der bundesrepublikanischen Gesellschaft zurückbringen und breitere Wählerschichten ansprechen. Es war Kohls Antwort auf den sich seit dem Ende der 60er-Jahre verändernden Zeitgeist.

Das Besondere an der neuen CDU war jedoch Kohls Netzwerk. Von den Gremien der Bundespartei über die Landesverbände bis hinunter in die Kreisverbände in den letzten Winkeln Deutschlands existierten menschelnde Verbindungen und Verbindlichkeiten. Der Liberale Ralf Dahrendorf schätzte zu Beginn der 90er-Jahre, dass mehr als die Hälfte aller Parteitagsdelegierten und Bundestagsabgeordneten Kohl persönlich verpflichtet waren. Das »System Kohl«, wie später seine Gegner die Form seiner Machtausübung nannten, war einzigartig in der deutschen Parteiengeschichte. Es hatte einen Hauch von Feudalismus, denn das Prinzip beruhte auf Gefolgschaftstreue, auf Loyalität. Auf der einen Seite bescherte es dem Parteivorsitzenden die Mehrheiten und sicherte damit seine Macht; auf der anderen Seite brachte es den Gefolgsleuten Karrieremöglichkeiten und eröffnete ihnen Pfründe und damit Zukunftsaussichten. Kohl wuchs so in eine Rolle, die etwas mit der eines Feudalherrn gemein hatte. Sein Sohn Walter drückt es so aus: »Er fühlte sich im archaischen Sinne als der Clanchef eines Stammes, der sich CDU nannte. Irgendwann verschmolzen in seiner inneren Wahrnehmung die Partei und er zu einem Ganzen.«

Kohls Machtzentrale war das Präsidium. In dem Gremium, in dem neben dem Parteivorsitzenden der Generalsekretär, CDU-Ministerpräsidenten und Landesvorsitzende sitzen, wird seit der Ära Kohl die Politik der CDU in Bund und Ländern nicht nur koordiniert, sondern auch konzipiert und entschieden. Hier, unter seinen Gefolgsleuten, dominierte der Pfälzer virtuos, redete sie – wenn es sein musste – durch stundenlange Monologe »besoffen«. Er tat dies, indem »er über Selbstverständlichkeiten und Grundüberzeugungen sprach, die alle Präsidiumsmitglieder sowieso hatten. Davon ausgehend entwickelte er politische Schlussfolgerungen und Entscheidungen, die am Ende alle akzeptierten.« Wenn es erforderlich war, suchte Kohl auch das Zweier- oder Dreiergespräch, um Präsidiumsmitglieder vorab für sich zu gewinnen.

Dies war zumeist erfolgreich, denn in die oberen Ränge der Parteihierarchie rückten zumeist besonders loyale Leute auf. So wurde Kurt Biedenkopf Generalsekretär; später folgte ihm Heiner Geißler. Letzterer polarisierte, setzte die Themen und es gelang ihm dabei auch, die Lufthoheit über die Stammtische zu erringen. In der SPD war er nicht zuletzt auch wegen seines sozialen Gewissens gefürchtet. Kohl, der Opportunisten verachtete und sich nicht für »Flaschen« interessierte, förderte »Köpfe« wie Geißler. Sie ließ er dann »machen«. Schon in Mainz konnten seine Mitarbeiter relativ frei schalten und walten. Kohl hatte nämlich ein sicheres Gespür dafür, wer ihm nutzen konnte und wer nicht. Er machte so Karrieren, sofern die Betreffenden loyal waren. Und Kohl, der nachtragend war und dem ein »Elefantengedächtnis« nachgesagt wurde, beendete sie auch wieder, wenn es ihm opportun erschien. Sein Sohn Walter schreibt darüber, dass sein Vater den »klaren, glatten Schnitt« bevorzugte. »Kohlianer zu sein, ist ein Zustand auf Zeit, ein Status, der nur von Helmut Kohl selbst verliehen, bestätigt oder entzogen wird.«

Aufgrund seiner Fixiertheit auf die Partei kritisierte Kohl all jene, die diese ausschließlich als Vehikel oder

Sprungbrett für ihren Aufstieg benutzten und nicht den Interessen der Partei und ihrer Wähler Rechnung trugen. Er sagte einmal: »Ja, es gab Zeitgenossen wie Richard von Weizsäcker, der (...) sich (...) keinen Deut um die Meinung unserer Anhänger kümmerte. Das war ihm völlig gleichgültig.« Obgleich Kohl von Weizsäcker früh kritisch gegenüberstand und sicherlich auch menschlich wenig mit ihm anzufangen wusste, wollte er nicht auf den redegewandten Intellektuellen verzichten. So trug er dem »Freiherrn« später den Berliner Landesverband an. Er glaubte, dass dieser der richtige Mann für die durch Skandale und Affären ins trübe Licht geratene »Hauptstadt im Wartestand« war. Von Weizsäcker kam tatsächlich dort gut an, gewann die Abgeordnetenhauswahlen und wurde im Juni 1981 zum Regierenden Bürgermeister gewählt. Doch der ehrgeizige Aristokrat wollte Bundespräsident werden. Obwohl er lange Zeit auf Kohls Personaltableau für das höchste Staatsamt gestanden hatte, steuerte der Bundeskanzler zunächst noch eine Weile dagegen, hielt er es doch für einen schlechten Stil, sich von den West-Berlinern wählen zu lassen und dann gleich wieder zu gehen.

Neben der Personalpolitik und dem Ausbau des Netzwerkes spielte bei der Ausübung der Macht der »Bimbes«, wie Kohl in breitem Pfälzisch zu sagen pflegte und damit das Geld meinte, eine wichtige Rolle. Dieses Geld kam und kommt nicht nur für die Union vor allem von Spendern aus der Wirtschaft. Und solange es Parteien gibt, versuchten es diese immer wieder, den Spendern zu ermöglichen, den Parteien unversteuertes Geld zukommen zu lassen. Die CDU hatte dafür schon lange vor Kohl eine Stiftung ins Leben gerufen. Die »Staatsbürgerliche Vereinigung 1954 e. V.« hatte für Unternehmen und Verbände die Funktion einer Spendenwaschanlage angenommen. Die vom Parteiengesetz geforderte Transparenz konnte so umgangen werden, denn Spender blieben auf diese Weise anonym und Interessenslagen verschleiert.

Als der clevere Leisler Kiep 1971 – also noch unter dem Parteivorsitzenden Barzel – Schatzmeister und damit für die Finanzen der CDU zuständig wurde, begann eine neue Zeitrechnung. Mit Prokura der Schatzmeisterei richtete der Kiep-Vertraute Horst Weyrauch neben der offiziellen Buchführung der Partei bald in In- und Ausland ein unübersichtliches Netz von Anderkonten ein, zwischen denen riesige Summen hin- und hergeschoben wurden. So entstand unter dem Parteivorsitzenden Kohl ein System sorgfältig abgeschotteter schwarzer Kassen, von denen nur Leisler Kiep, Weyrauch, ein Generalbevollmächtigter namens Uwe Lüthje sowie dessen Nachfolger Hans Terlinden und eben Kohl wussten, wobei sich Letzterer sicherlich nicht um die Einzelheiten gekümmert haben dürfte. Mit den geheimen, teils unversteuerten Geldern, die später auch über die Liechtensteiner Stiftung Norfolk »gewaschen« wurden, machte Helmut Kohl dann Politik, indem er treue Untergliederungen mit Sonderzuwendungen belohnte, unruhige Landesverbände ruhigstellte oder unterstützenswerten Vereinigungen half, ohne dass die Gremien der CDU die leiseste Ahnung hatten.

Der Publizist Thomas Schmid schreibt darüber, dass Kohl deswegen stark gewesen sei, weil er Politik gewissermaßen als Privatveranstaltung betrieben habe. »Er lebte ganz in seiner Politik-Stube, nicht im Grundgesetz. Das achtete er, aber nicht zu sehr, denn er wusste, es gibt eine große und entscheidende Welt jenseits davon. Andere Politiker wissen das auch, versuchen aber, diese Einsicht vor sich selber zu verbergen. So sehen sie dann irgendwann wirklich so aus, wie sie erscheinen wollen. Kohl nicht.« Aber andere Politiker waren, was das Spiel mit der Macht anlangte, längst nicht so erfolgreich. 26 Jahre lang sollte Kohl an der Spitze der Partei stehen. Vergleichbare Amtszeiten als Vorsitzende erreichten nur noch der CSU-Vorsitzende Strauß (27 Jahre) und der SPD-Chef Brandt (23 Jahre).

Als Helmut Kohl 1973 die Führung der CDU übernahm, war Willy Brandts Parteimacht im Schwinden begriffen. Der Bundeskanzler schien seinen Elan verloren zu haben. Die enorm hohen Erwartungen, die in die sozialliberale Ostpolitik gesetzt worden waren, hatten sich nicht erfüllt. Sie war an ihre Grenzen gestoßen, die in dem unüberbrückbaren weltanschaulichen Gegensatz gründeten. Der erhoffte Prozess zunehmender Kooperation, vom geregelten Nebeneinander hin zu einem echten Miteinander, blieb aus. Aber immerhin brachten die Regelungen im Besucher- und Reiseverkehr menschliche Erleichterungen und förderten das Zusammengehörigkeitsgefühl der Deutschen. Und die Schlussakte der Konferenz für Sicherheit und Zusammenarbeit in Europa (KSZE) von 1975 sollte langfristig aufgrund ihrer indirekten Nachwirkungen im Ostblock politische Wirkung erzielen, lieferte sie doch den dortigen Oppositionsbewegungen ihre Legitimation.

Als die KSZE-Schlussakte unter Beteiligung der sozialliberalen Bundesregierung in Helsinki unterzeichnet wurde, war Brandt bereits kein Bundeskanzler mehr. Im Zuge der Affäre um den Kanzleramtsspion Günter Guillaume hatte er im Mai 1974 resigniert aufgegeben. In kurz darauf angefertigten Notizen verdächtigte der Zurückgetretene den SPD-Fraktionsvorsitzenden Herbert Wehner und SED-Generalsekretär Erich Honecker als die Drahtzieher seines Sturzes – ein Faktum, das fast zwei Jahrzehnte später, nachdem der Verfasser, der damals als politischer Korrespondent der *Frankfurter Allgemeinen Zeitung* die Brandt-Notizen von dessen Witwe erhalten hatte und diese in dem Blatt veröffentlicht wurden, von der SPD dem damals schwierigen Gemütszustand Brandts zugeschrieben wurde. Kohl, der von den Machenschaften gegen Brandt angewidert schien, war davon überzeugt, dass die DDR ihre Finger mit im Spiel hatte.

Vor Willy Brandt hatte Helmut Kohl Achtung und Respekt. Das lag daran, dass er in ihm einen großen Kommunikator sah, einen, der die Menschen mitnehmen konnte. Das hatte für den Pfälzer etwas Faszinierendes. Beide waren bei aller politischen Meinungsverschiedenheit einander früh im persönlichen Gespräch nähergekommen. Es war einmal mehr typisch für Helmut Kohl. Sie hätten über die Freigabe der Abtreibung gesprochen und Brandt habe ihn gefragt, was dann wohl aus ihm, dem unehelichen Kind geworden wäre, wenn seine Mutter wie die Mehrheit seiner Fraktion gedacht hätte. Dies hätte seine Beziehung zu Brandt – so Helmut Kohl zu seinem Ghostwriter – menschlich auf eine neue Grundlage gestellt.

Solch emotionale Momente hatten für Kohl ihre Bedeutung. Bis zu dessen Tod hatte er dann auch ein besonderes Verhältnis zu Brandt. Wie dessen damalige Ehefrau Brigitte Seebacher-Brandt dem Verfasser erzählte, habe sich während der letzten Lebensmonate des Friedensnobelpreisträgers und SPD-Ehrenvorsitzenden kein Sozialdemokrat aus der Parteiführung in dessen Wohnhaus in Unkel blicken lassen. Allein der getreue Egon Bahr, sein alter Mitstreiter aus Berliner Tagen, sei gekommen und – Helmut Kohl. Bei ihrem letzten Gespräch im September 1992 unterhielten sich beide über die Beerdigungsfeierlichkeiten, die der todkranke Willy Brandt vertrauensvoll in die Hand des Bundeskanzlers legte und nicht in die der SPD-Bosse.

Mit Brandts Nachfolger Helmut Schmidt verband Helmut Kohl dagegen gar nichts. Als Süddeutscher kam er mit dessen norddeutscher Schnoddrigkeit nicht zurecht.

Auch war »Schmidt-Schnauze«, wie der Bundeskanzler wegen seiner Schlagfertigkeit genannt wurde, rhetorisch gewandter als der »Herr aus Mainz«, der offensichtlich darunter litt. Schier unerträglich war für den Pfälzer Schmidts Arroganz, die nicht nur während der Debatten im Bundestag oft in Schulmeisterei und damit Besserwisserei mündete. Mit ihm, den Strauß verächtlich als »Staatsschauspieler« bezeichnete, konnte ein Kohl nicht warm werden. Er sei »hinsichtlich der Menschlichkeit keine besonders anziehende Gestalt gewesen«, urteilte er. Selbst der Konsens der Demokraten, der ihm sehr wichtig war, war seiner Auffassung nach mit dem Sozialdemokraten kaum aufrechtzuerhalten gewesen, wie der Wahlkampf des Jahres 1976 gezeigt habe. In diesem wurde nämlich die Union mit den nationalistischen Tendenzen unseliger deutscher Vergangenheit in Verbindung gebracht.

Dem Wahlkampf vorangegangen war der Beginn eines über Jahre hinweg erbittert geführten unionsinternen Machtkampfes, der Helmut Kohl an seine Grenzen brachte. Angefangen hatte alles, indem dem Pfälzer die Kanzlerkandidatur streitig gemacht worden war, die ihm als Vorsitzendem der größeren der beiden Schwesterparteien eigentlich qua Amt zustand. Der bayerische Ministerpräsident und CSU-Vorsitzende reklamierte diese nämlich für sich. Strauß war ein Vollblutpolitiker, intelligent, kraftvoll, derb, unkonventionell, ja, hemmungslos in seinem Streben nach Macht und Einfluss. Das Wesen seines verhassten Widersachers, »der sich mit seiner Frau sehr daran gewöhnt hatte, König von Bayern zu sein«, deutete Kohl gegenüber Schwan: »Er hatte ganz eindeutig einen Komplex als Kind kleiner Leute. Der Vater war Metzger, hatte eine ganz kleine Metzgerei. Die Mutter verkaufte im Geschäft.« Er merkte noch an, dass dieser doch gerne zum weltweit anerkannten Staatsmann aufgestiegen wäre.

Und deshalb tat er alles, um als Kanzlerkandidat gegen Schmidt antreten zu können. Doch durch geschicktes Taktieren von Kohls Generalsekretär Biedenkopf wurde der CDU-Vorsitzende als Kanzlerkandidat ausgerufen. In München beugte man sich schließlich zähneknirschend und auf Rache sinnend.

Stolze 48,6 Prozent der Stimmen erhielt Helmut Kohl bei den Wahlen im Oktober 1976. Es war das beste Ergebnis der CDU seit 1957. Er war beim Wahlvolk angekommen, verkörperte er doch den deutschen Normalbürger, eben denjenigen, der von der Linken als »deutscher Spießer« oder »deutscher Michel« bezeichnet wurde. Er vermittelte durch seine Art Glaubwürdigkeit, Sicherheit, Vertrauen und vor allem Ehrlichkeit. Von ihm, dem bieder daherkommenden Familienvater, hätten die Menschen einen Gebrauchtwagen gekauft. Ihm traute man keine Tricksereien zu. Und doch war die Wahl eine Niederlage für Kohl. Denn es reichte nicht für die Kanzlerschaft, für die es einer absoluten Mehrheit bedurft hätte. Schmidt konnte trotz herber Verluste mit der FDP, dem eigentlichen Wahlsieger mit mehr als zehn Prozent der Stimmen, mit seinem nüchternen Pragmatismus weiterregieren.

Die prompte Reaktion der CSU kam im November 1976 aus Wildbad Kreuth. Schon lange war in der Partei über die Gründung einer vierten Partei oder eine Ausweitung der CSU auf ganz Deutschland nachgedacht worden. Immer wieder war von Strauß damit unterschwellig gedroht worden. Jetzt, nach Kohls Scheitern bei der Bundestagswahl war das Maß voll. Noch heute erinnern sich die, die in Kreuth dabei waren, dass es hoch hergegangen sei vor der idyllischen Kulisse der bayerischen Berge. Statt Schafskopfrunden seien Nägel mit Köpfen gemacht worden: Die Fraktionsgemeinschaft mit der CDU im Bundestag wurde aufgekündigt. Es war ein Akt der bloßen Irrationalität.

Helmut Kohl befürchtete, dass der Kreuther Trennungsbeschluss – er sprach von einem »Schurkenstück eigener Art« – automatisch zu einer bundesweiten Parteigründung rechts der CDU führen würde, sei es in der Gestalt der CSU oder einer vierten Partei. Besonders im letzteren Fall wären die Folgen für die CDU verheerend gewesen, hätte sie doch einen Teil der Wähler rechts der Mitte verloren. Der CDU-Vorsitzende war davon überzeugt, dass jegliche Spaltung der gemeinsamen Sache nicht dienlich sei. Der Blick in die Geschichte seiner pfälzischen Heimat lehrte dies. Damals hatten sich beide katholischen Parteien, Zentrum und BVP, gegenseitig gelähmt. Deshalb war Kohl entschlossen, für die Einheit der Unionsparteien zu kämpfen. Er tat dies mit Bedacht, wusste er doch, was auf dem Spiel stand. So ließ er verbreiten, dass die CDU nunmehr ihrerseits in Bayern in den Ring steigen werde. Strauß war inzwischen von der eigenen Partei in Bedrängnis gebracht worden, wurde doch genau das befürchtet. Auf einer Veranstaltung der Jungen Union in München kam es dann nach einigen Maß Bier zu dem bekannten Ausfall des »bayerischen Löwen« gegen den von ihm so sträflich unterschätzten Kohl. »Er ist völlig unfähig, ihm fehlen die charakterlichen, die geistigen und die politischen Voraussetzungen (…). Er wird in 90 Jahren seine Memoiren schreiben: ›Ich war 40 Jahre Kanzlerkandidat. Lehren und Erfahrungen aus einer bitteren Epoche.‹«

Helmut Kohl erläuterte später seine Vorgehensweise im Umgang mit Strauß, mit dem er viele »männerfreundschaftliche Gespräche« geführt hatte, bei denen sie sich angeschrien hätten wie »die Blöden«, obgleich Kohl nicht der Mann der offenen Konfrontation war. »Meine Taktik war eine flexible. Den Boxschlägen ausweichen, aber dann auch zurückschlagen, aber nicht jeden Tag. So wie das ein guter Boxer tut: ein bisschen herumtänzeln und den Schlag ins Leere gehen lassen. Das ärgerte ihn wahnsinnig.« Am Ende blieb die Fraktionsgemeinschaft durch Kohls Wirken bestehen. Doch das Gespenst einer bundesweiten Ausdehnung der CSU oder gar einer vierten Partei blieb ebenfalls im Raum, wie der Anspruch des Bayern, der wirkliche Führer der Unionsparteien zu sein. Also musste sich der Machtkampf um die Kanzlerkandidatur wiederholen, denn die nächste Wahl kam so sicher wie das Amen in der Kirche.

Für die Bundestagswahl des Jahres 1980 war die Ausgangsposition für Kohl ungleich schlechter, denn nichts ist schwieriger, als eine Fraktion zusammenzuhalten, wenn sich die Zeit in der Opposition in die Länge zieht. Es blieb ihr nur zuzusehen, wie Schmidt Statur bei der Bekämpfung des RAF-Terrorismus zeigte, der das Land erschütterte. Doch mit Profilierung für den Oppositionsführer war da wenig. Stattdessen fiel die Stimmung. Frust kam auf und Genörgele, natürlich am Chef, denn einer musste ja die Schuld haben. Und noch etwas sollte jetzt negativ zum Tragen kommen: Kohls engere Gefolgschaft, die mit ihm aufgestiegen war, bestand aus guten Leuten. Und gute Leute wollen etwas werden, und wenn sich keine Perspektiven mehr bieten, orientieren sie sich neu.

Der Erste, der ausscherte, war Kurt Biedenkopf. Strauß hatte ihm geschmeichelt, ihm sogar »Kanzlerqualitäten« zugesprochen. Der Professor verfasste bald darauf ein 24 Seiten langes Memorandum, in dem er unter anderem die Trennung von Fraktions- und Parteivorsitz verlangte, die Kohl beide bekleidete. »Sein fast schon mit wissenschaftlicher Akribie untermauerter Vorstoß lief darauf hinaus, auch indirekt meinen Anspruch auf die Kanzlerkandidatur 1980 in Frage zu stellen«, kommentierte Kohl später. Als er auf dem Kieler Parteitag im März 1979 einen »Denkzettel« erhalten hatte, aber seiner Vernetzung in der Partei wegen immerhin noch mit 83,4 Prozent der

Stimmen als Parteivorsitzender wiedergewählt worden war, tönten von Weizsäcker und Leisler Kiep im Rundfunk, dass dies nicht als Vorentscheidung für dessen Kanzlerkandidatur zu werten sei.

Helmut Kohl, dem aus seinem Umfeld immer häufiger mangelnde Autorität und Führungsschwäche vorgeworfen wurde, verzichtete schließlich auf eine Kanzlerkandidatur und die Partei hob pro forma den Niedersachsen Ernst Albrecht auf den Schild. Der Schritt Kohls war klug, denn ob der Bayer tatsächlich eine absolute Mehrheit hinter sich bringen würde, war mehr als fraglich. Für die Presse schien die Zeit des Pfälzers damit vorüber zu sein. Vom »Mann ohne Glück« war in der *Welt* die Rede. Vom »Ende der Ära Kohl« schrieb die *Süddeutsche Zeitung* und in der *Frankfurter Allgemeinen Zeitung* war von Kohls bevorstehendem »Abschied« zu lesen. Als Herausforderer Helmut Schmidts favorisierte man im bundeshauptstädtischen Büro der »Zeitung für Deutschland« den Mann aus München.

Franz Josef Strauß zog schließlich als Kanzlerkandidat der Union in den Wahlkampf. Er kämpfte, wie es seine Art war, mit härtesten Bandagen, polarisierte über die Schmerzgrenzen hinaus und das alles mit einem schier selbstaufopfernden Einsatz. Er hatte dabei nicht begriffen, dass die Bundesrepublik anders als die Weimarer Republik eine Konsensdemokratie geworden war. Er kämpfte so von vorneherein einen aussichtslosen Kampf, abgesehen davon, dass er mit seiner bajuwarischen Mentalität in der nördlichen Hälfte des Landes ohnehin schlecht ankam. Vielerorts schlug ihm dann eine militante, aggressive Stimmung, ja teilweise sogar Hass entgegen. Und so kam es, wie es kommen musste: Strauß verlor die Wahl mit 44 Prozent der Stimmen. Es war das schlechteste Ergebnis für die Union seit 1949.

»Er ist gesprungen, aber auf der anderen Seite nicht

gelandet«, ist das Bild, das Kohl später in der Rückschau – nicht ohne Häme – gebrauchte, auch wenn er noch gönnerhaft anmerkte, dass Strauß immer mit offenem Visier gekämpft habe. Der Bayer, der als Verlierer in den Freistaat zurückkehren musste, verwandt seine Niederlage nie. Er warf später der CDU vor, sie habe nicht mit dem notwendigen Einsatz gekämpft. Doch dies konnte nicht darüber hinwegtäuschen, dass er, im Gegensatz zu Kohl, allzu oft die Dinge falsch einschätzte. Die Trennung der Fraktionsgemeinschaft war ein strategischer Fehler und verschaffte der sozialliberalen Regierung eine Atempause. Und die gebetsmühlenartig wiederholte Behauptung von der »babylonischen Gefangenschaft« der FDP in der Koalition mit der SPD war unsinnig und auch kontraproduktiv. Wäre er nicht als Kanzlerkandidat der Union angetreten, hätte der Machtwechsel wahrscheinlich schon 1980 stattgefunden, denn die Gemeinsamkeiten der Koalitionspartner waren aufgebraucht. Strauß war letztendlich ein Opfer seiner unkontrollierten Emotionen und seiner Ungeduld. Deshalb war er gescheitert. Und Helmut Kohl, auf den niemand mehr einen Pfifferling hatte setzen wollen, war über Nacht wieder da. Die *Bild*-Zeitung brachte es auf den Punkt, als es dort hieß: »Helmut Kohl: der Verlierer, der gewonnen hat«. So ist das mit der Macht.

Wenn der CDU-Vorsitzende, der den CSU-Chef »ausgesessen« hatte, doch noch Bundeskanzler wurde, dann, weil er letztendlich auch die sozialliberale Koalition »aussaß«. Er wartete, bis wieder einer scheiterte. Diesmal war es Helmut Schmidt. Seine eigene Partei versagte ihm die Gefolgschaft bei der Umsetzung des NATO-Doppelbeschlusses, den er selbst als sozialdemokratischer Bundeskanzler – damals noch mit der Zustimmung der SPD – auf den Weg gebracht hatte. Der Doppelbeschluss sah die Stationierung amerikanischer Pershing-Raketen und Tomahawk-Marschflugkörper als Antwort auf die Aufstellung russischer SS-20 Mittelstreckensysteme vor. Parallel dazu waren der Sowjetunion Verhandlungen über die Begrenzung der atomaren Mittelstreckenraketen angeboten worden, bei denen Moskau durch die Reduzierung ihrer Arsenale die NATO-Nachrüstung noch hätte verhindern können. Doch die Verhandlungen mit Moskau scheiterten und Schmidt musste im November 1982 die Stationierung in Angriff nehmen. Wenn die SPD nunmehr ihrem eigenen Kanzler nicht mehr folgte, dann deshalb, weil sich das Gedankengut einer immer präsenter werdenden Friedensbewegung der Partei bemächtigt hatte. Hunderttausende gingen auf die Straßen – nicht nur in der Bundesrepublik. Ihr Zorn richtete sich gegen all jene, die im Westen in den realpolitischen Kategorien eines friedenssichernden atomaren Gleichgewichts dachten, und damit allen voran gegen den amerikanischen Präsidenten Ronald Reagan.

Helmut Kohl sprach stets von der »sogenannten Friedensbewegung«. Diese würde vom Osten »generalstabsmäßig unterstützt«, mutmaßte er und sollte damit nicht unrecht haben. Entsprechend sprach er von einer »linkspolitischen Mafia, von General Bastian über die Kelly bis tief in die SPD hinein«. Tatsächlich war die Partei von ihrer bisherigen Politik abgerückt, wonach die transatlantischen Bindungen im Gleichklang mit der Union als die entscheidende Grundlage für Frieden und Stabilität in Europa angesehen wurden. Es war dies eine bittere Erfahrung, die der »Atlantiker« Schmidt auf dem Kölner SPD-Parteitag im November 1982 machen musste. Ganze 14 der 400 Delegierten stimmten noch für die Umsetzung des NATO-Doppelbeschlusses.

Doch damit war der Machtwechsel noch nicht perfekt. Es bedurfte erst des Seitenwechsels der FDP. Der wäre vielleicht auch ohne das Desaster Schmidts gekommen, denn tiefgreifende Meinungsverschiedenheiten in der Wirtschaftspolitik hatten das Verhältnis der Koalitionspartner zerrüttet. Und da war noch etwas: Helmut Kohl hatte Hans-Dietrich Genscher gewonnen. Seit Langem hatte er sich mit ihm in losen Abständen getroffen, schon seitdem dieser Bundesgeschäftsführer der FDP geworden war, und hatte dabei viele Interna aus den Reihen der Liberalen erfahren. Er hatte sich mit ihm angefreundet. Wieder einmal hatte die Fähigkeit des CDU-Vorsitzenden gegriffen, Menschen für sich zu gewinnen. Denn jetzt war es Genscher, der den Seitenwechsel seiner Partei hin zur CDU organisierte und damit die Mehrheit für das konstruktive Misstrauensvotum gegen Schmidt.

Kohl sollte das Genscher nie vergessen, auch wenn es ihn ärgerte, wie sich dieser als Mehrheitsbeschaffer in Szene zu setzen verstand. Zu Schwan sagte Kohl: »Der eigentliche Genscherismus war, wie beherrsche ich ein Unternehmen, in dem ich keine Mehrheit, sondern nur zwei oder drei Aktien habe und trotzdem eine beherrschende Funktion ausübe. Das ist Genscherismus.« Er ärgerte sich darüber, wie der FDP-Mann aus Halle an der Saale fortlaufend an seiner Popularität arbeitete und später in den dramatischen Monaten auf dem Weg zur deutschen Einheit zeitweise sein eigenes Süppchen kochte. Aber er hielt sich immer an die Grundabmachung mit Genscher, vor allem auch, weil etwas Menschlichkeit im Spiele war.

Helmut Kohl war Bundeskanzler – auch wenn der *Spiegel* und andere alles getan hatten, um dies zu verhindern. Seine Fähigkeit, Menschen für sich zu gewinnen, seine Beharrlichkeit, Intuition, taktisches Geschick, die Kunst der Nichtfestlegung und freilich auch Glück – Kohl hätte gesagt »Fortune« – hatten ihn an die Macht gebracht. Grundlage dafür war seine Parteimacht. Und entscheidend hier war das Netzwerk, das jetzt noch engmaschiger wurde, suchte doch jeder die Nähe zum Kanzler. Kohl, der nicht aufhörte, hervorzuheben, dass er »Parteisoldat« sei, pflegte seinerseits die CDU, war er doch seit der Übernahme der Kanzlerschaft von der Sorge getrieben, aus Zeitgründen die Partei vernachlässigen zu müssen. Als mahnendes Beispiel hatte er dabei Helmut Schmidt im Blick, der den Rückhalt in der SPD-Basis und so die Macht verloren hatte.

Da der Quell der Macht die Partei war, stellte fortan die Koalitionsrunde aus Regierungschef, führenden Parteipolitikern und Bundesministern die eigentliche Bonner Machtzentrale dar. Die Institutionen der Verfassung, Kanzler und Kabinett und damit die nicht in der Koalitionsrunde vertretenen Kabinettsmitglieder verloren während Kohls Kanzlerschaft an Einfluss. Zu Beginn derselben verzichtete der Pfälzer sogar auf regelmäßige Kabinettssitzungen. Dies änderte sich allerdings, als aus den Reihen des Koalitionspartners FDP Kritik an dieser Praxis laut geworden war.

Was die konkrete Politik anging, gab es für Kohl, der mit 48,8 Prozent der Stimmen die vorzeitig angesetzten Bundestagswahlen vom März 1983 klar gewann, wenig, womit er in der Öffentlichkeit hätte punkten und damit seine Macht untermauern können. Kohl hatte keine gesellschaftspolitische Vision. Seine zahlreichen Reformen fügten sich nie zu einem Ganzen. Nun gut, als er Kanzler wurde, sollte der Haushalt konsolidiert werden. Dies brachte unpopuläre Streichungen und Beitragserhöhungen im Sozialen mit sich. Um die Konjunktur zu befeuern, gab es Entlastungen für Unternehmen und ansonsten noch etwas Umweltschutz und natürlich die Umsetzung der NATO-Nachrüstung, gegen die Hunderttausende protestierten. In der Deutschlandpolitik hieß es, die Politik der Vorgängerregierung fortsetzen, wofür schon die FDP stand. Geistig-moralische Wende? Die Publizistin

Cora Stephan schrieb: »Tatsächlich war die ›geistig-moralische Wende‹ (…) weitgehend ausgeblieben, kam es keineswegs zu einem auf der Linken gefürchteten ›großen Aufräumen‹, zu einer konservativen Hegemonie der Gesellschaft. Im Gegenteil: eine eher linksliberale Öffentlichkeit überprüfte die neuen politischen Machthaber ständig auf konservative Ambitionen, die, wagten sie sich einmal hervor, von der ›Gesellschaft‹ geübt gekontert wurden (…). Die 80er-Jahre erwiesen sich nachgerade als Habermassches Diskussionsparadies, waren geprägt von einer über die Medien vermittelten Selbstthematisierung der Deutschen in Vergangenheit und Gegenwart.«

Ein »mittelmäßiger Kanzler«, urteilt der als CDU-nah geltende Historiker Schwarz über Kohls erste Regierungsjahre. Zu dieser Wertung beigetragen hatten gewiss auch die Affären, die diese ersten Jahre schwer belasteten. Da war die Flick-Parteispendenaffäre, aus der unbeschadet herauszukommen Kohl alle Not hatte. Der Großindustrielle Friedrich Karl Flick hatte zwischen 1969 und 1980 an die CDU 15 Millionen D-Mark (an die FDP zirka 6,5 und an die SPD 4,3 Millionen) gespendet – zum Teil über die »Staatsbürgerliche Vereinigung 1954 e. V.« und damit am Finanzamt vorbei. Da die Parteispenden in einen Zusammenhang mit großen Steuerbefreiungen für Flick gebracht worden waren, war die Rede von »der gekauften Republik«. Die Staatsanwaltschaft ermittelte bald gegen mehr als tausend Verdächtige und im Bundestag wurde 1983 ein Untersuchungsausschuss eingerichtet, um Licht in die Machenschaften um die »Pflege der Bonner Landschaft« zu bringen, wie der später wegen Steuerhinterziehung und Beihilfe zur Steuerhinterziehung zu einer Bewährungsstrafe verurteilte Flick-Manager Eberhard von Brauchitsch die Spendenpraxis umschrieb. Und in Mainz gab es ebenfalls einen Ausschuss, der sich mit dem Thema beschäftigte.

Auch Kohl erklärte, Flick-Spenden entgegengenommen und an die Schatzmeisterei weitergeleitet zu haben. 565 000 D-Mark, sagte er. Um Schaden von den Parteifunktionären und Spendern abzuwenden, die sich nicht korrekt verhalten hatten, versuchte er rasch ein Amnestiegesetz für Steuersünder auf den Weg zu bringen. Doch die FDP zog nicht mit. Kohl, der vor dem Bonner Untersuchungsausschuss und auch noch vor dem in Mainz befragt wurde und sich dort infolge eines »Blackouts« – so Geißler – in Widersprüchlichkeiten verwickelte, sollte es Genscher, der »kein Stehvermögen hatte«, nachtragen. Der Parteispendenskandal zog sich hin und wurde zu einer unangenehmen Dauerbelastung für die Regierung. Schließlich trat der Bundeswirtschaftsminister, der Freidemokrat Otto Graf Lambsdorff, zurück. Und auch Parlamentspräsident Barzel war nicht mehr zu halten und musste gehen. Kohl berief sich auf Gedächtnislücken und blieb. Wenn er die Krise meisterte, dann lag dies daran, dass er mit Wolfgang Schäuble einen hervorragenden Krisenmanager hatte. Es hatte aber vor allem auch darin seinen Grund, dass das »System« funktionierte, das hieß, dass die CDU-Führung in der Sache mehr oder weniger geschlossen hinter ihrem Vorsitzenden stand und niemand aus seinem unmittelbaren Umfeld den großen »Verrat« wagte. Fünfzehn Jahre später sollte das ganz anders sein.

Die Flick-Spendenaffäre war noch längst nicht ausgestanden, da entließ der Verteidigungsminister Manfred Wörner einen ehrenwerten Bundeswehr-General namens Günter Kießling als Sicherheitsrisiko, nachdem er sich selbst in die Ermittlungen eingeschaltet hatte. Der Grund: Homosexualität. Der Bundeskanzler war zwar in die Sache nicht verstrickt, doch die Schlammspritzer der unappetitlichen Geschichte trafen auch ihn, weil er die Sache »aussaß«, um Wörner im Amt halten zu können.

Ungleich komplizierter wurde für Kohl dann das Krisenmanagement nach dem Besuch mit dem amerikanischen Präsidenten Ronald Reagan auf dem deutschen Soldatenfriedhof bei Bitburg. Die Sache hatte ein Ausmaß angenommen, dass deswegen sogar der Sturz des Kanzlers nicht ausgeschlossen erschien.

Und dann kam noch die Reaktor-Katastrophe von Tschernobyl, was zu einer großen Verunsicherung in der deutschen Bevölkerung führte. Ökologische Fragen, die ja schon die Grünen 1983 in den Bundestag gebracht hatten, bestimmten den Diskurs in der politischen Klasse und nicht, dass die Konjunktur wieder Fahrt aufnahm – kurzum, dass es mit dem Land wirtschaftlich bergauf ging und die Staatsfinanzen allmählich in Ordnung gebracht wurden. Kohl saß alles andere als fest im Sattel. Doch der Pfälzer, der immer wieder an seine Partei appellierte, zu kämpfen und an den Erfolg zu glauben, war ein Steher mit dem Gemüt eines Elefanten. Elefanten aus der ganzen Welt sammelte übrigens seine Büroleiterin Juliane Weber. Auf dem Tisch vor ihrem Arbeitsplatz im Bonner Kanzleramt standen mehr als hundert davon.

Die Bundestagswahl vom Januar 1987 gewann Helmut Kohl, wenn auch mit Verlusten. Immerhin votierten mehr als 44 Prozent der Wähler für die Union. Dennoch hatte sich beim Pfälzer eine gewisse Ratlosigkeit breitgemacht, schien doch der Zeitgeist unaufhaltsam gegen ihn zu arbeiten. Resigniert sprach er von den 68ern, die bei ihrem Marsch durch die Institutionen inzwischen in der Presse angekommen seien. Er sprach auch von einer »Stimmungsdemokratie«. Der Neustart in seine zweite Legislaturperiode war schwierig: Bei der Steuerreform, die in mehreren Stufen umgesetzt wurde, kam es zu harten Auseinandersetzungen zwischen dem Arbeitnehmer- und dem Wirtschaftsflügel. Es wurde endlos gestritten über Spitzensteuersätze, Besteuerung der Nachtzuschläge von Schichtarbeitern und die Steuerbefreiung für Flugbenzin, die Strauß verlangte. Die Gesundheitsreform war nicht weniger konfliktbeladen. Außerdem gab es Krach mit Strauß über die Frage der deutschen Positionierung bei den Abrüstungsgesprächen, die mit dem Treffen Reagans mit dem Generalsekretär der KPdSU, Michail S. Gorbatschow im November 1985 in Genf begonnen hatten. Der Honecker-Besuch in der Bundesrepublik im September 1987 schaffte noch mal etwas Erleichterung, vermittelte er doch das Bild eines deutschlandpolitisch handelnden Kanzlers.

Kohls Macht schien im Jahr 1988 zu verfallen. Denn der CDU liefen die Wähler davon. Und nicht nur in der Führung rumorte es. Zwar war es Lothar Späth noch gelungen, die baden-württembergischen Landtagswahlen knapp für sich zu entscheiden, worauf er sich bereits als Kohl-Nachfolger gerierte. Doch mit der Abstimmung in Schleswig-Holstein begann ein dramatischer Sinkflug. Dort verlor die CDU annähernd zehn Prozent, was freilich der Affäre um ihren Ministerpräsidenten Uwe Barschel geschuldet war. An deren Anfang stand eine Intrige gegen dessen Herausforderer von der SPD, dann folgten ein Ehrenwort des Ministerpräsidenten und schließlich dessen mysteriöser Tod in einem Genfer Hotel. Ob Barschel ermordet wurde oder sich selbst tötete, konnte nie aufgeklärt werden. Doch ganz schnell hatte sich ein Abgrund aufgetan – der den CDU-Spitzenpolitiker mit dem internationalen Waffenhandel in Verbindung gebracht hatte und vom Kanzler Antworten verlangte, die er nicht geben konnte.

Noch härter trafen Kohl freilich die Ereignisse in seiner rheinland-pfälzischen Heimat. Dort verweigerte die CDU auf einem Landesparteitag im November 1988 ihrem betulichen Vorsitzenden Bernhard Vogel, der zusammen mit der FDP regierte, die Gefolgschaft. Die Tat –

ein Novum in der Geschichte der CDU – leitete nicht nur den langen Marsch der Landespartei in die Opposition ein, sondern war irgendwie auch eine Ohrfeige für Kohl, denn dessen früher Weggefährte Vogel galt als Vertrauter des Bundeskanzlers. Als dann zu Beginn des Jahres die Berliner Abgeordnetenhauswahlen für von Weizsäckers Nachfolger Eberhard Diepgen und auch die hessischen Kommunalwahlen für die CDU verloren gingen, schien Kohls Zeit als Parteivorsitzender und Kanzler ihrem Ende entgegenzugehen.

In der Partei formierte sich der Widerstand gegen ihn. Er kam vor allem von den alten Gefolgsleuten Kohls. Dabei waren der CDU-Generalsekretär und Familienminister Heiner Geißler, der »Reservekanzler« Lothar Späth, Kurt Biedenkopf, Norbert Blüm und die neue Bundestagspräsidentin Rita Süssmuth. Sie hatte ihren Parteifreund Philipp Jenninger beerbt. Dessen dilettantisch vorgetragene Rede zum 50. Jahrestag der nationalsozialistischen November-Pogrome im November 1988 war mehr oder weniger bewusst missverstanden worden und hatte weit über die Grenzen der Bundesrepublik hinaus für Empörung gesorgt, was natürlich irgendwie auf die CDU und damit auf ihren Vorsitzenden zurückschlug. Die Motive für ihr Aufbegehren formulierte Biedenkopf im August 1989 in der *Süddeutschen Zeitung*: »Das Land ist in guter Verfassung. Von der CDU lässt sich das nicht behaupten. Sie hat in den letzten Jahren Schaden genommen (...). Kohls CDU-Bilanz ist erschreckend negativ, verkrustet, verbonzt, veraltet und verschuldet ist die Partei.«

Anführer der Gruppe war Geißler, Kohls früher Weggefährte aus Mainzer Tagen. Inhaltliche Differenzen hatte es seit Längerem gegeben, etwa in der Frage, ob Deutschland ein Einwanderungsland sei oder nicht. Der multikulturell orientierte Geißler, der in die Wählerschaft der SPD einbrechen und hierzu die Partei nach links verschieben wollte, hielt Kohl für nicht flexibel genug und darüber hinaus für führungsschwach. Vielleicht konnte er Kohl nach all den Jahren auch einfach nicht mehr ertragen. Hinzu kam, dass sich der CDU-Generalsekretär dem Kanzler intellektuell haushoch überlegen wähnte. Er glaubte der entscheidende Mann in der CDU zu sein und nannte sich mitunter »Geschäftsführender Vorsitzender«. Doch Intelligenz und Analysefähigkeit sind das eine, politische Schläue und Machtinstinkt das andere.

Heiner Geißler war sich sicher, die Mehrheit in den Gremien der Partei inzwischen hinter sich zu haben. Für ihn schien daher die Zeit reif für Kohls Sturz. Mit großem Widerstand rechneten seine Gegner in der CDU ohnehin nicht mehr. Denn schon im März hatte der Kanzler in einer Fraktionssitzung erklärt: »Die können mir alle den Buckel runterrutschen. Ich muss ja nicht Kanzler sein.« Die Putschisten glaubten, der »schwarze Riese« taumele bereits. Doch sie unterschätzten Kohls Machtwillen und seine Vernetzung in der Partei. Der versuchte zunächst durch eine Kabinettsumbildung den Druck auf seine Person abzuschwächen. Geißler sollte Innenminister und damit neutralisiert werden. Nachdem dieser ablehnte, musste Kohl handeln, zumal er aus seinem Netzwerk bestens über die Putschabsichten seiner Gegner informiert war. »Die haben gedacht, ich krieg das nicht mit. Ich wusste alles«, sagte er zu Kilz. Gestärkt durch seinen Sieg bei den Europawahlen im Juni 1989, entschloss sich Kohl, der die offene Konfrontation scheute, zu einem für ihn ungewöhnlichen, aber gut vorbereiteten Schritt: Er eröffnete im August dem »Verräter« Geißler, dass er ihn als Generalsekretär nicht mehr wolle. Doch damit nicht genug. Er zauberte mit Volker Rühe gleich dessen Nachfolger aus dem Hut. Nur noch wenig deutete darauf hin, dass es auf dem CDU-Bundesparteitag in Bremen Mitte September zum Aufstand kommen würde.

Doch da kam den »Putschisten« der Zufall zu Hilfe. Kohl erkrankte wenige Tage vor dem Parteitag an der Prostata. Im Bonner Johanniter-Krankenhaus, wohin er mit dem Notarztwagen gebracht worden war, wollte man ihn unverzüglich operieren. Dies bedeutete, dass Kohl nicht am Parteitag hätte teilnehmen können. Er schrieb darüber, dass dies für ihn einer Katastrophe gleichgekommen wäre. »Niemand hätte mir damals in dieser Situation abgenommen, dass ich wirklich krank war. (...) Viele würden denken, dass ich mich vor der Auseinandersetzung (...) drücken wollte.« Nach einem provisorischen Eingriff reiste Kohl, begleitet von Walter Möbius, einem Arzt des Bonner Johanniter-Krankenhauses, dann doch nach Bremen.

Trotz seiner Erkrankung hatte Kohl den Parteitag sorgfältig vorbereitet, indem er seine Verbindungen und Bindungen genutzt hatte, um die Delegierten für Rühe zu mobilisieren. Daneben wartete er noch mit einem Joker auf, mit dem niemand gerechnet hatte. Exakt terminiert platzte nämlich in den traditionellen Presseempfang am Vorabend des Parteitages eine sensationelle Meldung aus dem sich rasant verändernden sozialistischen Lager: Die ungarische Regierung ließ die Deutschen aus der DDR in den Westen ausreisen. Wochenlang hatten Abertausende Menschen, die in diesem Wende-Sommer dem SED-Staat den Rücken gekehrt hatten, auf Campingplätzen und in Notunterkünften ausgeharrt. Die ganze Welt hatte auf Ungarn geschaut und die bange Frage gestellt, was aus ihnen wohl werden würde. Jetzt durften sie ziehen, was weitestreichende Folgen für das Regime in Ost-Berlin hatte. Wer interessierte sich da noch für die innerparteilichen Machtkämpfe in der CDU? Kohl, der Budapest großangelegte wirtschaftliche Hilfen versprochen und den ungarischen Präsidenten gebeten hatte, die Entscheidung zur Grenzöffnung am Abend des 11. September bekannt zu geben, war gefragter denn je. Der Versuch, ihn zu stürzen, war jämmerlich in sich zusammengebrochen. Rühe wurde mit großer Mehrheit als neuer Generalsekretär gewählt und Kohl mit ebenso großer Mehrheit in seinem Amt als Parteivorsitzender bestätigt.

Die ungarische Grenzöffnung lenkte Kohls Augenmerk verstärkt auf die Entwicklung in der DDR, wo sich die Ereignisse fortan überschlugen. Die parteiinternen Querelen gehörten nun der Vergangenheit an. In gewisser Hinsicht enteilte er ihnen. Er enteilte auch der Kritik der Opposition und auch der latent schlechten Presse. Und er wuchs mit seiner Aufgabe, besonders auf dem nichtbundesrepublikanischen Terrain, auf dem er sich ohnehin wohler fühlte. Sie mögen es glauben oder nicht, sagte er einmal, der Bismarcksatz sei immer noch aktuell, dass »in der Außen-, Sicherheits- und Europapolitik die Zukunft der Nation entschieden wird und eben nicht, so wichtig sie ist, in der Rentenfrage«. Die Zustimmung, die ihm schließlich in der DDR widerfuhr, wo ihm bald Hunderttausende zujubelten, beflügelte ihn. Seine Position sowohl in der CDU als auch als Regierungschef war bald so stark wie nie zuvor. Und aus dem »mittelmäßigen Kanzler« wurde der »Kanzler der Einheit«.

Triumph

Ein Staatsmann brauche »Fortune«, sagte Helmut Kohl mitunter, besonders wenn er auf seinen größten Triumph – die Vollendung der deutschen Einheit – zurückschaute. Er, für den »Fortune« für Gottes Hilfe stand, meinte damit, dass alle Anstrengungen für sich genommen nichts gebracht hätten, wenn da nicht auch das gewesen wäre, was außerhalb des Planbaren liege. Bei Helmut Kohl war es eine Verkettung von außenpolitischen Ereignissen, die die Rahmenbedingung schufen, Geschichte zu schreiben. Helmut Schmidt zum Beispiel hatte diese günstigen Rahmenbedingungen als Kanzler nicht. Zwischen den Blöcken tat sich recht wenig. Und so erreichte er im deutsch-deutschen Verhältnis so gut wie nichts. Geradezu zynisch war das Hustenbonbon, das Honecker dem Kanzler bei seiner Abreise aus dem mecklenburgischen Güstrow durch das offene Zugfenster reichte. Dort hatte Schmidt – wie er es sich gewünscht hatte – den fliegenden Engel des Bildhauers Ernst Barlach im Dom besichtigt. Um Sympathiebekundungen wie beim Besuch Brandts in Erfurt zu verhindern, hatte Honecker kurzerhand die Stadt von der Nationalen Volksarmee abriegeln lassen und durch ein Großaufgebot von Staatssicherheitsleuten die Bewohner gezwungen, in ihren Häusern zu bleiben. Es war eine gespenstische Atmosphäre in Güstrow an diesem grauen Novembertag des Jahres 1981, die viel über die Realität im geteilten Deutschland ausdrückte.

In der Amtszeit von Helmut Kohl als Bundeskanzler endete der große, vier Jahrzehnte andauernde, zeitweise die Welt in Atem haltende Konflikt zwischen den Blöcken. Mit dem sowjetischen Generalsekretär Michail Gorbatschow begann nämlich Mitte der 80er-Jahre eine neue Epoche. Glasnost und Perestroika waren damals die Zauberworte, unter denen sich im Westen zunächst niemand so recht etwas vorstellen konnte. Glasnost stand für mehr Offenheit als Voraussetzung für die Perestroika, mit der vor allem der Umbau der Sowjetwirtschaft gemeint war. Gorbatschow wollte die erstarrten Strukturen aufbrechen, den maroden Staatsbetrieben mehr Selbstständigkeit und Eigenverantwortung geben und den Einfluss der alles beherrschenden Partei zurückdrängen. Er wollte also ein wenig Markt und weniger Planwirtschaft und erhoffte sich davon, den weiteren wirtschaftlichen Niedergang der bankrotten Sowjetunion abwenden zu können. Noch gut erinnert sich der Verfasser, wie Gorbatschow – später, als es die Sowjetunion schon nicht mehr gab – im Gespräch mit ihm die schreiende Not der russischen Bevölkerung auf das Anschaulichste schilderte und betonte, dass es zu seinem Handeln keine Alternative gegeben habe.

Den übergeordneten Aspekt seiner Reformpolitik sprach Gorbatschow nicht an. Bei Glasnost und Perestroika ging es ihm nämlich vor allem darum, die Sowjetunion als Supermacht und weltpolitisches Gegengewicht zu den Vereinigten Staaten im Spiel zu halten. Denn längst hatte man in Moskau erkannt, dass die wirtschaftliche Talfahrt der Sowjetunion bei aller Konzentration der Ressourcen nicht ohne Folgen für den militärisch-industriellen Komplex gewesen war. Gerade auf dem Gebiet der Mikroelektronik, die für die Wehrtechnik zunehmend an Bedeutung gewonnen hatte, geriet der Warschauer Pakt gegenüber der NATO immer weiter ins Hintertreffen. Besonders Reagans SDI-Projekt – ein Weltraumschutzschirm gegen Interkontinentalraketen – war zu einer regelrechten Schreckensvision für den sowjetischen Generalstab geworden, zeichnete sich doch damit die unabwendbare militärische Überlegenheit der Vereinigten Staaten und damit der Verlust der sowjetischen Weltmachtstellung ab. Kritiker Washingtons meinten damals nicht ganz zu Unrecht, dass der amerikanische Präsident dabei sei, die Sowjetunion zu Tode zu rüsten.

Um dies zu verhindern, gehörte zum Konzept der sowjetischen Führung um Gorbatschow eine völlig neue Außen- und Sicherheitspolitik. Nicht mehr Wettrüsten, sondern vollständige atomare Abrüstung war das Gebot der Stunde. Hinter dem Vorschlag stand die schlichte Erkenntnis, dass ein Atomkrieg vor allem Europa die totale Vernichtung brächte. Auf der Grundlage eines daraus resultierenden Interessengegensatzes zwischen den Europäern und den US-Amerikanern basierte dann auch Gorbatschows Bauplan eines »gemeinsamen europäischen Hauses«, in dem sich alle europäischen Staaten, darunter auch die beiden deutschen, einrichten sollten. Aus der Sicht des Kremls sollte der für den europäischen Kontinent als existenziell herausgestellte europäisch-amerikanische Interessengegensatz forciert werden, um die Sowjetunion allmählich in die Rolle eines »europäischen Hausmeisters« zu manövrieren. Denn nach einer Abrüstung der Atomraketen wäre sie nicht nur militärisch konventionell überlegen, sondern auch als Friedensmacht moralisch in der Vorderhand. Bereits im November 1985 trafen Gorbatschow und Reagan in Genf zu Abrüstungsgesprächen zusammen. Es war ein Durchbruch und es folgten weitere in Reykjavik, Washington und in Moskau. Innerhalb von nur drei Jahren waren die meisten Atomraketen aus Europa wegverhandelt und eine Nulllösung schien machbar.

Doch was hat das alles mit Helmut Kohl zu tun? Einiges, denn der deutsche Bundeskanzler war zu Beginn der 80er-Jahre, als das Wettrüsten noch in vollem Gange gewesen war, maßgeblich an einem zentralen Rüstungsschritt beteiligt, der zum Umdenken in Moskau beigetragen und Glasnost und Perestroika mit auf den Weg gebracht hatte: Die Rede ist vom NATO-Doppelbeschluss, den Kohl – nachdem er Bundeskanzler geworden war – in einem aufgeheizten gesellschaftspolitischen Klima umsetzte. Er erinnerte sich: Es ging »letztlich um die Frage, ob wir noch ein zuverlässiger Partner sind. Ich behaupte, wenn wir 1983 nicht mit der Stationierung begonnen hätten, wäre das Verhältnis der Bundesrepublik vor allem zu den Vereinigten Staaten schwer erschüttert worden; die NATO wäre in eine tiefe Krise geraten, möglicherweise sogar auseinandergefallen. Ich weiß aus den Gesprächen mit Michail Gorbatschow, welch fundamentale Bedeutung diesem Thema in der Sowjetunion beigemessen wurde. Er hatte damals erkannt, dass es ein aussichtsloses Unterfangen war, den Rüstungswettlauf forcieren zu wollen, das westliche Bündnis zu spalten und Deutschland aus der westlichen Solidarität herauszulösen. Auch diese Einsicht führte zu Perestroika und Glasnost.«

Natürlich konnte damals im Westen niemand ahnen, dass die Nachrüstung in der sowjetischen Nomenklatur zu einem Umdenken beitragen würde. Es konnte niemand ahnen, dass sie Generalsekretär Juri Andropow, den ehemaligen KGB-Chef und Ziehvater von Gorbatschow, veranlassen würde, Glasnost und Perestroika zu denken, und der Generalsekretär nach dem Rollback unter Konstantin Tschernjenko den Plan in Angriff nehmen würde. Kohl hatte also zu einer Entwicklung beigetragen, die letztendlich zur friedlichen Revolution in der DDR führen sollte und nach dem Mauerfall die Tür zur Wiedervereinigung Deutschlands einen Spalt weit öffnete. Und dass er durch diese Tür gehen konnte, dafür hatte er auch mit der Umsetzung der NATO-Nachrüstung eine wichtige Grundlage geschaffen. Denn so, wie Kohl in der Frage der Aufstellung der Mittelstreckenraketen an der Seite Amerikas stand, sollte Amerika auf dem schwierigen Weg zur deutschen Einheit an der Seite der Deutschen und ihres Kanzlers stehen.

Aus der Position der Stärke setzte die neue Regierung Kohl in der Ost- und Deutschlandpolitik die sozialliberale Linie der 70er-Jahre fort, bei der die menschlichen Erleichterungen im Mittelpunkt standen. In der SPD der 80er-Jahre war diese bereits überholt. Die deutsche Zweistaatlichkeit wurde dort allmählich zum Dogma. Für manche war sie die gerechte Konsequenz aus der Hitler-Barbarei, die einen beständig größer werdenden Raum im politisch-intellektuellen Diskurs des Landes einnahm und damit immer stärker in die Politik wirkte. Doch auch in der Bevölkerung der Bundesrepublik schien man sich mit den zwei deutschen Staaten zu arrangieren. Kohl schrieb über die Ursachen dieser Entwicklung, die am Ende der 60er-Jahre ihren Anfang genommen hatte: »Zum einen ging immer mehr Zeitgenossen der lange Atem verloren. Anstatt in historischen Zeiträumen zu denken, begnügten sie sich immer mehr mit einer rein gegenwartsbezogenen polit-soziologischen Weltsicht. Zum anderen war eine Generation herangewachsen, die in ihrem Leben nur den Zustand der Teilung kannte. Hinzu kam bei manchen der Verlust der Fähigkeit, zwischen Demokratie und Diktatur zu unterscheiden. Dies war sicherlich auch eine Folge des nie dagewesenen Wohlstandes, den immer mehr Menschen für etwas Selbstverständliches hielten. Manche sahen die Zukunft mehr und mehr im Sozialismus (…).«

So sehr Kohl diese Entwicklung auch beklagte, so konsequent nutzte er die Gelegenheiten, die Zusammengehörigkeit aller Deutschen hervorzuheben. Er tat das zum Beispiel auf der 750-Jahr-Feier Berlins, als er in seiner Ansprache beim Festakt im Internationalen Congress Centrum im April 1987 sagte, dass die Stadt für ihn das Symbol der offenen deutschen Frage sei. In die gleiche Richtung zielten nach Auffassung seines Biografen Henning Köhler seine kulturpolitischen Entscheidungen zum Bau des Hauses der Geschichte in Bonn und zu einem auf längere Sicht hin geplanten Deutschen Historischen Museum in Berlin. Nicht zur Disposition standen für Kohl daher die deutschlandpolitischen Positionen seiner Partei. Dazu gehörte an erster Stelle das Festhalten am Wiedervereinigungsgebot des Grundgesetzes, aber auch die konsequente Ablehnung der Geraer Forderungen Honeckers, bei denen das Abrücken von der einen Staatsbürgerschaft und der Abschaffung der Erfassungsstelle (für DDR-Unrecht) in Salzgitter im Mittelpunkt standen.

Besonders letztere Position zu behaupten war nicht einfach, denn aus den Reihen der SPD wurde das »mit Leben angefüllt«, so Helmut Kohl, was der SPD-Fraktionsvorsitzende im Bundestag, Herbert Wehner, mit seinen vertraulichen Gesprächen in Ost-Berlin und Moskau schon Anfang/Mitte der 70er-Jahre begründet habe: eine regelrechte Neben-Deutschland- und Neben-Außenpolitik der SPD, die mit den Positionen der Bundesregierung und des Westens nicht mehr viel gemein hatte und diese unterminierte. Dies geschah durch eine angestrebte chemiewaffenfreie Zone, aber auch durch einen atomwaffenfreien Korridor in Europa, über den Brandt mit Honecker 1985 gesprochen hatte. Den Überbau für all das lieferte eine Grundwertekommission aus SPD und SED, die Gemeinsamkeiten und unterschiedliche Positionen zwischen beiden Parteien in einem Papier unter dem Titel »Der Streit der Ideologien und der gemeinsamen Sicherheit« zusammenschrieb.

»Kaum ein führender Sozialdemokrat, der damals nicht zu politischen Gesprächen in die DDR fuhr und sich dort von meiner Politik und der meines Freundes Ronald Reagan distanzierte«, beklagte sich Kohl später. Was er als »Parteisoldat« für sich behielt, war die Tatsache, dass es bei Weitem nicht nur Sozialdemokraten waren, sondern auch zumeist protestantische Christdemokraten, die in den anderen deutschen Staat reisten und mitunter kein gutes Haar am Pfälzer ließen. So gab zum Beispiel von Weizsäcker gegenüber dem eng mit der SED-Führung im Bunde stehenden Oberjuristen der Evangelischen Kirchen in der DDR, gegenüber Manfred Stolpe, zum Besten, dass Kohl für die weitere Gestaltung der deutsch-deutschen Beziehungen ein Problem sei. Kohl sei »zwar schnell euphorisch, aber effektiv am Rande der Unfähigkeit«. Von Honecker, mit dem er zusammengetroffen sei, sei er »beeindruckt« gewesen und hätte »Respekt vor dessen schwerer politischer Aufgabe«. Als später nach der Wende und der Öffnung der Archive die Gesprächsprotokolle Kohl vorgelegt wurden, sandte er sie – wie er dem Verfasser sagte – seinem Parteifreund von Weizsäcker mit dem sarkastischen Kommentar, dass die Akten ja bestimmt lügen würden. Mit diesem Scheinargument versuchten seinerzeit viele Stasi-Verstrickte das schwarz auf weiß gegen sie Vorliegende zu entkräften. Ob von Weizsäcker antwortete, ist nicht bekannt. Zum *Spiegel*-Reporter Kilz soll Kohl in dieser Zeit gesagt haben, wenn er gewusst hätte, was der da drüben alles erzählt, wäre er kein Bundespräsident geworden.

Es gehörte in der zweiten Hälfte der 80er-Jahre in den Reihen der Oppositionsparteien aber auch in Teilen der CDU einfach zum guten Ton, Kohl als den Büttel Reagans und die Vereinigten Staaten als Bedrohung für den Weltfrieden darzustellen. Schon im Zusammenhang mit der Raketenstationierung hatte von Weizsäcker in

Ost-Berlin erklärt, »die USA würden nach der Stationierung eine Eiszeit planen, die sich insbesondere gegen die SU richtet (...)«. Im Berliner Landesverband der SPD hatten sie Mitte der 80er-Jahre, als längst die Abrüstungsgespräche zwischen den Supermächten erfolgreich angelaufen waren, Reagan als »schießwütigen Cowboy« tituliert. Den Höhepunkt des antiamerikanischen Ressentiments bildete ein Parteitag ebenfalls der Berliner SPD. Der Verfasser berichtete für die *Frankfurter Allgemeine Zeitung*, wie unter dem Beifall der geladenen Vertreter des Ost-Berliner Außenministeriums der Leitantrag gestellt wurde, dass die Bundesrepublik die Friedenspolitik der Sowjetunion notfalls »bis zum Konflikt im Bündnis« verteidigen und vertreten solle. Als Reagan dann im Sommer 1987 den freien Teil Berlins besuchte und Gorbatschow vor dem Brandenburger Tor aufforderte, dieses zu öffnen und die Mauer niederzureißen, belustigten sich sogar CDU-Politiker ob der Naivität des amerikanischen Präsidenten. Doch nicht nur das: Die westliche Teilstadt befand sich wegen Abertausender Demonstranten und Randalierer im »Ausnahmezustand«, wie das DDR-Staatsfernsehen in Sondersendungen »besorgt« feststellte. Gorbatschows Konzept der Perestroika vom Keil zwischen Europa und den Vereinigten Staaten schien aufzugehen.

Der Bundeskanzler geriet damals zunehmend unter Druck, schien doch die internationale Politik an ihm vorbeizugehen. Die Abrüstungsgespräche waren Sache zwischen Washington und Moskau. Bei den bilateralen Beziehungen zwischen der Sowjetunion und der Bundesrepublik tat sich nichts, denn Gorbatschow hatte Kohl als engsten kontinentaleuropäischen Partner der Vereinigten Staaten absichtlich übergangen und stattdessen den Dialog mit der britischen Premierministerin Margaret Thatcher und dem französischen Staatspräsidenten François Mitterrand gesucht. Der Generalsekretär der KPdSU mochte den Nachrüster Kohl nicht, setzte stattdessen zum Ärger des Pfälzers ganz auf den liberalen Außenminister Genscher.

Zu allem Überfluss war dem Bundeskanzler auch noch eine Bemerkung herausgerutscht, die Gorbatschow in Verbindung mit Nazi-Propagandaminister Goebbels brachte. Im Gespräch mit dem amerikanischen Nachrichtenmagazin *Newsweek* sagte der Bundeskanzler im Oktober 1986, Gorbatschow sei ein moderner kommunistischer Führer, der etwas von PR verstünde. Und dann fügte er noch hinzu: »Der Goebbels verstand auch was von PR.« Da sein Pressesprecher Friedhelm Ost bei der Autorisierung des Textes die Passage nicht gestrichen hatte, war der Skandal perfekt. In Bonn wurde der sowjetische Botschafter Juri Kwisinski vorstellig. Moskau verlangte eine Entschuldigung. Die Sache, die von den östlichen Staatsmedien ganz groß herausgestellt wurde, wuchs sich zum internationalen Politskandal aus. Das Verhältnis zwischen beiden Hauptstädten und beiden Regierungschefs konnte schlechter kaum sein.

In dieser Situation kam Kohl der Besuch Honeckers in Bonn gerade recht, suggerierte er doch Bewegung in der Deutschlandpolitik. So ertönte nach langem Hin und Her bei dessen Vorbereitung dann im September 1987 die DDR-Nationalhymne vor dem Bonner Kanzleramt, was in Ost-Berlin als Höhepunkt und Abschluss auf dem langen Weg des einmal gemiedenen »Arbeiter- und Bauernstaats« zur weltweit anerkannten Deutschen Demokratischen Republik angesehen wurde. Der Wermutstropfen, dass Kohl in der Tischrede in der Godesberger Redoute, die verabredungsgemäß auch in die DDR live übertragen wurde, die Positionen der Bundesregierung zur deutschen Frage umriss und noch einmal den Willen zur Einheit der Nation beteuerte, verkraftete die östliche Seite.

Auch die Äußerungen des Kanzlers, dass an den unterschiedlichen Auffassungen beider Seiten zu grundsätzlichen Fragen, darunter zur nationalen Frage, der Besuch Honeckers nichts ändern werde. Beruhigend dürfte es auf die Ost-Berliner Genossen gewirkt haben, als Kohl noch hinzufügte: »Die deutsche Frage bleibt offen, doch ihre Lösung steht nicht auf der Tagesordnung der Weltgeschichte, und wir werden dazu auch das Einverständnis unserer Nachbarn brauchen.«

Kurz nach dem Honecker-Besuch wurden die deutschlandpolitischen Prinzipien noch einmal von einer Kommission des CDU-Bundesvorstandes zusammengefasst. In dem Papier hieß es: »Die Freiheit ist Bedingung der Einheit und nicht ihr Preis, die Einheit kann nur auf gewaltfreiem Weg erreicht werden, das Ziel der Einheit ist von den Deutschen nur im Einvernehmen ihrer Nachbarn in Ost und West zu erreichen.« Dies war eigentlich realistisch, wurde aber nach dem Honecker-Besuch in Bonn aufgenommen, als verabschiede sich die CDU von der deutschen Einheit. Die Folge war eine öffentliche Diskussion, in die sich auch die SPD mit viel Lob für den für das Papier verantwortlichen Generalsekretär Heiner Geißler einbrachte. Die CDU rücke endlich von ihren überkommenen deutschlandpolitischen Vorstellungen ab, erklärte der SPD-Partei- und Fraktionsvorsitzende Hans-Jochen Vogel, aus dessen Partei immer wieder der Ruf nach der Abschaffung der Erfassungsstelle in Salzgitter und der einen deutschen Staatsbürgerschaft laut geworden war.

Helmut Kohl erklärte daraufhin, dass es sich bei dem Papier um einen Diskussionsentwurf handele, den er habe »weder studieren noch kontrollieren« können. Der Verfasser erinnert sich noch gut daran, wie ihm einer von Kohls engen Mitarbeitern im Bundeskanzleramt unter dem Siegel der Verschwiegenheit erklärte, dass das Papier sehr wohl über den Schreibtisch des Bundeskanzlers gegangen sei. CDU-Generalsekretär Geißler hatte also recht, als er später, nachdem er bei Kohl in Ungnade gefallen war, erklärte, er sei den Text »Wort für Wort« mit diesem durchgegangen. Es war demnach die Deutung des Papiers in der Öffentlichkeit, die Kohl zu diesem Verhalten veranlasste, wollte er doch nicht den aufgekommenen Eindruck verstärken, als verabschiede er sich von der Einheit der Nation.

Drei Jahre später sollte Deutschland wiedervereinigt sein! Doch Kohl und auch sonst kaum jemand in der Bundesrepublik konnte sich 1987 vorstellen, dass die Sowjetunion die DDR einmal aus ihrem Machtbereich entlassen würde. Die Geschichte hatte es in Ungarn und in der Tschechoslowakei anschaulich gezeigt, wie ein Ausscheren enden würde: Mit der militärischen Intervention des Warschauer Paktes. So schien dem Kanzler in der Deutschlandpolitik nur das Sich-weiter-Durchwursteln zu bleiben. Und das funktionierte nicht einmal so schlecht, denn der Pfälzer verstand sich – einmal abgesehen von den politischen Gegensätzen – ganz gut mit dem aus dem Saarland stammenden Honecker, der einmal Dachdecker gelernt hatte. So nahmen die Westreisen der Ostdeutschen weiter zu.

Auch im deutsch-sowjetischen Verhältnis sollte sich bald etwas tun. Im Oktober 1988 konnte Kohl nach Moskau reisen, nachdem Bundespräsident von Weizsäcker und sein ehemaliger Erzrivale, der bayerische Ministerpräsident Strauß, schon dort gewesen waren. Strauß war immer für eine Überraschung gut. Schon 1983 hatte er mit der Vermittlung eines Milliardenkredits für die DDR die Aufmerksamkeit auf sich gezogen und dem Kanzler die Schau gestohlen, hatte doch solches niemand von dem als Kommunistenhasser bekannten Bayer erwartet. Mit Strauß' spektakulärer Reise nach Moskau, die er am

Steuer eines Privatflugzeuges unternommen hatte, war es nicht anders. Als nun der Kanzler zum Treffen mit Gorbatschow flog, tat er das mit nie dagewesener Entourage. Mit dabei waren ganze Flugzeuge voll mit Vertretern der deutschen Wirtschaft. Denn Kohl wusste allzu gut, dass es die wirtschaftspolitischen Schwierigkeiten des kommunistischen Kolosses waren, die Moskau veranlasst hatten, mit dem deutschen Regierungschef zu sprechen. Konkretes brachte der Besuch allerdings noch nicht. Doch das Eis sei gebrochen, verkündete Gorbatschow. Vieles war auf den Weg gebracht worden, was beim verabredeten Gegenbesuch des sowjetischen Generalsekretärs in der Bundesrepublik konkretisiert werden sollte.

Im Juni 1989 kamen Gorbatschow und seine Frau Raissa in die Bundesrepublik. Nichts war mehr so wie bei den Besuchen früherer Sowjetführer. Nicht mehr versteinert wirkende alte Männer wie Andropow oder Tschernjenko, sondern ein aufgeschlossener, sympathischer Mittfünfziger mit einer charmanten Ehefrau repräsentierte jetzt die Sowjetunion. Die Westdeutschen waren begeistert und feierten »Gorbi« wie eine Lichtgestalt. Manche behaupteten später, dieser sei in gewisser Hinsicht sogar Opfer der Sympathiewelle in der Bundesrepublik geworden, die ihn regelrecht davongetragen hätte. Gorbatschow habe daraufhin trotz immer größer werdender Probleme zu Hause an seine Sendung als Heilsbringer für sein Land, für Europa und die Welt geglaubt. Wie dem auch gewesen sein mochte, das Klima für die Gespräche mit Kohl konnte besser nicht sein.

So gelang es dem Kanzler die Irritationen der vergangenen Jahre aus dem Weg zu räumen. Es war natürlich dabei eine ganze Menge politisches Kalkül im Spiel gewesen. Doch verbiegen musste sich Kohl nicht. Was er tat oder was er sagte, entsprach seiner tiefsten Überzeugung. Überhaupt war es jene Mischung aus Persönlichem und

Politischem, die ihm zu einer gewissen Glaubwürdigkeit verhalf und ihn bei anderen etwas bewirken ließ. Das spätabendliche Gespräch im Garten des Bonner Kanzleramtes am Ufer des Rheins war dafür beispielhaft. Kohl schilderte, wie er und Gorbatschow nach einem Abendessen der Ehepaare beschlossen hätten, sich noch etwas die Füße zu vertreten. Sie seien im Garten hinuntergelaufen, bis zu dem Weg am Rhein entlang, an dem die Liebespaare flanierten. Dort standen sich auf einmal nicht mehr der Generalsekretär der KPdSU und der deutsche Bundeskanzler gegenüber, sondern zwei Menschen, deren persönliche Lebenserfahrungen so unterschiedlich nicht waren. Beide waren nämlich durch den Zweiten Weltkrieg geprägt worden, beide hatten bittere Erfahrungen gemacht und Angehörige verloren. Kohl lenkte das Gespräch darauf und sie tauschen sich aus. Dabei sei es Gorbatschow anzumerken gewesen, dass er innerlich bewegt war, erinnerte sich Kohl und hielt weiter fest: »Friede war für uns beide nicht nur ein Wort, sondern ein existenzielles Grundbedürfnis.«

In jener emotionsgeladenen Stimmung sprach Helmut Kohl dann die deutsche Frage an. Er zeigte auf den Rhein und sagte zu Gorbatschow: »Schauen Sie sich den Fluss an, der an uns vorbeiströmt. Er symbolisiert die Geschichte; sie ist nichts Statisches. Sie können den Fluss stauen, technisch ist das möglich. Doch dann wird er über die Ufer treten und sich auf andere Weise den Weg zum Meer bahnen. So ist es auch mit der deutschen Einheit.« Solches hatte der Gast aus Moskau eigentlich nicht hören wollen, aber die Stimmung, in der es von Kohl gesagt wurde, rückte die Worte des Kanzlers in ein anderes Licht. Als Raissa und Michail Gorbatschow schließlich den Kanzlerbungalow verlassen hätten, hätten sie sich zum Abschied umarmt. »Für mich war der Abend ein Schlüsselerlebnis. Ich denke für Gorbatschow auch«, gab sich Kohl überzeugt. Sicherlich, es waren die politischen Zwänge und Notwendigkeiten, die den Sowjetführer veranlasst hatten, das Verhältnis zu den Westdeutschen und ihrem Kanzler zu verbessern. Aber ebenso sicher ist, dass zwischen Kohl und Gorbatschow so etwas wie Vertrauen entstanden war – ein Vertrauen, das sich auf dem Weg zur deutschen Einheit von unschätzbarem Wert erweisen sollte.

Elf Abkommen wurden beim Besuch Gorbatschows unterzeichnet und eine gemeinsame Erklärung, in der viel vom Bau des »europäischen Hauses« und einer friedlichen Zukunft die Rede war. Kohl schrieb darüber: »Von besonderer Bedeutung ist dabei (...) die Feststellung, dass jeder Staat das Recht habe, das eigene politische und soziale System frei zu wählen. International war diese Erklärung eine Sensation. Erstmals hatten wir mit einem Partner aus einem kommunistischen Land festgeschrieben, dass die menschlichen Anliegen vorrangig vor Klassenkampf und Konfrontation sind.« Am Ende seines Besuches erklärte Gorbatschow, der Helmut Kohl auch nach der Möglichkeit schneller wirtschaftlicher Hilfen gefragt hatte, den Kalten Krieg zwischen der Sowjetunion und der Bundesrepublik für beendet. Er sprach von einer neuen Qualität der bilateralen Beziehungen.

Entsprechend optimistisch konnte Kohl nach Abschluss des Staatsbesuches in die Zukunft schauen. Dass das Sowjetimperium vor der Implosion stand, weil sich einige Staats- und Parteiführungen des Warschauer Paktes, darunter auch die der DDR, der Reformpolitik verweigerten und nur ein Mittun aller erfolgversprechend war – davon hatte man am schönen Rhein nicht den Hauch einer Ahnung. Gleiches galt für den Machtkampf, der in der DDR zwischen den Altvorderen um Honecker und den Gorbatschow-Anhängern um die zukünftige Form des Sozialismus geführt wurde. Kohl räumte gegenüber dem Verfasser später einmal ein, dass sie letztendlich nicht gewusst hätten, was sich im anderen Teil Deutschlands 1989 ereignete.

Später wusste er es, wenn er, nachdem er kein Kanzler mehr war, erklärte, dass weniger die friedliche Revolution der Ostdeutschen als der wirtschaftliche Kollaps der Sowjetunion zur Wende in der DDR geführt habe. Es sei nichts auf den Straßen entschieden worden. Das DDR-System sei zusammengebrochen, weil Gorbatschow »dem Comecon habe sagen müssen: ›Von uns gibt es kein Bimbes mehr. Macht, was ihr wollt!‹« Im anderen Zusammenhang äußerte Kohl: »Wenn Gorbatschow mit Panzern am Checkpoint Charlie herumgefahren wäre, hätten die Hardliner in Ost-Berlin die Mauer wieder zugemacht.« Und alles wäre geblieben wie zuvor. Auch damit wollte Kohl zum Ausdruck bringen, dass die Sowjetunion der entscheidende Faktor beim Zustandekommen der deutschen Einheit gewesen sei. Das sorgte freilich für Ärger und Unmut in den Medien, ignorierte er doch mit seinen Auslassungen die Rolle der sozialliberalen Ostpolitik und auch die der DDR-Opposition, die die Wende zu einem Gutteil für sich selbst beanspruchte.

Helmut Kohl war es selbst gewesen, der diesen Mythos vom aufbegehrenden Volk, das Honecker verjagt hatte, später nach Kräften beförderte. Der Verfasser war dabei, als er im August 1995 mit führenden Vertretern der DDR-Bürgerbewegung in Bärbel Bohleys Atelierwohnung auf dem Prenzlauer Berg in Berlin zusammentraf, um ihr, Katja Havemann, Freya Klier, Günter Nooke, Ehrhart Neubert, Wolfgang Templin und anderen seinen Respekt zu zollen. Auch bei anderen Gelegenheiten stellte er diese mutigen Frauen und Männer ausdrücklich heraus. Das war nachvollziehbar. Denn ein demokratischer Mythos am Anfang des Weges, der zur Einheit der Nation führte, war allemal besser als der gescheiterte Versuch, mit sowjetischer Hilfe die DDR auf Reformkurs, auf Perestroika-Kurs zu bringen. Nichts anderes geschah nämlich 1989 im Zuge der Wende in der DDR, auch wenn es immer noch nicht in der gängigen Geschichtsschreibung seinen Widerhall gefunden hat. Wer einmal etwas über die Hinterleute dieser Wende in Erfahrung bringen will, der sollte das bemerkenswerte Buch *Zeitnot* des Leiters der politischen Abteilung der Deutschen Botschaft in Moskau, Joachim von Arnim, lesen. Der wusste im Herbst/Winter 1989 mitunter von seinen russischen Gesprächspartnern schon vorab, was in Ost-Berlin »entschieden« wurde(!). Arnims Buch über den sowjetischen Einfluss auf die Entwicklung in der DDR wurde von der politischen Klasse der Bundesrepublik ignoriert, schien es doch nicht zu deren Bild vom Zustandekommen der Einheit zu passen.

Gescheitert war schließlich das reformkommunistische Unterfangen, nicht weil sich Honecker und seine Gefolgschaft im Politbüro so lange und hartnäckig verweigerten, sondern weil eine DDR ohne den scharfen Klassengegensatz zur Bundesrepublik, ohne die Repression nach innen keine Existenzberechtigung als zweiter deutscher Staat hatte. Honecker und die alten Männer des SED-Staates sahen das, und die Geschichte sollte ihnen am Ende recht gegeben haben.

Der Machtkampf in der DDR kündigte sich mit kleinen, bemerkenswerten Ereignissen an, wenn sowjetische Publikationen, wie etwa der *Sputnik*, nicht mehr ausgeliefert oder russische Filme abgesetzt wurden. Im Mai 1989 sollten dann plötzlich Wahlen manipuliert worden sein, was sie doch schon immer gewesen waren. Und von Sommer an tauchten neue Parteien wie Phönixe aus der Asche auf, Parteien, die allesamt den demokratischen Sozialismus als Ziel proklamierten, Parteien, mit denen zusammenzuarbeiten von sowjetischer Seite westlichen Polittouristen wärmstens anempfohlen wurde.

In der Bevölkerung wuchs parallel dazu der Unmut gegenüber der Staats- und Parteiführung. Während die einen genug hatten vom real existierenden Sozialismus und versuchten, über Ungarn oder über Botschaften der Bundesrepublik im benachbarten sozialistischen Ausland in den Westen zu gelangen, gingen die anderen auf die Straßen, ob in Leipzig, Dresden oder Berlin. Sie forderten Reformen und legitimierten das, indem sie »Wir sind das Volk« skandierten. Sie beriefen sich dabei auf den zum 40. Jahrestag der DDR-Gründung Anfang Oktober 1989 angereisten Gorbatschow, denn was dem Sowjetführer recht war, konnte der DDR nur billig sein. Und der Generalsekretär hatte – auf Honecker bezogen – gesagt: »Wer zu spät kommt, den straft das Leben.«

Schließlich stürzten die Reformer im Politbüro Honecker, nachdem Gorbatschow seinen Freund, den ungarischen Premierminister Miklós Németh, ermutigt hatte, die Abertausend Deutschen, die in Ungarn festsaßen, ausreisen zu lassen. Auch aus den Botschaften in Prag und in Warschau konnten die Flüchtlinge bald in Richtung Westen ziehen, wenn auch auf Umwegen. Die Funktion der Mauer und der innerdeutschen Grenze, Honeckers entscheidendem Druckmittel gegenüber der Bevölkerung, war damit weggefallen. Er war damit am Ende und zum Sturz reif. Es war subtil gewesen, wie dies eingefädelt wurde. Bei dessen Vorgänger Walter Ulbricht ging der Kreml noch ganz anders vor. Ein Rollkommando hatte ihn kurzerhand abgesetzt. Doch Glasnost und Perestroika und die von Gorbatschow immer wieder hervorgehobene Souveränität der osteuropäischen Staaten sowie die Unabhängigkeit ihrer kommunistischen Parteien verlangten andere Wege, missliebige Parteiführer im Warschauer Pakt aus dem Weg zu räumen.

Helmut Kohl trat dem neuen Mann in Ost-Berlin, dem Honecker-Zögling Egon Krenz, zurückhaltend gegenüber. Seine Erwartungen waren gedämpft. Man verabredete zwar einen kürzeren Draht und versicherte sich gegenseitig, die Zusammenarbeit zwischen beiden deutschen Staaten zu verbessern. Doch ansonsten wollte der Kanzler, der Krenz zu Reformen aufforderte und im Falle ihrer Verwirklichung Hilfe ankündigte, zunächst abwarten, wie sich die Dinge entwickelten. Dass sie sich so entwickelten, wie sie es dann taten, lag freilich außerhalb der Vorstellungskraft der politischen Klasse der Bundesrepublik. Ganz auf die »Realitäten« in Deutschland fixiert, empfand man hie und da aufkommende Gedanken an eine Einheit der Nation als Ausdruck revanchistischster Gesinnung. »Wer heute das Gerippe der deutschen Einheit aus dem Schrank holt, kann alle anderen nur in Angst und Schrecken versetzen«, schrieb Theo Sommer, der Chefredakteur der *Zeit*. Ähnliches war in *Stern* und *Süddeutscher Zeitung* zu lesen. Und der Chefredakteur des *Spiegels* Erich Böhme bekannte sich Ende Oktober 1989: »Ich möchte nicht wiedervereinigt werden.« Für manche in der SPD, wie für ihren West-Berliner Landesvorsitzenden Walter Momper, realisierten sich in der DDR sogar Träume, wie man sie selbst schon für den Weststaat geträumt hatte – Träume von einem demokratischen Sozialismus, der durch »die überflüssige und in die Sackgasse führende Wiedervereinigungsdiskussion« nicht gefährdet werden dürfe. Andere Sozialdemokraten hätten sich ähnlich ausgedrückt, etwa Oskar Lafontaine oder der schleswig-holsteinische Ministerpräsident Björn Engholm, beklagte Helmut Kohl später.

Anders als all jene unter seinen politischen Gegnern, die in der DDR einen unabhängigen Staat sehen wollten, hatte sich der Bundeskanzler sein altes Bild von der politischen Abhängigkeit des »Arbeiter- und Bauernstaates« von der sowjetischen Vormacht weitgehend bewahrt. Er ging davon aus, dass in Ost-Berlin im Großen und

Ganzen das passierte, was in Moskau gewollt wurde. Entsprechend sondierte er in Telefonaten mit Gorbatschow dessen Haltung gegenüber dem neuen Staatsratsvorsitzenden und SED-Parteichef. Dabei war ihm recht schnell klar geworden, dass dieser nicht der Mann des Kremls war – eine Erfahrung, die auch Krenz machen musste, als er versuchte, sich Gorbatschow anzuempfehlen. Der Honecker-Zögling musste stattdessen bald einsehen, dass dessen Leute der Staatspartei Hans Modrow, Markus Wolf und später Gregor Gysi und bei den ehemaligen, auf Perestroika-Kurs einschwenkenden Blockparteien CDU und LDPD Lothar de Maizière und Manfred Gerlach hießen.

Was dann geschah, verstanden im Westen die allerwenigsten: Krenz, der von der alten DDR retten wollte, was zu retten war, versuchte sich nun an die Spitze der Reformbewegung zu stellen und tat etwas Ungeheuerliches. Der Parteichef, gegen den sich am 4. November die Großdemonstration auf dem Ost-Berliner Alexanderplatz gerichtet hatte, ließ nicht nur die innerdeutschen Übergänge für den Reiseverkehr in die Bundesrepublik öffnen, wie er dies angekündigt hatte, sondern auch die Berliner. Und er tat dies ohne jegliche Abstimmung mit dem Kreml. Er informierte diesen nicht einmal. So fiel in der Nacht zum 10. November 1989 nach 28 Jahren die Mauer durch die Verzweiflungstat eines Hardliners und seines Helfers, des Berliner SED-Bezirksvorsitzenden Günter Schabowski, der mit seiner gespielten Unbeholfenheit bei der berühmten Pressekonferenz die Ungeheuerlichkeit zur Panne umzudeuten versuchte, um sich damit gegenüber dem Kreml zu exkulpieren. Gänzlich falsch eingeschätzt hatten beide allerdings die Dynamik, die sie mit ihrem Schritt entfacht hatten. Denn von Berlin, wo mit dem 13. August die Spaltung Deutschlands in Beton gegossen worden war, sollte nun eine Welle der nationalen Euphorie ausgehen, an deren Ende die Einheit der Nation stand.

Für den Kanzler wie wohl für die allermeisten Menschen kam der Mauerfall wie der sprichwörtliche Blitz aus heiterem Himmel. Er hielt sich gerade zu einem Staatsbesuch in Polen auf. Es war eine schwierige und sorgsam vorbereitete Mission. Als Schabowski seine Pressekonferenz bestritt und das berühmte »ab sofort« ausgesprochen hatte und die ersten ungläubigen Ost-Berliner zu den innerstädtischen Grenzübergängen aufbrachen, saß Kohl zusammen mit dem polnischen Ministerpräsidenten Tadeusz Mazowiecki beim Staatsbankett in Warschau. Trotz der ihm fortlaufend soufflierten Nachrichten aus Bonn über die Entwicklung in Berlin, trotz mehrerer Telefonate nach dem Bankett mit seinem Medienberater Eduard Ackermann, mit Kanzleramtsminister Rudolf Seiters und anderen, zögerte Kohl lange, seinen Staatsbesuch zu unterbrechen, um nach Berlin zu fliegen. Als einer seiner Bonner Mitarbeiter die Nerven verlor und aufgeregt ins Telefon rief, ob er (Kohl) denn den Fehler Adenauers wiederholen wolle, der erst drei Wochen nach dem Mauerbau nach Berlin gereist war, dämmerte es dem ganz auf seinen Polen-Besuch fixierten Bundeskanzler, wo jetzt sein Platz sein würde.

Am Nachmittag des darauffolgenden Tages war Helmut Kohl in West-Berlin. Die Bilder, die ihn zusammen mit Brandt, Genscher und Momper bei der großen Kundgebung vor dem Schöneberger Rathaus zeigen, gingen um die Welt, wie die von der vorangegangenen Nacht, als Abertausende Menschen vor dem Brandenburger Tor das Ende der gewaltsamen Teilung feierten. Es war eine bizarre Veranstaltung. Während Berlin und die Nation sich im Freudentaumel befanden, war der John-F.-Kennedy-Platz fest in der Hand militanter Zweistaatlichkeitsfanatiker, die teilweise aus Ost-Berlin herübergeschickt worden waren. Und der Regierende Bürgermeister Momper warnte vor falschen Schlüssen. Es ginge um »Wiedersehen und nicht um Wiedervereinigung«. Bei seinen Auslassungen redete er vom »Volk der DDR«, so als gäbe es zwei deutsche Nationen. Ganz anders Helmut Kohl. Er sprach von einem großen Tag in der Geschichte Berlins, aber auch in der Geschichte der Deutschen. Er erinnerte an die Opfer der Mauer und rief – immer wieder unterbrochen vom Geschrei und den Trillerpfeifen der Massen – zur Besonnenheit auf.

Gorbatschow hatte Kohl in einer Botschaft, die ihn kurz vor seiner Rede erreicht hatte, gebeten, mäßigend auf die Menschen einzuwirken, hatten ihn doch Informationen erreicht, wonach die Lage in Ost-Berlin zunehmend außer Kontrolle gerate und sogar die sowjetischen Militäreinrichtungen in Gefahr seien. Kohl beruhigte ihn und trug dem Wunsch des sowjetischen Generalsekretärs in seiner Rede Rechnung. Es sei »wichtig, besonnen zu bleiben und klug zu handeln. Klug handeln heißt, radikalen Parolen und Stimmen nicht folgen. Klug handeln heißt jetzt, die gesamte Dimension der weltpolitischen und der europäischen und deutschen Entwicklung zu sehen«, sagte Kohl vor dem Schöneberger Rathaus. Er wusste nämlich allzu gut, dass die Ereignisse in Berlin nicht nur in Moskau, sondern auch in den westlichen Hauptstädten mit Sorge aufgenommen werden würden, war doch da das alte Misstrauen gegen die Deutschen. Und dennoch rief Kohl den Landsleuten in der DDR zu: »Ihr steht nicht allein, wir stehen an eurer Seite. Wir sind und bleiben eine Nation (…)! Es geht um Deutschland, es geht um Einigkeit und Recht und Freiheit.« Als abschließend auf der Balustrade das Deutschlandlied angestimmt wurde, ging es in einem gewaltigen Pfeifkonzert unter. Doch Kohl wusste, dass das nicht Berlin war, dass das nicht die Befindlichkeit der Nation widerspiegelte.

Während seines Aufenthaltes in der nicht mehr geteilten Stadt hatte er die wahre Stimmung der Menschen erfahren.

Helmut Kohl, der ein besonderes Sensorium für historische Momente hatte, sah, wie unaufhaltsam die Menschen in Deutschland zueinanderstrebten. All das, was durch vierzig Jahre Zweistaatlichkeit und Zugehörigkeiten zu entgegengesetzten Weltanschauungen verloren gegangen zu sein schien, war über Nacht wieder da. Die Dynamik, die das Land zu erfassen begann, machte auch vor Kohl, der sich in seine frühe Zeit zurückversetzt sah, nicht halt. Noch gar nicht lange her war es, dass er davon gesprochen hatte, dass die deutsche Frage nicht auf der Tagesordnung der Weltpolitik stünde. Jetzt drängte sie zurück auf diese Tagesordnung. Vielleicht mochte sich Kohl an Adenauer erinnert haben, der im Zusammenhang mit der deutschen Frage sinngemäß gesagt habe: »Wir müssen aufpassen, ob der Augenblick kommt. Wenn ein Augenblick naht oder zu nahen scheint, der eine günstige Gelegenheit bringt, dann dürfen wir ihn nicht ungenutzt lassen.«

Der Kanzler war nicht der Einzige, der die mit den unerwarteten Ereignissen verbundene Chance einer gravierenden Veränderung erspürte. Brandt, der die dramatische Zeit des Mauerbaus als Regierender Bürgermeister miterlebt hatte, ging es nicht viel anders. Noch gut erinnerlich ist es dem Verfasser, wie er nicht allzu lange vor dem Mauerfall bei einer Veranstaltung in der West-Berliner Urania die Wiedervereinigung als »die Lebenslüge der zweiten deutschen Republik« bezeichnet hatte. Bei der Kundgebung vor dem Schöneberger Rathaus sagte er die vielzitierten Worte, dass jetzt zusammenwachse, was zusammengehöre. Kohl meinte später über ihn, dass er nie gegen die Einheit gewesen sei, etwa im Sinne einer Doktrin – »aber er hatte wohl die Hoffnung auf die Einheit verloren«. »Er gehörte einer ganz anderen Generation an, er hat einen völlig anderen Lebensweg gehabt als ich. Persönliche Einschätzungen haben auch immer etwas damit zu tun. Dass jedoch Willy Brandt die deutsche Einheit wollte, daran habe ich keinen Zweifel gehabt. Er hatte die Einheit – ganz im Gegensatz zu vielen anderen – in seinem Innersten nie endgültig abgeschrieben.«

Es klingt hier auch ein wenig über Kohl selbst durch. Denn dem Kanzler war es nicht leicht gemacht worden, an der Einheit der Nation als Ziel Bonner Politik festzuhalten. Zu fragen, ob er persönlich noch daran glaubte, ist müßig. Entscheidend war, dass er im richtigen Augenblick handelte. Und das tat er mit dem Zehn-Punkte-Plan. Er ergriff damit Ende November 1989 die Initiative, indem er der Entwicklung eine Richtung auf die Einheit gab, nicht zuletzt in dem wachen Bewusstsein, dass die Bevölkerung in beiden Teilen Deutschlands der Politik voraus war. In Bonn hingen die meisten immer noch kleinmütig dem Dogma einer Zweistaatlichkeit an und warnten vor unbedachten Schritten. Die Geschichte hätte wahrscheinlich einen anderen Verlauf genommen, wäre seinerzeit ein Lafontaine Bundeskanzler gewesen, der ein leidenschaftlicher Fürsprecher der Zweitstaatlichkeit gewesen war und entsprechend für die Abschaffung der einen deutschen Staatsbürgerschaft eingetreten war. Nicht nur, dass dann die Deutschen, die aus der DDR gekommen wären, wie Ausländer hätten behandelt werden müssen, auch die Reformkommunisten hätten sich der Unterstützung für ihr Projekt sicher sein können. Ob hinter Lafontaines späterem Rücktritt als Bundesfinanzminister nicht doch noch etwas anderes steckte als der Konflikt mit Gerhard Schröder? – Die Journalisten und Kommentatoren hinterfragten es nicht.

Der Zehn-Punkte-Plan war eine der bemerkenswertesten Initiativen des Kanzlers. Vor aller Welt machte er sich in der schwierigen, weil unübersichtlichen Gemengelage, wie sie Ende November 1989 herrschte, mit dem Papier zum Sachwalter aller Deutschen im Geiste des Grundgesetzes. Er reklamierte damit in ihrem Namen den Anspruch, in freier Selbstbestimmung darüber zu entscheiden, ob sie in einem Staat leben wollten. Er zeigte mit dem Plan, der von einer Arbeitsgruppe unter seinem außenpolitischen Berater Horst Teltschik konzipiert wurde, den Weg dorthin auf. Vorgesehen war ein Dreischritt – von der »Vertragsgemeinschaft« über »konföderative Strukturen« bis hin zum Ziel einer »Föderation«. Im letzten der zehn Punkte hieß es: »Mit dieser umfassenden Politik wirken wir auf einen Zustand des Friedens in Europa hin, in dem das deutsche Volk in freier Selbstbestimmung seine Einheit wiedererlangen kann. (…) Wir sind uns bewusst, dass sich auf dem Weg zur deutschen Einheit besonders viele schwierige Fragen stellen, auf die heute niemand eine abschließende Antwort geben kann.«

Im Ludwigshafener Bungalow, im Wohnhaus der Kohls, war der Zehn-Punkte-Plan fertiggestellt worden. Es herrschte dabei etwas von dem Geist, wie er vierzig Jahre zuvor in Fincks Pfarrhaus in Limburgerhof geherrscht hatte. Mit dabei waren auch jetzt katholische Geistliche. Die Brüder Ramstetter – der eine war Stadtdekan von Ludwigshafen, der andere ein pensionierter Studienrat – hatten den Bundeskanzler in der Vergangenheit immer wieder bei wichtigen Reden zur Seite gestanden. Mit dabei war auch Kohls Frau Hannelore, die mit Formulierungen half und alles mit der Schreibmaschine tippte. Ende November, gerade zur rechten Zeit, denn in der DDR hatten die Kulturschaffenden den Aufruf »Für unser Land« herausgegeben, wurde dann der Zehn-Punkte-Plan im Bundestag vorgestellt.

Es war ein mutiger Schritt, denn Kohl wusste, dass sein Plan bei den Parteien nicht mit Begeisterung aufgenommen werden würde. Nicht einmal in den eigenen Reihen konnte er sich der Zustimmung sicher sein. Was das westliche Ausland anging, war er sich im Klaren, dass er auf Misstrauen und Widerstand stoßen würde. Denn weder in London noch in Paris oder in Rom wollte man ein vereintes Deutschland. Zum einen fürchtete man, das 80-Millionen-Volk würde Europa noch stärker wirtschaftlich dominieren, als das die Bundesrepublik schon tat. Zum anderen konnte sich niemand in den Hauptstädten vorstellen, dass Moskau ein vereintes Deutschland als Ganzes im westlichen Bündnis akzeptieren würde. Und ein neutrales Deutschland in der Mitte Europas brächte eine Art Finnlandisierung mit sich, sodass der Machtbereich der Sowjetunion letztlich am Rhein enden würde.

Einzig der Unterstützung des amerikanischen Präsidenten George Bush konnte sich Kohl von Anfang an sicher sein. Er nannte ihn »einen Glücksfall für uns Deutsche«. George Bush hatte keine Vorurteile gegenüber den Deutschen, wie sie teilweise von den europäischen Nachbarn gehegt wurden. Er habe aus der Geschichte gelernt – wie er schrieb – und wolle nicht, dass die Vereinigten Staaten die Fehler von Versailles wiederholten. Damals, nach dem Ersten Weltkrieg, hatte man den Deutschen im Reich und in Österreich den Zusammenschluss in einem Nationalstaat verwehrt und sie durch Gebietsabtretungen und härteste Reparationen in die Isolation getrieben. Nun wollte man sie nicht erneut in die Isolation treiben, indem man ihnen die Einheit verweigerte. Das Gegenteil war vielmehr der Fall. In Washington glaubte man, in Deutschland den europäischen Partner schlechthin zu finden. »Partnership in Leadership« nannte sich das Zukunftsmodell, das von der deutschen Politik später nicht mit Leben ausgefüllt wurde.

Nicht weniger wichtig für seine Haltung gegenüber

dem Bundeskanzler war für den amerikanischen Präsidenten das Vertrauen, das er zu Kohl gewonnen hatte. Denn dieser hatte seit Beginn seiner Amtszeit treu an der Seite der Vereinigten Staaten gestanden. Vor allem dessen Standfestigkeit in der Durchsetzung des NATO-Doppelbeschlusses hatte man auf der anderen Seite des Atlantiks nicht vergessen. Gute, ja herzliche Beziehungen hatten eine gewisse Tradition, denn schon Reagan nannte der Bundeskanzler seinen Freund. Er hielt den Amerikaner, der im Zuge der NATO-Nachrüstung in Europa sehr angefeindet wurde, für ziemlich unterschätzt. Kohl hatte überdies eine Schwäche für dessen klare Positionen, die er in ebenso klare, einfache Worte zu fassen in der Lage war.

Wenn das Verhältnis zum 41. Präsidenten der Vereinigten Staaten das zu Reagan noch übertreffen sollte, hatte dies vor allem damit zu tun, dass Barbara Bush und Hannelore Kohl einander sehr schätzten. »Meine Frau Hannelore und Barbara Bush sind ein Herz und eine Seele. Sie hat große Sympathie für die Deutschen«, erinnerte sich Kohl im Zusammenhang mit einem Besuch auf dem Landsitz des Präsidenten Camp David. Besonderen Eindruck machte es auf den Katholiken, dass dort vor den Mahlzeiten gebetet wurde. James Baker, dem Außenminister, fiel diese Rolle zu. Kohl mochte sich dabei an seine eigene Kindheit erinnert haben, über die man sich selbstverständlich austauschte. Das Private gehörte zur großen Politik dazu und ging so weit, dass Kohl dem amerikanischen Präsidenten einmal ein Paket mit Saumagen und anderen Pfälzer Spezialitäten über den Atlantik schickte. Was wohl im Kopf von Bush vorgegangen sein mochte, als er die Sendung aus Old Germany auspackte? Man weiß es nicht. Er bedankte sich jedenfalls mit den Worten: »The best food I ever had.«

George Bush war der einzige westliche Regierungschef,

der von Kohl über seinen Schritt, mit dem Zehn-Punkte-Plan den Weg zur Einheit aufzuzeigen, informiert gewesen war. In einem seiner vielen Telefonate erläuterte Kohl dem Präsidenten die Einzelheiten und bat ihn, bei dessen bevorstehenden Gipfeltreffen mit Gorbatschow Anfang Dezember auf Kriegsschiffen vor Malta, »keinen Festlegungen zuzustimmen, die den Handlungsspielraum unserer Deutschlandpolitik einschränken könnten«; denn niemand habe das Recht, den Deutschen in der DDR Freiheit, Menschenrechte und Selbstbestimmung zu verweigern. Bei Bush rannte Kohl damit offene Türen ein, denn in Washington verfügte man, anders als in Bonn, über glasklare Analysen vom Zustand der Sowjetunion. Das Imperium wähnte man zu Recht im dramatischen Niedergang, weswegen man im Weißen Haus früh davon ausging, dass die deutsche Einheit kommen werde.

Kohls Zehn-Punkte-Plan war alles andere als ein Selbstläufer. Als Anfang Dezember der Bundestag darüber abstimmte, zeigte sich dies: Die SPD enthielt sich der Stimme, doch einige, darunter Lafontaine, attackierten Kohls Vorstoß auf das Schärfste. Der Koalitionspartner FDP stimmte im Bundestag zwar zu, ging aber kurz darauf bei einem kleinen Parteitag in Celle auf Distanz zu dem Papier. Kohls Außenminister Genscher bemängelte, dass die Anerkennung der Oder-Neiße-Linie als polnische Westgrenze in dem Papier fehle. Die Union folgte ihrem Kanzler. Doch viele aus ihren Reihen schwiegen, wie zum Beispiel Bundespräsident von Weizsäcker, der niemals das Wort Wiedervereinigung in den Mund genommen hatte und bald vor einem »Zusammenwuchern« der beiden Teile Deutschlands warnen sollte. Flankiert wurden die Bedenken aus der Politik noch durch einen Aufruf namhafter westdeutscher Intellektueller wie Gerhard Zwerenz, Robert Jungk und Dorothee Sölle. Unter der Überschrift »Für eine offene Zweistaatlichkeit« hieß es darin: »Mit allen Kräften wehren wir uns dagegen, dass diese (DDR-Reform-)Bewegung fremdbestimmt und der Wiedererrichtung eines erloschenen Deutschen Reiches nutzbar gemacht werden soll.«

Die Reaktion Ost-Berlins auf den Zehn-Punkte-Plan war für Kohl keine Überraschung. Dort hatte man verlautbart, dass eine Wiedervereinigung nicht auf der Tagesordnung stünde. Außerdem wolle das »Volk der DDR« die Erneuerung einer souveränen, sozialistischen DDR. Übte Kohl mit seiner Bekundung, dass die Einheit Ziel seiner Politik sei, latenten Druck auf die Reformkommunisten aus, so wurde dieser durch seinen Zehn-Punkte-Plan aufs Äußerste gesteigert. In Ost-Berlin hatten sie ohnehin schon alle Not. Zwar war es ihnen inzwischen gelungen, die alte Garde und zu guter Letzt auch Krenz aus ihren Ämtern zu jagen, doch der Massenabwanderung aus dem Land hatten sie kaum etwas entgegenzusetzen. Um den steigenden Druck in Richtung Einheit einzudämmen, hatte der DDR-Ministerpräsident Hans Modrow Bonn den Vorschlag einer Vertragsgemeinschaft gemacht. Doch durch Kohls Initiative war man jetzt wieder ins Hintertreffen geraten. So blieb nichts anderes, als auf den Kreml zu setzen, dessen Chef beim Gipfel mit George Bush von den durch den Zweiten Weltkrieg geschaffenen Realitäten sprach und eine Wiedervereinigung ausschloss. Selbst nach Malta bekräftigte Gorbatschow noch, dass die Sowjetunion die DDR nicht im Stich lassen werde.

In London, wo die *Times* von einem heraufziehenden »Vierten Reich« schrieb, war die Ablehnung gegenüber dem Zehn-Punkte-Plan nicht geringer. Der britischen Premierministerin Margaret Thatcher, der »Eisernen Lady«, habe es einfach nicht in den Sinn gewollt, »dass Deutschland am Ende dieses Jahrhunderts, in dem es in zwei Weltkriegen besiegt worden war, als der große Gewinner dastehen sollte. Sie hielt es für ungerecht, weil Großbritannien im Kampf gegen Hitler seine Existenz aufs Spiel gesetzt und sein Empire geopfert hatte«, meinte Helmut Kohl später über die Frau, bei der seine menschelnde Art keine Wirkung erzielte. Auch für den niederländischen Ministerpräsidenten Ruud Lubbers sei die Erinnerung an den Zweiten Weltkrieg für seine Skepsis und ablehnende Haltung der deutschen Sache gegenüber maßgeblich gewesen. Und bei François Mitterrand hätten zwei Herzen in der Brust geschlagen. Das eine für die revolutionäre Bewegung in der DDR, das andere für Rolle und Rang der Grande Nation, meinte Helmut Kohl wohlwollend über den Mann, der noch kurz vor Weihnachten 1989 der untergehenden DDR durch seinen Besuch die Ehre gab. Die Entwicklung in Deutschland war eine schwere Belastungsprobe zwischen Kohl und Mitterrand. Doch ihr persönliches Vertrauensverhältnis erwies sich als einigermaßen tragfähig, als jetzt die politischen Interessen kaum noch in Einklang zu bringen waren.

Dabei hatte ursprünglich die beiden nichts miteinander verbunden. Hier der verschlossene, mitunter doppelzüngige Intellektuelle, der als nationaler Sozialist nur die Grande Nation und natürlich auch seine eigene Glorie im Blick hatte. Dort der geradlinige, ehrliche, christdemokratische Europäer, der die klare einfache Sprache liebte. Doch schon bei ihren ersten Begegnungen hatte sich gezeigt, dass Mitterrand anders als sein Vorgänger, der Schmidt-Freund Valéry Giscard d'Estaing Kohl gegenüber unvoreingenommen auftrat. »Auf der Basis eigener Erfahrungen, eigener Eindrücke und der Sensibilität eines erfahrenen Politikers entstand so das Vertrauensverhältnis zwischen François Mitterrand und mir (...)«, schrieb Kohl in seinen *Erinnerungen*. Dieses Vertrauensverhältnis gründete auf gegenseitigem Respekt und neben der gemeinsamen Verantwortung für die Zukunft auf einem verbindenden Interesse für die Geschichte, mit der sich Mitterrand in zahlreichen Büchern auseinandersetzte.

Der Bundeskanzler brauchte 1989/90 Mitterrand und die anderen Staats- und Regierungschefs Westeuropas. Um sie ins Boot zu holen, thematisierte er stets das Selbstbestimmungsrecht aller Deutschen. Denn dieses war bereits im Deutschland-Vertrag zwischen Adenauer und den Westmächten sowie in den europäischen Verträgen festgeschrieben worden. Es den Deutschen in der DDR zu verweigern, musste dem Selbstverständnis der westlichen Demokratien zuwiderlaufen. Umso größer waren Ärger und Frustration, die Helmut Kohl entgegenschlugen. Zähneknirschend mussten sie es dann auch auf dem EU-Gipfel in Straßburg Anfang Dezember 1989 – Helmut Kohl sprach von dem »frostigsten«, den er je erlebt hatte – hinnehmen, dass in die Abschlusserklärung ihr Bekenntnis zum Selbstbestimmungsrecht aller Deutschen und damit deren Recht auf staatliche Einheit aufgenommen wurde.

Der Widerstand der Westeuropäer gegen die Einheit war damit noch nicht gebrochen. Am Ende bedurfte es noch der Intervention Bushs, der sich sowohl gegenüber Margaret Thatcher als auch gegenüber Mitterrand mit Nachdruck für die Politik Kohls stark machte. Wahrscheinlich hätten die Westeuropäer auch jetzt nicht eingelenkt ohne das Vertrauenskapital, das die Bundesrepublik seit Adenauer auf ihrem Weg der europäischen Integration wiedergewonnen hatte und das insbesondere Kohl nicht zuletzt wegen seiner Befähigung, auf Menschen zuzugehen, bei seinen internationalen Partnern genoss. Der Historiker Horst Möller schrieb darüber: »Sein internationales Vertrauenskapital, das Kohl durch den sehr persönlichen Stil seiner Diplomatie gewonnen hatte, erwies sich in den kritischen Monaten (...) als unschätzbar (...). Die Intensivierung der europäischen Integration (...) wurde in den Verhandlungen zur Wiedervereinigung derart mit diesen verschränkt, dass die europäischen Ängste vor einem durch Einheit erstarkenden Deutschland wesentlich gemildert wurden. (...) Die europäische Integration (ist) eine der entscheidenden Voraussetzungen der erfolgreichen Wiedervereinigungspolitik (gewesen), Europapolitik war in gewisser Weise sogar ein wesentliches Instrument der Deutschlandpolitik.«

Doch so wichtig das alles gewesen sein mag, es waren letztendlich die Menschen in der DDR, die Kohl den Weg zur Wiedervereinigung ebneten. Die Dynamik hatte nämlich längst aus dem Perestroika-Komplott gegen Honecker und die Reformgegner an seiner Seite eine friedliche Massenbewegung, eine friedliche Revolution gemacht, deren Ziel die Einheit der Nation war. Diese schien – gefühlt – in greifbare Nähe zu rücken und die Menschen riefen nach ihr. Der ehemalige DDR-Spionagechef Markus Wolf, einer der führenden Vertreter der Perestroika, schrieb darüber resigniert: »Mit Deutschland einig Vaterland, zunächst auf Plakaten, dann von Tausenden bei den Montagsdemos in Leipzig und anderen Städten skandiert, bekam die Entwicklung zur deutschen Einheit eine nicht mehr steuerbare Dynamik. Die nun noch vom Einbringen einer sozialistischen Alternative sprachen, wurden kaum gehört.« Um nicht ganz von der Entwicklung abgekoppelt zu werden, sprachen auch sie nun von der Einheit, befrachteten sie aber mit uneinlösbaren Bedingungen oder verschoben sie in eine ferne Zukunft.

Helmut Kohl spürte aber, als er am 19. Dezember nach Dresden reiste, um mit Modrow zusammenzutreffen, dass die Menschen in der DDR die schnelle Einheit wollten. Dresden war dann auch für ihn eines seiner Schlüsselerlebnisse, wie er Wendemarken gerne bezeichnete. Er meinte damit nicht die Gespräche mit dem DDR-Ministerpräsidenten im Hotel Bellevue, bei denen es um ein paar wenige Millionen für Hilfsleistungen ging. Er meinte vielmehr die Begeisterung der Menschen, wie sie ihm bei seiner Rede vor der Ruine der im Zweiten Weltkrieg zerstörten Frauenkirche entgegenschlug. Es war wohl seine bedeutendste Rede und ganz gewiss auch seine beste – und dies oder vielleicht auch gerade deshalb, weil er sie spontan gehalten hatte, nur mit ein paar Notizen.

Angesichts der Massen, die teils in Sonderzügen in die Stadt an der Elbe gekommen waren, um den Bundeskanzler zu sehen, konnte er nicht wieder abreisen, ohne zu den Menschen gesprochen zu haben. Alles war improvisiert. Und alles hätte so furchtbar schiefgehen können, denn auf der einen Seite waren die riesigen Erwartungen und auf der anderen fehlten die politischen Voraussetzungen, die Dinge in Richtung deutsche Einheit voranzubringen. Außerdem wusste Kohl, dass die Welt auf ihn blicken würde, nachdem er seinen Zehn-Punkte-Plan vorgelegt hatte. »Jeder falsche Zungenschlag, der womöglich in Paris, London oder Moskau als nationalistisch hätte ausgelegt werden können, hätte der Sache enorm geschadet. Ich musste auch unter allen Umständen vermeiden, die Emotionen aufzuwühlen, die Stimmung unter den Zehntausenden weiter anzuheizen«, berichtete Kohl in der Rückschau.

Es war der authentische Kohl, der an jenem Abend sprach. Eigentlich sagte er das, was er immer gesagt hatte, nachdem er den Versammelten die Grüße ihrer Landsleute in der Bundesrepublik überbracht, nachdem er der friedlichen Revolution Tribut gezollt und über die Ergebnisse seines Treffens mit Modrow berichtet hatte: Sein Ziel sei, wenn die geschichtliche Stunde es zulasse, die

Einheit der Nation. Bis dahin sei es aber ein schwieriger und langer Weg, denn die Deutschen seien nicht alleine auf der Welt. Es hätte keinen Sinn, »dass viele uns auf diesem Weg mit Sorge und manche mit Ängsten betrachten«. Die Deutschen sagten Ja zum Selbstbestimmungsrecht, doch dieses mache keinen Sinn, wenn die Sicherheitsinteressen der anderen dabei außer Acht blieben. Deshalb müsse das deutsche Haus unter einem europäischen Dach gebaut werden. So als gäbe es keine Alternative dazu, erinnerte er an die Zeit des Zweiten Weltkrieges. Er gehöre jener Generation an, »die nach dem Krieg geschworen hat (...): Nie wieder Krieg, nie wieder Gewalt! Und ich möchte hier vor Ihnen diesen Schwur erweitern, indem ich Ihnen zurufe: Von deutschem Boden muss in Zukunft immer Frieden ausgehen.«

Niemand konnte, nachdem Helmut Kohl mit den Worten »Gott segne unser deutsches Vaterland« seine Rede beendet hatte, irgendetwas Nationalistisches oder gar Revanchistisches aus dieser herausdestillieren. Er hatte mit seinem Auftritt mäßigend auf die Massen eingewirkt, sie aber gleichzeitig mitgenommen, wenn er sie aufgefordert hatte, in Richtung auf das große Ziel »mit Geduld, mit Augenmaß und gemeinsam mit unseren Nachbarn« weiterzugehen. Was musste dabei in den Hirnen von Modrow und der Reformkommunisten vor sich gehen, als Hunderttausende dem westdeutschen Bundeskanzler zujubelten? Für Kohl stand fest, als er mit seinen Begleitern nach der Rede ein erstes Resümee des Tages von Dresden zog: »Ich glaube, wir schaffen die Einheit. Das läuft. Ich glaube, das ist nicht mehr aufzuhalten, die Menschen wollen das. Das Regime ist definitiv am Ende.«

Kohl irrte sich nicht. Tatsächlich waren die Dinge der Regierung Modrow längst entglitten. Der Exodus der Bevölkerung aus der DDR hielt an, die Wirtschaft stand vor dem Zusammenbruch, fehlten doch allerorten die

Fachkräfte und niemand wollte mehr etwas von einem demokratischen Sozialismus wissen. Die sowjetischen Deutschlandexperten zeichneten ein hoffnungsloses Bild der Lage. Und im Kreml reifte über den Jahreswechsel der Plan, die DDR mit der Bundesrepublik wiederzuvereinigen – natürlich nicht zu den Vorstellungen des Westens. Doch diesen Plan hätte es nie gegeben, hätte sich die Sowjetunion nicht vor dem wirtschaftlichen Zusammenbruch befunden. Nicht einmal mehr die Versorgung der Bevölkerung war gewährleistet.

Gorbatschow brauchte deutsche Wirtschaftshilfe, um das Chaos im eigenen Lande zu verhindern und um sein politisches Überleben zu ermöglichen. Und Kohl gewährte sie ihm. Noch Ende des Jahres lief eine gewaltige Hilfsaktion an, ohne dass in Bonn »viel Aufhebens« davon gemacht wurde. In seinen *Erinnerungen* heißt es dazu, dass zweiundfünfzigtausend Tonnen Rindfleischkonserven, fünfzigtausend Tonnen Schweinefleisch, zwanzigtausend Tonnen Butter, fünfzehntausend Tonnen Milchbutter und fünftausend Tonnen Käse in die Sowjetunion geliefert worden seien. Hinzugekommen seien Decken, Medikamente und Gebrauchsgüter aller Art. Noch bedeutsamer waren die Milliardenkredite, die der Sowjetunion gewährt werden sollten.

Insofern waren die Äußerungen nicht falsch, die Kohl gemacht hatte, nämlich, dass der wirtschaftliche Zusammenbruch oder, wie es wörtlich hieß, der »Bimbes« zum Umdenken des Kremls in Sachen deutsche Einheit geführt habe. Noch beim Gipfeltreffen mit Bush vor Malta Anfang Dezember 1989 hatte Gorbatschow die deutsche Einheit weit in die Zukunft verlegt. Zwei Monate darauf bestellte er nunmehr »seinen Mann«, den DDR-Ministerpräsidenten Hans Modrow, nach Moskau, um ihm in Anwesenheit fast der gesamten sowjetischen Führung mitzuteilen, dass die DDR fortan der Geschichte angehören werde. Natürlich sollte die westdeutsche Wirtschaftshilfe nicht alles sein, was der Kreml forderte. Als Modrow, der so leidenschaftlich für den Fortbestand des sozialistischen deutschen Staates gekämpft hatte, Anfang Februar 1990 in Ost-Berlin vor die Presse trat und »seinen« dem Zehn-Punkte-Programm ähnelnden Plan von »Deutschland einig Vaterland« vorstellte, wurde es offenkundig: Das wiedervereinigte Land sollte – so wie es Stalin bereits 1952 vorgeschlagen hatte – neutral sein.

Für Helmut Kohl war das freilich inakzeptabel. In dem Buch *Ich wollte Deutschlands Einheit* äußerte er: »Ich war zutiefst davon überzeugt, dass die Neutralisierung für uns, wie für Europa insgesamt, ein verhängnisvoller Fehler wäre, im Ergebnis so schlimm wie nur noch die Isolierung Deutschlands durch den Vertrag von Versailles. Eine Neutralisierung Deutschlands hätte schon sehr bald eine Erosion und dann das Ende von NATO und EG bedeutet.« Stattdessen gab es für ihn, so wie er es mit dem amerikanischen Präsidenten abgesprochen hatte, nur eine Option: Die Zugehörigkeit des wiedervereinten Deutschland zum westlichen Verteidigungsbündnis.

Aufs Engste war dann der Besuch des Bundeskanzlers am 9. Februar 1990 in Moskau mit den amerikanischen Freunden abgestimmt. Gorbatschow und Kohl tauschten in der entscheidenden Frage der Bündniszugehörigkeit ihre Argumente aus. Inakzeptables Machtvakuum in der europäischen Mitte im Falle einer deutschen Neutralität hier, unzureichende Sicherheitsbedürfnisse im Falle einer NATO-Zugehörigkeit ganz Deutschlands dort. Eine Annäherung gab es nicht. Immerhin – man verständigte sich auf den Vorschlag, dass die äußeren Aspekte der deutschen Einheit von den vier Hauptsiegermächten des Zweiten Weltkrieges und den beiden deutschen Staaten geklärt werden sollten. Zwei-Plus-Vier nannte sich das Verfahren. Und dennoch war der Besuch des Bundeskanzlers in Moskau ein Triumph. Noch von dort wandte sich Helmut Kohl an die Weltöffentlichkeit mit der Botschaft, dass ihm Gorbatschow »unmissverständlich« zugesagt habe, »dass die Sowjetunion die Entscheidung der Deutschen, in einem Staat zu leben, respektieren wird und dass es Sache der Deutschen ist, den Zeitpunkt und den Weg der Einigung selbst zu bestimmen«.

Helmut Kohls vordringlichste Aufgabe musste es nun sein, die Suche nach dem politischen Partner in der DDR zu intensivieren. Doch wer sollte es sein? Sämtliche Neugründungen vom Demokratischen Aufbruch über das Neue Forum bis hin zur SDP, der Sozialdemokratischen Partei der DDR, hatten im Gleichklang mit den Evangelischen Kirchen der DDR bis soeben analog zur gewendeten SED, die jetzt PDS hieß, einen demokratischen Sozialismus propagiert. Gleiches hatten die reformierten Blockparteien LDPD und CDU getan. Der CDU-Bundesvorsitzende entschied sich schließlich gegen das Votum seines Generalsekretärs Volker Rühe für ein Zusammengehen mit der Ost-CDU. Eine echte Alternative hatte Kohl unter machtpolitischen Aspekten zu Beginn des Jahres 1990 nicht. Denn er brauchte einen Apparat für die vereinbarten Volkskammerwahlen und den hatte die Ost-CDU. Als deren Spitzenmann Lothar de Maizière, eher als Platzhalter für den während des Wahlkampfes von Magdeburg bis Erfurt begeistert gefeierten Bundeskanzler, die ersten freien Wahlen im März 1990 gewann, war dessen Kalkül aufgegangen.

Mit dem Parteienbündnis »Allianz für Deutschland« (Demokratischer Aufbruch, Deutsche Soziale Union und Ost-CDU), das die Regierung bildete, hatte er nun einen politischen Partner, mit dem die weiteren Schritte in Richtung Einheit ausgehandelt werden konnten. Das waren der Vertrag zur Währungs-, Wirtschafts- und Sozialunion, mit dem die sozialistische Kommandowirtschaft in die soziale Marktwirtschaft überführt werden sollte, sowie der Einigungsvertrag, in dem die Modalitäten des Beitritts der DDR zum Geltungsbereich des Grundgesetzes festgeschrieben wurden. Es hatte schon etwas Bemerkenswertes, wenn nach der Bildung der Regierung de Maizière Leute in die Verhandlungen mit den von Wolfgang Schäuble angeführten Bonner Politikern und Fachbeamten zogen, die soeben noch die DDR hatten reformieren wollen und sich für einen demokratischen Sozialismus stark gemacht hatten. Kohl, Schäuble und ihre Mitstreiter, die die Verträge aushandelten, hatten kaum eine Vorstellung, mit wem sie da am Tisch saßen. Die ahnungslosen »Wessis« glaubten, willfährigen Neu-Demokraten Politik beibringen zu müssen, und sahen nicht, dass sie es oft mit überaus cleveren, nach Moskau hin orientierten Nachwuchskadern zu tun hatten, die mit enormem Durchsetzungsvermögen und einem hohen Maß an konspirativer Energie ihren Platz im politischen Gefüge der Bundesrepublik ansteuerten. Beim DDR-Ministerpräsidenten konnte der, der genau hinsah, immer eine gewisse Parallelität seiner Politik zu der Entwicklung in Moskau sehen.

Am Ende fusionierte die Kohl-CDU mit einer Organisation, die vierzig Jahre in der Nationalen Front die Politik der Staatspartei SED mitgetragen hatte. Kohl interessierte das nicht, machte er sich doch nichts aus Ideologie. Er, der Pragmatiker, scherte sich nicht einmal darum, dass auf dem Vereinigungsparteitag der CDU Deutschlands mit de Maizière ein Mann zu seinem einzigen Stellvertreter gewählt werden sollte, der in den Unterlagen des DDR-Staatssicherheitsdienstes als Inoffizieller Mitarbeiter geführt worden war. Und was der Bundesnachrichtendienst dem Kanzleramt »auftischte«, waren für ihn ohnehin nur »Informationen aus der Gosse«. »Die wussten überhaupt nichts.« Nicht von ungefähr sollte

Kohl zehn Jahre später von einem jener reform-kommunistischen Nachwuchskader, den er einmal als »sein Mädel« bezeichnet hatte, als Ikone der CDU und Kanzler der Einheit im Zusammenhang mit der Parteispendenaffäre ins Abseits gestellt werden.

Beim Umgang mit der DDR-Vergangenheit hielt es Kohl so wie nach dem Zweiten Weltkrieg mit der braunen Diktatur. Sicherlich, da waren die Hauptverantwortlichen, die zur Rechenschaft gezogen werden mussten. Ihnen sollte die ganze Härte des Gesetzes zuteilwerden. Aber mit all den Helfern und Helfershelfern des Regimes bis hin zu den Stasi-Mitarbeitern war Kohl milde. Sie waren für ihn Kinder des Systems, »Mitläufer«, wie er sagte. Würden ihnen erst einmal die Segnungen von Freiheit und Wohlstand zuteilwerden, würden sie schon zu Demokraten werden, glaubte er. Wozu bedurfte es da noch einer Aufarbeitung dieses Teils der Vergangenheit, meinte der Historiker Kohl in diesem Fall überaus unhistorisch. Er traf sich in dieser Haltung mit seinem Innenminister Wolfgang Schäuble, der bei einer Diskussion mit DDR-Bürgerrechtlern in Berlin zu deren Empörung erklärt hatte, dass man doch die Unterlagen des Geheimdienstes am besten verbrennen sollte. »Ich hätte es am liebsten gehabt, die ganzen Akten wären in den Vesuv geworfen worden«, sagte Kohl zu Schwan. Er selbst klagte später gegen die Herausgabe ihn betreffender Akten gegen die Stasi-Unterlagenbehörde und obsiegte. Die Folge war, dass der Zugang zu diesem Teil der DDR-Hinterlassenschaft erschwert wurde.

Außenpolitisch drehte sich seit dem Besuch Kohls in Moskau alles um die Bündniszugehörigkeit eines vereinigten Deutschlands. Wer sonst als Bush sollte da der Partner des Pfälzers sein? Der amerikanische Präsident vertrat die Auffassung, dass die Sowjetunion keine Großmacht mehr sei, wie er es in Camp David im Februar 1990 klipp und klar gesagt hatte. Er gab sich daher überzeugt davon, dass man mit Entschlossenheit und Beharrungsvermögen dem wirtschaftlich am Boden liegenden Koloss die NATO-Zugehörigkeit des vereinten Deutschlands würde abtrotzen können. Kohl, der in der Frage der Bündniszugehörigkeit die Auffassung des amerikanischen Präsidenten teilte, war sich im Klaren darüber, dass eine Neutralität von der übergroßen Mehrheit der Deutschen in beiden Staaten und möglicherweise auch von einer Mehrheit im Bundestag als Preis der deutschen Einheit akzeptiert werden würde. Er fürchtete eine solche Entwicklung. Er fürchtete aber auch, dass eine zu konsequente harte Haltung des Westens, Gorbatschow innenpolitisch gefährden könne. Aus diesem Grunde wirkte er in Camp David mäßigend auf Bush ein, damit sich die Tür zur deutschen Einheit, die weit offen stand, nicht wieder schließen würde.

Besonders ärgerlich war es für Kohl in dieser Situation, dass ausgerechnet sein Außenminister nicht mit ihm an einem Strang zog. Später – nach der Einheit –, wenn beide Politiker zusammen auftraten, wirkten sie immer wie ein Herz und eine Seele. Im Frühjahr 1990 hatte der Christdemokrat dem Liberalen bei aller vordergründigen Freundschaft nicht so recht über den Weg getraut, verfolgte doch Genscher – was die Ostpolitik anlangte – seinen eigenen politischen Kurs, der den des Kanzlers konterkarierte. Kohls außenpolitischer Berater Horst Teltschik kam so in die Rolle eines Nebenaußenministers, was wiederum Genscher auf die Barrikaden brachte.

Schon im Herbst 1989 hatte sich Kohl in einer anderen Angelegenheit über den Außenminister geärgert. Genscher wollte nämlich zunächst nicht, dass ihn der maßgeblich an der Lösung des Dramas um die Prager Botschaftsflüchtlinge beteiligte Kanzleramtsminister Rudolf Seiters am 30. September in die tschechoslowakische

Hauptstadt begleiten würde. Er wollte vielmehr den Erfolg, dass die Flüchtlinge ausreisen durften, für sich alleine reklamieren. Nachdem Seiters dann doch noch mitreiste, lief, unmittelbar nachdem sie sich auf den Weg gemacht hatten, die Eilmeldung über die Ticker, dass sich der Bundesaußenminister auf dem Weg nach Prag befände. Obwohl ausdrücklich vereinbart worden war, dass vorab keine Pressemitteilungen herausgegeben werden sollten, hatte das Büro Genschers eine entsprechende Meldung an die Presse lanciert und Seiters damit zum Statisten degradiert. Genschers Auftritt auf dem Balkon des Palais Lobkowitz, von dem aus er den Flüchtlingen zurief, dass er gekommen sei, um ihnen mitzuteilen, dass sie ausreisen dürften, verschaffte ihm bis zum heutigen Tag das Image des großen Drahtziehers in Sachen deutscher Einheit. Der Liberale beherrschte nach Kohls Auffassung eben das Spiel, mit geringem Aufwand große Effekte zu erzielen!

Über die Rolle Genschers zu Beginn des Jahres 1990 sagte Kohl zum Verfasser: »Er ist durch die Gegend gefahren und hat den Eindruck vermittelt, ich wolle die Ostgebiete wieder.« Wenn es tatsächlich zutraf, hätte der Außenminister das aus der Weigerung des Bundeskanzlers abgeleitet, den Polen eine rasche, vertragliche Zusicherung der Oder-Neiße-Linie als polnische Westgrenze zu geben. Kohl wollte nämlich den Verzicht auf die Ostgebiete gegenüber den Vertriebenen als unabdingbaren Preis für die deutsche Einheit verkaufen, um diese als nicht unwesentliche Gefolgschaft der Unionsparteien nicht zu verlieren. »Erkläre das mal einem Amerikaner«, sagte der Kanzler zum Verfasser und meinte damit Bush, der zusammen mit seinem Außenminister Baker im Februar 1990 in Camp David eine ganze Nacht auf ihn eingeredet hätte, rasch den Polen in der Angelegenheit entgegenzukommen.

Besonders ärgerlich war für Kohl, dass Genscher den in Camp David verabredeten Kurs des Westens, wonach das wiedervereinigte Deutschland der NATO angehören sollte, mit seinen eigenen Plänen unterlief. Öffentlich forderte der Außenminister einen von Moskau begrüßten »Verbund gemeinsamer kollektiver Sicherheit« und schließlich die Auflösung der Bündnisse. Der Einigungsprozess sollte seinen Vorstellungen zufolge unter dem Dach der KSZE abgewickelt werden, was diesen wegen der erforderlichen Zustimmung sämtlicher Unterzeichnerstaaten ins Ungewisse verlängert hätte. Schließlich verständigte man sich auf das Zwei-Plus-Vier-Verfahren, an dem die vier Hauptsiegermächte des Zweiten Weltkrieges und die beiden deutschen Staaten beteiligt sein sollten.

Bei den Zwei-Plus-Vier-Verhandlungen kam es dann zum Eklat. Offenbar hatte Genscher bei der ersten Verhandlungsrunde Anfang Mai gegenüber seinem sowjetischen Kollegen Eduard Schewardnadse Terrain preisgegeben. Die *Frankfurter Allgemeine Zeitung* machte jedenfalls mit der Schlagzeile auf: »Genscher begrüßt Moskaus Bereitschaft zur Trennung der inneren und äußeren Aspekte der Vereinigung«. Dass hieß, die Einheit sollte vollzogen werden, ohne den Abzug der sowjetischen Streitkräfte aus Deutschland geregelt zu haben. Das sollte zu einem späteren Zeitpunkt nachgeholt werden. »Diese auf den ersten Blick elegant erscheinende Übergangslösung hätte aber einen entscheidenden Nachteil gehabt: Das vereinte Deutschland wäre auf unbestimmte Zeit massiven Einschränkungen seiner Souveränität unterworfen gewesen. Vor allem wäre uns – und das war ja auch erkennbar der Hintergedanke der sowjetischen Seite! – auf unbestimmte Zeit das Recht vorenthalten geblieben, über unsere Bündniszugehörigkeit frei zu entscheiden«, schrieb Kohl später. Im Mai 1990 hatte er die Beherrschung verloren, nachdem Genscher ihm das nach der ersten Zwei-Plus-Vier-Verhandlungsrunde vorgeschlagen hatte. Der Außenminister dementierte daraufhin sogleich und der Kanzler bekräftigte, dass er diese Überlegung strikt ablehne. Auf den generellen Einwand des Verfassers, dass sich beim Blick auf die Zwei-Plus-Vier-Verhandlungen der Eindruck aufdränge, dass Baker, der amerikanische Außenminister, am ehesten die deutschen Interessen vertreten habe, antwortete der Kanzler: »Ja, so war das.«

Es ist kein Geheimnis, dass man dem deutschen Außenminister jenseits des Atlantiks nicht traute. Immer wieder hatte die US-Administration über die *Washington Post* kritische Artikel und Kommentare lanciert. Als Kohl im Februar 1990 nach Washington reiste, um mit seinem Freund George Bush in Camp David unter anderem die sensible Bündnisfrage zu diskutieren, hatten die Amerikaner keinen Wert auf die Anwesenheit des Bundesaußenministers gelegt. Sie hatten über Vernon A. Walters, ihren Bonner Botschafter, dem Auswärtigen Amt mitteilen lassen, dass in Camp David James Baker nicht mit dabei sein würde, womit sich die Teilnahme Genschers erübrigte. Kohl flog daraufhin ohne diesen nach Washington. Auf dem Dulles-Airport empfing ihn allerdings Baker, der sehr wohl an den Gesprächen auf dem Landsitz des Präsidenten teilnahm. Das Pressefoto, das Kohl zusammen mit Baker in Jeans und Cowboy-Stiefeln auf dem Flughafen zeigte, ging um die Welt und musste Genscher brüskiert haben. Doch die Tatsache, dass man diesen auf recht plumpe Art und Weise ausmanövriert hatte, wurde vom Auswärtigen Amt auf kleinster Flamme gekocht. Später, in anderem Zusammenhang, berichtete Kohl dem Verfasser, dass Bush und Baker ihm gesagt hätten, dass Genscher das Geschäft der anderen Seite betreibe. Er habe daraufhin gesagt, sie sollten ihm doch mal etwas zeigen. »Aber gezeigt haben sie mir nichts.«

Helmut Kohl kämpfte in dieser Zeit an vielen Fronten, wohl angetrieben von der Überzeugung, es zu schaffen. Bemerkenswert war dabei, mit welcher Souveränität und mit welch ruhiger Hand er die unzähligen Hindernisse aus dem Weg räumte. Er handelte und kümmerte sich nicht um seine Kritiker, etwa bei der schnellen Einführung der D-Mark in der DDR. Sein entscheidendes Argument war, den Übersiedlerstrom in den Westen zu unterbinden, denn nur eine neue Mauer hätte diesen verhindern können oder eben die D-Mark. Auch was den Umtauschkurs anlangte, traf Kohl rein politische Entscheidungen, wenn er bei Löhnen, Gehältern, Mieten, Stipendien und Renten einen Kurs von 1 : 1 zugrunde legen ließ. Alles in allem belief sich der gesamtwirtschaftliche Umtauschkurs auf 1 : 1,81. Am 1. Juli kam dann die heiß ersehnte Währung. Unvergessen sind die Bilder der Menschenschlangen vor den Ausgabestellen. D-Mark-Partys allerorten signalisierten den Aufbruch in eine neue Zeit.

Was den wirtschaftlichen Um- und Aufbau anlangte, tat man sich unendlich schwerer als erwartet. Wieder war es die Unkenntnis vom anderen Teil Deutschlands. Für die zehntgrößte Industrienation der Welt wurde die DDR gehalten. Die Leistungskraft ihrer Wirtschaft wurde völlig überschätzt. Innerhalb des Ostblocks spielten die volkseigenen Betriebe zwar qualitativ eine führende Rolle, aber ihre Produkte waren auf dem Weltmarkt kaum absetzbar. »Es wäre vieles leichter gewesen, wenn der osteuropäische und sowjetische Markt intakt geblieben wären. Leider war das nicht der Fall. Vor allem das Ende der Sowjetunion hat zu einem dramatischen Einbruch geführt«, meinte Kohl später.

Im Sommer 1990 war es mit der Sowjetunion dramatisch bergab gegangen. Zwar hatten die deutschen Soforthilfen die Not der Bevölkerung etwas lindern und der Bonner Fünf-Milliarden-Kredit sowie die Bundesbürgschaften den wirtschaftlichen Zusammenbruch verhindern können. Doch ein Licht am Ende des Tunnels war nicht zu sehen, weshalb es innerhalb der KPdSU erbitterte Auseinandersetzungen um den künftigen Kurs gab. Als Kohl Mitte Juli mit Gorbatschow in Moskau zusammentraf, hatte dieser gerade die Attacken seiner Gegner auf dem soeben zu Ende gegangenen Parteitag abgewehrt und eine Atempause gewonnen. »Mir schien es, als sei er sich durchaus bewusst gewesen, dass er auch scheitern könnte, wenn er mit einer gewissen Selbstironie sagte, er habe ohnehin die Brücken hinter sich abgebrochen«, berichtete Kohl in der Rückschau.

Gorbatschow wusste allzu gut, dass der Westen wollte, dass er mit Glasnost und Perestroika Erfolg habe. Und er wusste, dass er diesen Westen, namentlich die Deutschen, brauchen würde. Dies und die 12,5 Milliarden D-Mark für den Truppenabzug gaben letztlich den Ausschlag dafür, dass Gorbatschow bei den in seiner kaukasischen Heimat fortgesetzten Gesprächen einer uneingeschränkten Bündniszugehörigkeit des vereinten Deutschlands in der NATO am Ende zustimmte. Das war für Gorbatschow gewiss nicht leicht, weshalb er Kohl bat, er möge vor der Presse nicht den Eindruck erwecken, dass ihm die NATO-Zugehörigkeit abgekauft worden sei. Es sei ein überschaubarer Betrag gewesen, der an die Sowjetunion gezahlt worden sei, sagte Kohl einmal zum Verfasser und merkte noch an: »Was war das schon gegenüber den Reparationszahlungen, die Deutschland in Versailles auferlegt worden waren – nichts!« In der Tat war der Preis, der an die Sowjetunion bezahlt worden war, in historischer Dimension gering. Es waren mit den Krediten und den Kosten für die Sachlieferungen im Winter 1989/90 insgesamt etwas mehr als 20 Milliarden D-Mark. Dies entsprach nicht einmal der Summe, die in einem einzigen Jahr in den Aufbau Ost fließen sollte. Diese lag bei annähernd 120 Milliarden D-Mark. Insgesamt kostete die deutsche Einheit etwa zwei Billionen D-Mark.

Bemerkenswert war an den kaukasischen Vereinbarungen, bei denen sowohl die künftige Truppenstärke der Bundeswehr sowie die Abzugsmodalitäten der GUS-Streitkräfte festgelegt worden waren, dass diese ganz Deutschland betrafen. Mit anderen Worten: In der Oberförsterei im Tal des Selentschuk-Flusses verhandelten zwei Staatsmänner in Strickwesten über einen noch existierenden, souveränen Staat, ohne dass überhaupt ein Vertreter dieses Staates anwesend war! So war es um die Souveränität der DDR und ihre Unabhängigkeit von der Sowjetunion bestellt, eine Unabhängigkeit, die von Gorbatschow immer wieder hervorgehoben worden war und die man in der Bundesrepublik vielerorts für bare Münze genommen hatte. Kohl tat das nicht, denn für ihn war von vorneherein klar, wer das Sagen hatte.

Gorbatschow war sich dessen bewusst, wenn er gegenüber Kohl äußerte, es dürfe nicht der Eindruck erweckt werden, dass über die Köpfe der anderen Zwei-Plus-Vier-Teilnehmer hinweg entschieden worden wäre. Er meinte damit die DDR, deren altes Führungspersonal, das treu an der Seite der Sowjetunion gestanden hatte, sich ausgerechnet vom Generalsekretär der KPdSU verraten und verkauft wähnte. Der Honecker-Nachfolger Krenz verglich gegenüber dem Verfasser später einmal, als es die DDR nicht mehr gab, Gorbatschow mit Stalin. Letzterer habe deutsche Kommunisten an Hitler verraten, Michail Sergejewitsch habe sie an die Kapitalisten verkauft. Wohl auch im Bewusstsein dessen sollte sich Gorbatschow im September 1990 in einem Schreiben an den Bundeskanzler wenden. In ungewöhnlich harschem Ton verlangte er darin, dass die strafrechtliche Verfolgung der SED-Führung, der Spione des Staatsicherheitsdienstes und all derer, die mit Moskau für die Sache des Kommunismus kämpften, zu unterbleiben habe. Gorbatschow stieß bei Kohl nicht auf taube Ohren, wie die Zukunft zeigen sollte.

Es gab noch viele Hindernisse auf der Zielgeraden zur deutschen Einheit: Den Polen ging die Erklärung des Bundestages nicht weit genug, dass der gesamtdeutsche Souverän die Oder-Neiße-Linie als polnische Westgrenze anerkennen würde. Der DDR-Premier wollte, dass das wiedervereinigte Deutschland »Deutsche Bundesrepublik« oder »Bund Deutscher Länder« heiße. Außerdem sollte nach seinen Vorstellungen das »Einigkeit und Recht und Freiheit« des Deutschlandliedes durch den Wortlaut der DDR-Nationalhymne »Auferstanden aus Ruinen« ergänzt werden. Hinzu kamen immer wieder Termin- und Verfahrensstreitigkeiten, wie der Beitritt der DDR zum Geltungsbereich des Grundgesetzes auszusehen habe. Gorbatschow wollte den im Kaukasus ausgehandelten Betrag für den Abzug der GUS-Streitkräfte um weitere drei Milliarden aufgestockt wissen und drohte unterschwellig, die Zwei-Plus-Vier-Gespräche platzen zu lassen, wenn man ihm das Geld verweigere. Zu guter Letzt wollte noch der Außenminister Ihrer Majestät, Douglas Hurd, mit einer überaus fadenscheinigen Begründung das Papier nicht unterschreiben. Baker stimmte den Briten schließlich doch noch um. Ende gut, alles gut. Im September waren die Dinge unter Dach und Fach, sogar der Fusion von CDU-West mit der CDU-Ost stand nichts mehr im Wege.

Was muss das für eine Genugtuung gewesen sein für Helmut Kohl, als er mit seiner Frau Hannelore dann in der Nacht zum 3. Oktober 1990 unter dem Portal des Berliner Reichstagsgebäudes stand – zusammen mit Bundespräsident von Weizsäcker, de Maizière und mit vielen anderen, die die Einheit abgehakt oder eigentlich gar nicht gewollt hatten. Er, den sie zum Provinzler hatten machen wollen, als er Bundeskanzler geworden war; er, dem sie eine mittelmäßige Kanzlerschaft attestiert hatten und den sie noch im Vorjahr auf dem Bremer Parteitag hatten stürzen wollen, erlebte nun als Hauptfigur, wie sie bei der Einheitsfeier die schwarz-rot-goldene Fahne des wiedervereinigten Deutschlands aufzogen und Hunderttausende in das von Bläsern intonierte Lied der Deutschen einstimmten. Freilich, er hatte Fortune. Aber er hatte Großes geleistet. Er war der Architekt der deutschen Einheit, auch wenn ihm die Anerkennung dafür durch die politische Klasse nicht zuteilwerden sollte. Doch draußen in der Welt, wo sie ein unproblematischeres Verhältnis zu ihrer Nation haben, war dies anders. Der Verfasser erinnert sich noch gut an einen 3. Oktober nach der Jahrtausendwende in der deutschen Botschaft in Washington, als George Bush in seiner Rede den anwesenden Altkanzler wegen seiner Rolle in den Jahren 1989/90 als einen der größten europäischen Staatsmänner des 20. Jahrhunderts bezeichnete.

Pyrrhussieg?

Helmut Kohl war ein Visionär. Und als solcher schrieb er die Europapolitik des Realisten Konrad Adenauer fort. Für diesen sei die europäische Integration eine wesentliche Voraussetzung dafür gewesen, dass die Bundesrepublik in die Gemeinschaft der freien Völker aufgenommen werden würde. Der wichtigste Schritt auf diesem Weg sei die Wiederannäherung an Frankreich gewesen. »Damals hätte jedoch niemand geglaubt, dass es zwischen Deutschland und Frankreich jemals so werden würde, wie es heute ist«, meinte Kohl in der Endphase seiner Kanzlerschaft, als die europäische Integration vorangeschritten und der Euro auf den Weg gebracht worden war. Träume, so formulierte er, die sie damals nicht zu träumen gewagt hätten, seien wahr geworden. Weshalb sollte da nicht auch seine Vision von den Vereinigten Staaten von Europa wahr werden?

Helmut Kohl schilderte in diesem Zusammenhang auch einen Besuch mit der pfälzischen CDU zu Beginn der 50er-Jahre beim französischen Außenminister Robert Schuman am Pariser Quai d'Orsay. Sie seien dort vom Saaldiener »wie Aussätzige« behandelt worden, berichtete er und rief in Erinnerung, dass die Haltung der Deutschen gegenüber den Franzosen damals nicht anders war. Wer sich die Episode vergegenwärtigt, kann ermessen, was für ein geradezu revolutionärer Schritt es gewesen war, die Altlast der deutsch-französischen Geschichte mit ihren fürchterlichen Kriegen aus dem Weg zu räumen und zu neuen Ufern aufzubrechen. Im Schulterschluss mit dem französischen Staatspräsidenten de Gaulle gelang dies Adenauer. Im Januar 1963 wurde der Élysée-Vertrag unterzeichnet, in dem die guten Beziehungen und die »Freundschaft« zwischen Deutschland und Frankreich institutionalisiert wurden. Vorangegangen war ein Ereignis, das sich ins kollektive Gedächtnis beider Nationen einprägen sollte: Die Friedensmesse in der Kathedrale von Reims, an der Adenauer und de Gaulle teilnahmen. Der Ort war von größter Symbolkraft, wurden doch hier über Jahrhunderte hinweg die französischen Könige gekrönt. Während des Ersten Weltkriegs wurde der Sakralbau durch deutsche Artillerie zusammengeschossen und am Ende des Zweiten Weltkriegs erfolgte in Reims die bedingungslose Kapitulation. In der Kathedrale umarmten sich beide Staatsmänner als Zeichen der Versöhnung.

Auch wenn der Fokus von Kohls politischer Arbeit damals der Landespolitik galt, so war doch diese Zeitenwende im Verhältnis zwischen Deutschland und Frankreich dem Enkel des »Alten« und baldigen Mitglied des CDU-Bundesvorstands Verpflichtung und Ansporn zugleich. Schon seit seiner Zeit in der Finck'schen Sonntagsschule war er zutiefst davon überzeugt, dass die Hauptsäule für den Zusammenschluss Europas die deutsch-französische Freundschaft sein müsse und dieser Zusammenschluss Europas wiederum die Voraussetzung für eine friedfertige Zukunft des alten Kontinents sein würde.

Gespannt hatte der junge Kohl Adenauers Europapolitik verfolgt. Er hatte gesehen, wie dieser zu Beginn der 50er-Jahre die Chance nutzte, die der Schuman-Plan für die aufstrebende Wirtschaft der jungen Bundesrepublik bot. Dieses eigentlich von dem Unternehmer und Wirtschaftsmanager Jean Monnet konzipierte Vorhaben, das den Namen des französischen Außenministers trug, sah die Schaffung einer Europäischen Gemeinschaft für Kohle und Stahl vor (EGKS). Durch die Beteiligung an dieser Montanunion, der neben der Bundesrepublik und Frankreich die Benelux-Länder und Italien angehörten, konnten die alliierten Fesseln des Ruhrstatuts abgestreift werden, wonach eine Internationale Ruhrbehörde die dortige Montanindustrie lenken und kontrollieren sollte. Darüber hinaus war damit auch der erste Schritt der Bundesrepublik auf ihrem Weg in die westliche Staatengemeinschaft und zu einem Ausgleich mit Frankreich getan worden.

Die Montanunion, die von Paris initiiert worden war, weil die französische Stahlindustrie auf teure Kohleimporte angewiesen war, trat im Juli 1952 in Kraft. An ihrer Spitze stand die Hohe Behörde, deren erster Präsident Monnet wurde. Mit ihr entstand das erste supranationale Exekutivorgan in Europa. Die Montanunion wurde damit zur Initialzündung für die europäische Integration. Ihr folgte das Projekt einer Europäischen Verteidigungsgemeinschaft (EVG), das aber die Französische Nationalversammlung nicht passierte und damit scheiterte. Zu groß waren noch die Ressentiments gegenüber den Deutschen. Statt der EVG kam mit der Westeuropäischen Union (WEU) ein kollektiver Verteidigungspakt der sechs Montanunionsländer zustande, der eigentlich nur die Funktion hatte, den NATO-Beitritt der Bundesrepublik zu ermöglichen. Damit verlor die WEU bereits wieder ihre Bedeutung, denn die NATO war das Militärbündnis, das die Sicherheit Westeuropas und damit auch der Bundesrepublik gewährleistete.

Ganz anders verhielt es sich mit dem wiederum von Monnet, dem belgischen Außenminister Paul-Henri Spaak sowie seinem niederländischen Kollegen Willem

Beyen unter dem Eindruck des Ungarnaufstandes vorangetriebenen Projekt einer Europäischen Wirtschaftsgemeinschaft (EWG). Schließlich verständigten sich die sechs Montanunion-Staaten auf eine Abschaffung der Zollschranken, auf einen freien Dienstleistungs- und Kapitalverkehr, auf eine gemeinsame Handelspolitik gegenüber Drittstaaten und auf die Schaffung gemeinsamer Institutionen. Neben der Europäischen Wirtschaftsgemeinschaft beschlossen die teilnehmenden Staaten die friedliche Nutzung der Atomenergie. EWG- und Euratom-Vertrag wurden im März 1957 in Rom unterzeichnet.

Die zweijährigen Verhandlungen zum EWG-Vertrag zeigten einmal mehr die Verknüpfung zwischen der deutschen Frage und der europäischen Integration. Denn Bonn legte nicht nur einen besonderen Wert darauf, dass die bundesdeutsche Mitgliedschaft in der EWG auch für Berlin galt, sondern hatte auch immer die Menschen in der DDR im Blick. Sowohl für Adenauer als auch für Kohl war die europäische Integration stets auch aktive Deutschlandpolitik. Denn beide wussten allzu gut, dass eine Lösung der deutschen Frage nur im gesamteuropäischen Zusammenhang möglich sein würde. Deutsche Einheit und europäische Integration seien zwei Seiten ein und derselben Medaille, hörte Kohl später nicht auf hervorzuheben.

Bei seinen Vorstellungen von einem künftigen Europa ging es Kohl nicht primär um den gemeinsamen Wirtschaftsraum. Für ihn war Europa kein Projekt des Kapitals für das Kapital, wie es zum Beispiel der Wirtschaftsnobelpreisträger Friedrich August von Hayek – einer Blaupause der EU-Wirtschafts- und Währungsunion gleich – schon vor dem Zweiten Weltkrieg umrissen hatte. Europa war für Kohl zuallererst ein Friedensprojekt und als solches die zwingende Lehre aus den Katastrophen der ersten Hälfte des 20. Jahrhunderts. Dabei spielte für ihn die geopolitische Überlegung eine Rolle, dass ein starker deutscher Nationalstaat im Zentrum des Kontinents von jeher dessen Machtarithmetik gefährdet hätte und ein permanenter Unruheherd gewesen wäre. Deshalb sollte Deutschland in einem vereinten Europa aufgehen – Gedanken, die Kohl früh verinnerlicht hatte und später, mitunter zum Ärger konservativer Kreise, in Reden und Vorträgen thematisierte. Die sahen darin nämlich eine Selbstaufgabe nationaler Interessen, ja einen Verrat an der deutschen Nation, wenn er etwa wie im Mai 1984 im britischen Oxford erklärte, die Geschichte habe gezeigt, dass es »eine uneingeschränkte Selbstbestimmung der europäischen Mitte über sich selbst nicht geben konnte« und jedes Aufbäumen gegen diese historische Tatsache in die Katastrophe geführt habe. Mit anderen Worten: Niemals in der Vergangenheit war es möglich gewesen, die deutschen Belange ohne die anderen Mächte oder ohne Kriege zu regeln.

Europa, und damit meinte er auch die Völker hinter dem »Eisernen Vorhang«, sollte nach den Vorstellungen des Pfälzers zusammenwachsen, weil es ein Geschichtsraum, ein christlich geprägter Kulturraum und eine darauf basierende Wertegemeinschaft sei. Er sprach idealisierend – manche sagten auch naiv – von einem »farbenprächtigen Blumenstrauß« und meinte damit, dass die Völker und Regionen des alten Kontinents ihre kulturellen Eigenheiten bewahren, jedoch politisch vereint sein sollten. Solange dies nicht möglich sein würde, sollten die in der Gemeinschaft zusammengeschlossenen Staaten die Integration voranbringen. Sie sollten Seite an Seite den Herausforderungen der Zeit, womit er zu Beginn der 80er-Jahre vor allem den Ost-West-Konflikt meinte, trotzen können, aber auch als Hort der Freiheit und des Wohlstands über den Eisernen Vorhang hinüberwirken.

Helmut Kohl war von Anfang an von der Vorstellung eines europäischen Bundesstaates beherrscht, so wie ihn schon Adenauers europapolitischer Vordenker und erster Vorsitzender der Kommission der EWG, Walter Hallstein, konzipiert hatte. 1976 – nachdem Kohl CDU-Bundesvorsitzender geworden war – wurde dann alles noch einmal in einem »Europäischen Manifest« fixiert. Danach sollte es ein europäisches Parlament mit umfassenden Gesetzgebungs- und Kontrollrechten, eine europäische Regierung, die alleine diesem Parlament verantwortlich ist, eine europäische Staatenkammer und einen europäischen Gerichtshof geben. Es war im Prinzip das Modell der Bundesrepublik mit Bundestag, Bundesrat und Bundesgerichtshof. Im Europäischen Manifest der CDU wurde es dabei als Selbstverständlichkeit hervorgehoben, dass es neben einer gemeinsamen Außen- und Sicherheitspolitik auch eine Wirtschafts- und Währungsunion geben sollte. Letzteres basierte auf den bereits 1970 vom damaligen luxemburgischen Ministerpräsidenten Pierre Werner vorgelegten Stufenplan zur Einführung einer Gemeinschaftswährung. Für die im »Europäischen Manifest« der CDU umrissenen Vorstellungen, denen Kohl treu blieb, sollte er zeit seines Lebens kämpfen.

Als das »Europäische Manifest« der CDU entstand, gehörten der »Europäischen Gemeinschaft«, der EG, wie die EU damals noch hieß, neben den sechs EWG-Gründungsmitgliedern inzwischen auch Dänemark, Irland und das Vereinigte Königreich an. 1981 kam noch Griechenland hinzu, sodass die Gemeinschaft zehn Länder zählte. Als Kohl im Oktober 1982 Bundeskanzler wurde, war Europa in der Krise. Er schrieb: »Das meistgebrauchte Wort für den Zustand Europas 1982/83 war ›Eurosklerose‹, der Begriff Europa in Verbindung mit dem Begriff einer schweren Krankheit. Als nach meiner Wahl zum Bundeskanzler die Staats- und Regierungschefs im Dezember

1982 in Kopenhagen zusammenkamen, musste ich feststellen, dass die Aussichten desaströs waren.«

Um diesen Zustand zu beenden und die ermattete deutsch-französische Freundschaft wiederzubeleben, tat Kohl genau das, was er bislang immer getan hatte: Menschen gewinnen. So war er am Ende seines vierten Arbeitstages als Bundeskanzler – am Vormittag war er vereidigt worden – ins Flugzeug gestiegen und hatte dem französischen Staatspräsidenten Mitterrand seine Aufwartung gemacht. Antrittsbesuch sagen die Diplomaten. Doch der Besuch war mehr. Er war der Anfang auf dem Weg zu einem Vertrauensverhältnis zwischen beiden Politikern. Und an diesem Anfang stand – so wollte es Kohl – abermals eine symbolträchtige Geste, wenn er und Mitterrand sich am 22. September 1984 in Verdun trafen, dort, wo im Ersten Weltkrieg zwischen Deutschen und Franzosen die bis dahin größte Schlacht der Geschichte geschlagen worden war, bei der Hunderttausende den Tod gefunden hatten. An der historischen Stätte – so hieß es in der gemeinsamen Erklärung – wollten der Bundeskanzler der Bundesrepublik Deutschland und der Präsident der französischen Republik ein Zeichen dafür setzen, »dass beide Völker unwiderruflich den Weg des Friedens, der Vernunft und der freundschaftlichen Zusammenarbeit eingeschlagen haben«. »Die Einigung Europas ist unser gemeinsames Ziel; dafür arbeiten wir im Geiste der Brüderlichkeit.«

Kohl erinnerte sich, wie Mitterrand und er auf dem Soldatenfriedhof vor dem Beinhaus von Douaumont gestanden hätten, wie die französische Militärkapelle das Deutschlandlied gespielt habe und das Bundeswehr-Musikkorps die Marseillaise, nachdem das Lied vom guten Kameraden und der Totensalut französischer Hornisten verklungen waren. »Ohne, dass es geplant war, ergriff François Mitterrand meine Hand, und wir verharrten beide lange Hand in Hand. Meine Gefühle lassen sich nur schwer beschreiben. Noch nie verspürte ich eine solche Nähe zu unseren französischen Nachbarn. Die spontane Geste des französischen Präsidenten hatte mich überwältigt.« Und auch bei Mitterrand blieb die Szenerie in Verdun nicht ohne emotionale Wirkung, war er doch dort im Sommer 1940 bei einem Tieffliegerangriff verwundet worden und anschließend in deutsche Gefangenschaft geraten.

Die persönliche Beziehung zwischen beiden Männern trug dann in entscheidendem Maße dazu bei, dass die deutsch-französische Freundschaft wiederbelebt und bald intensiviert wurde. Doch es zeigte sich von Anfang an, dass hier nicht wie bei der deutschen Einheit der Mantel der Geschichte wehte, den es im richtigen Augenblick zu ergreifen galt. Europapolitik war angesichts der divergierenden Interessen der Staaten und ihrer unterschiedlichen wirtschaftlichen Leistungskraft Kärrnerarbeit, die einen langen Atem verlangte. Dessen war sich Kohl bewusst. So hatte es vieler Gesten und Gespräche mit Mitterrand bedurft, ehe so etwas wie Vertrauen und auch Freundschaft entstanden war. Zum *Spiegel*-Mann Kilz sagte Kohl, der mit der Mentalität und dem (National-)Stolz der Nachbarn seit seiner Jugendzeit bestens vertraut war: »Ich habe früh begriffen, dass man die Trikolore zweimal grüßt.«

Helmut Kohl war davon überzeugt, dass er mit François Mitterrand die europäische Integration voranbringen würde. Der Dritte im Bunde sollte der Franzose Jacques Delors sein, der im Januar 1985 mit auf Betreiben des Bundeskanzlers EU-Kommissionspräsident wurde. Denn Kohl glaubte zu wissen, dass Delors genauso wie er für einen europäischen Bundesstaat stand. Der Historiker Schwarz schreibt: »Von nun an sind drei große Baumeister auf der europäischen Baustelle tätig. (…) Ihre

Ziele und Beweggründe sind nicht immer dieselben, aber in einem wichtigen Punkt sind sie sich einig: Die europäische Union muss mehr sein als eine Freihandelszone.« Das von den Dreien anvisierte Ziel sollte die Vollendung des großen europäischen Binnenmarktes bis zum Jahr 1992 sein, wobei vor allem der französische Staatspräsident auf die Einführung einer gemeinsamen europäischen Währung drängte, um den Zeiten der demütigenden Abwertungen des Francs gegenüber der D-Mark ein Ende zu bereiten. Denn Paris stand unter dem Druck der Franc-Krise, die die unbezahlbare sozialistische Verstaatlichungspolitik verursacht hatte.

Für den Bundeskanzler hatte noch ein anderes Thema Priorität, nämlich die Übertragung von bestimmten Aufgaben der Außen- und Sicherheitspolitik auf die EG, die 1986 um Spanien und Portugal erweitert wurde. Bei all dem war Kohl darum bemüht, das transatlantische Verhältnis zu den Vereinigten Staaten zu pflegen. Er handelte dabei ganz im Geiste Adenauers. War für de Gaulle die deutsch-französische Freundschaft nicht zuletzt auch ein Schritt in Richtung auf ein selbstbestimmtes, von den USA autarkes »Europa der Vaterländer« unter der Führung der Atommacht Frankreich, so hatte Adenauer mit bemerkenswertem Geschick parallel dazu das Verhältnis der Bundesrepublik zu den Vereinigten Staaten gepflegt. Bei aller Notwendigkeit der Aussöhnung mit Frankreich sah Adenauer die Sicherheit Deutschlands in den transatlantischen Verbindungen, also in der NATO, unter amerikanischer Führung garantiert. Die Ost-West-Spannungen und vor allem die Berlin-Krisen zwischen 1958 und 1962 hatten dem Realisten Adenauer darin recht gegeben. Denn alleine die westliche Führungsmacht war in der Lage, den Sowjets wirklich Paroli zu bieten.

Adenauers Enkel Kohl sah das nicht wesentlich anders. Das deutsch-amerikanische Verhältnis blieb unabhängig von der forcierten europäischen Integration tragende Säule seiner Sicherheitspolitik. Die Umsetzung des NATO-Doppelbeschlusses basierte auf diesem strategischen Kalkül. Und dennoch baute der Bundeskanzler vor, fürchtete er doch einen neuen amerikanischen Isolationismus. Deshalb wollte er die Sicherheit Europas neben der transatlantischen auf eine weitere, europäische Säule gestellt sehen. Im Mittelpunkt derselben sollte wiederum eine deutsch-französische Zusammenarbeit stehen. Paris begrüßte die Bonner Vorstellungen und es kam zu einer Reihe gemeinsamer (Rüstungs-)Projekte, an denen sich auch andere europäische Staaten beteiligten. Sie reichten vom Airbus über Eureka, das Konkurrenzvorhaben zu SDI, bis hin zum Jäger 90, um nur einige zu nennen. Sogar eine deutsch-französische Brigade wurde aufgestellt. Doch an einem wollte Mitterrand nicht rühren: an der Sicherheitsautonomie Frankreichs, das hieß an der alleinigen Verfügungsgewalt der Force de frappe, der französischen Atomstreitmacht.

Kohls Beharrungsvermögen hielt dies nicht davon ab, Mitterrand den Vorschlag zur Bildung eines deutsch-französischen Verteidigungsrates zu unterbreiten, der alle sicherheitspolitischen Belange bis hin zu Nuklearfragen behandeln sollte. Paris schlug nun im Gegenzug eine Institutionalisierung der Wirtschafts- und Finanzpolitik vor, was nicht minder ein Ziel der Bonner Politik war. Da man im Kanzleramt darum wusste, dass Mitterrand unbedingt die gemeinsame Währung wollte, folgte man dem Franzosen. Vor dem französischen Ministerrat offenbarte der Präsident der Republik seine eigentliche Intention, als er sagte: »Die Macht Deutschlands beruht auf der Wirtschaft, und die D-Mark ist Deutschlands Atombombe.« Und die galt es den Deutschen zu nehmen und gleichzeitig die atomare Sicherheitsautonomie Frankreichs zu behaupten.

Mit einem gemeinsamen europäischen Geist, den Kohl immer wieder Mitterrand unterstellte, hatte solches allerdings wenig zu tun. Nationale Interessen rangierten beim Präsidenten der Republik vor Europa. Die Integrationspolitik war ihm vor allem ein Vehikel zum Machterhalt der Grande Nation, oder besser: ein Vehikel zur Verhinderung der wirtschaftlichen Abkoppelung Frankreichs von den Hartwährungsländern, allen voran von Deutschland. Die ehrlichen Vorstellungen Kohls, dass die Nationen ihre Souveränität an Europa abzutreten hätten, vertrugen sich nur sehr bedingt mit dem Selbstverständnis der Atommacht Frankreich. Kohl war sich dessen bewusst, ließ aber nicht in der europäischen Sache nach. Er bohrte vielmehr dicke Bretter, unbeirrbar und geduldig. Hier, auf der internationalen Bühne, war er in seinem Element. Hier war er fern von den Schmähungen und Herabwürdigungen der heimischen Presse. Hier, wo die Synchrondolmetscher sprachen, haftete ihm nicht mehr das Stigma vom Provinzler an.

Doch was waren die Triebkräfte, die Kohl unbeirrbar an seiner Vision von den Vereinigten Staaten von Europa festhalten ließen? Die früh, infolge des Zweiten Weltkrieges gewonnene Überzeugung, dass Europa eine Frage von Krieg und Frieden sei, wie er immer wieder betonte, spielte sicherlich eine zentrale Rolle. Vielleicht hatte es ja auch mit seinem Geschichtsbild zu tun. Geschichte sei für ihn – so spitzt es Gauland zu – eine ununterbrochene Kette menschlicher Schicksale und dramatischer Szenen. »Helmut Kohl hatte keine Theorie der Geschichte, kein durch ein langes Studium erworbenes Raster für historische Ereignisse. Geschichte vollzieht sich für ihn im Miteinander von Kohl und Mitterrand oder im Gegeneinander von Maggie und Helmut. Doch er sieht darin selten unüberbrückbare Interessengegensätze, existenzielle, sich dem Kompromiss entziehende Differenzen.«

Vielleicht versuchte es der Liebhaber von historischen Biografien ja wirklich deshalb immer wieder, Margaret Thatcher für seine Vorstellungen von Europa zu gewinnen. Dabei machte die britische Premierministerin ihrem Beinamen »Eiserne Lady« alle Ehre. »Ich habe eine Weile gebraucht, bis ich verstand, dass sie Kompromissbereitschaft als Schwäche auslegt. Mehr als einmal haben wir furchtbar miteinander gestritten (...). Margaret Thatcher (...) kämpfte allerdings immer mit offenem Visier und war nie nachtragend, was ich ihr hoch anrechne«, gab Kohl später zum Besten. Gegenüber dem Verfasser meinte er, dass die britische Premierministerin in den Jahren seiner Kanzlerschaft nur ein einziges Mal »normal« zu ihm gewesen sei. Es war, nachdem er ihr erzählt hatte, dass er das Grab von Winston Churchill in Bladon in der Nähe seines Geburtsortes Woodstock besucht habe. Es war dies ein typischer Kohl, wusste er doch, dass die Frau mit dem Handtäschchen eine leidenschaftliche Verehrerin ihres legendären Vorgängers in Downing Street No. 10 gewesen war.

Bewegen konnte Helmut Kohl bei Margaret Thatcher dennoch nichts. Großbritannien Europa zu unterstellen, war für sie absurd. Das immer noch nachwirkende Verständnis von der britischen Weltmachtgeltung vertrug sich nicht einmal in Ansätzen mit den Vorstellungen des deutschen Kanzlers von einem vereinten Europa. So unnachgiebig sie auch diesem gegenübertrat, so konsequent forderte sie ein Europa der souveränen Staaten. Die Verteidigung Europas sollte, wie in den zurückliegenden Jahrzehnten, auf der einen Säule, der NATO unter der Führung der Vereinigten Staaten, liegen. Aufgrund der besonderen Beziehungen zu diesen lehnte die britische Premierministerin jegliche Form einer zusätzlichen europäischen Verteidigungskonstruktion konsequent ab. Ihre wirtschafts- und finanzpolitischen Vorstellungen sahen ein Europa des freien Unternehmertums und der offenen Märkte sowie des freien Kapitalmarktes vor. Eine Abschaffung des britischen Pfundes stand für sie nicht zur Debatte. Sie tendierte vielmehr wie die Holländer und Dänen für eine Verbesserung des unzulänglichen EWS. Mit dem von Valéry Giscard d'Estaing und Helmut Schmidt 1979 eingeführten Europäischen Währungssystem verpflichteten sich die acht Mitgliedsstaaten, ihre Wechselkursschwankungen innerhalb bestimmter Toleranzen zu halten. Die Leitkurse wurden nicht mehr in amerikanischen Dollar, sondern in ECU ausgedrückt. Ziel des Ganzen war es, die Stabilität der Währungen in Europa zu erhöhen. Doch der Erfolg war begrenzt.

Durch Helmut Kohls gewinnende Art verbesserte sich bei den Zusammenkünften mit Margaret Thatcher wenigstens das Klima. Dasselbe galt auch für die Gipfeltreffen der europäischen Staats- und Regierungschefs. Die hätten sich bald beim Vornamen angesprochen, was – laut Kohl – die Verkrampfung gelöst habe. Doch damit nicht genug. »Ich selbst habe die neue Sitte eingeführt, dass die Teilnehmer an internationalen Gipfeln immer häufiger gemeinsam im Bus fahren. Es fing alles damit an, dass ich es irgendwann einmal leid war, ständig alleine in einer gepanzerten Limousine zu sitzen«, erzählte er. Und so fuhren sie dann Bus, wobei der deutsche Bundeskanzler einer der geselligsten war. Bei schlechter Stimmung bemühte er sich, dies zu ändern. »Dann kann es schon mal hilfreich sein, durch eine Frotzelei ein befreiendes Lachen auszulösen. Ich habe zum Beispiel Felipe González immer gern mit der Bemerkung aufgezogen, ich sei außerstande zu verstehen, dass ein so intelligenter Mann Sozialist sei«, erinnerte er sich. Zum spanischen Ministerpräsidenten, der später zu den wenigen gehörte, der seinen strikten Einheitskurs unterstützte, pflegte Kohl ein besonders herzliches Verhältnis.

Die Spanier, die mit Portugal in der ersten Hälfte der 80er-Jahre der EG beitraten, aber auch die Franzosen und Italiener drängten auf die gemeinsame Währung. Im April 1988 hatte der EG-Gipfel in Hannover die Einsetzung eines Ausschusses vereinbart, der unter dem Vorsitz von Jacques Delors bereits im darauffolgenden April ein Drei-Stufen-Konzept für die Einführung einer Wirtschafts- und Währungsunion (WWU) vorlegte. Zeitliche Vorstellungen existierten damals noch nicht, was die Frage aufwirft, ob die deutsche Einheit und die Realisierung der WWU einander bedingten. Schwarz schrieb darüber: »Wie immer auch das Projekt weitergelaufen wäre, dieses Hauptziel von Mitterrand und Delors wäre irgendwie durchgesetzt worden, sei es mit Helmut Kohl, sei es mit einem anderen Bundeskanzler (…). Das Interesse Frankreichs, Italiens und Spaniens an der währungspolitischen Selbstentmächtigung Deutschlands war so groß und die Überlegungen waren bereits so weit fortgeschritten, dass eine immerhin denkbare Regierung von Rot-Grün unter Lafontaine dem Drängen eher weniger Widerstand entgegengesetzt hätte als die Regierung Kohl. Die Wiedervereinigung war dabei durchaus nicht der entscheidende Vorgang.«

Wie man auch zu der Meinung des Kanzler-Biografen stehen mag, so war es doch die deutsche Einheit, die den europäischen Belangen und damit der Einführung einer Gemeinschaftswährung eine ungeahnte Dynamik verlieh. Denn ohne die Forcierung der europäischen Integration in Form einer gemeinsamen Währung wäre der europäische Widerstand gegen die Wiedervereinigung Deutschlands möglicherweise kaum zu brechen gewesen. Mit anderen Worten: Die neue 80-Millionen-Nation in der Mitte Europas, die Nation, die durch ihre Vergangenheit bei den Nachbarn Urängste weckte, sollte nach dem Willen ihrer Partner, allen voran Frankreichs, gezähmt werden, indem man nun schnell das von 1988 an vorbereitete Projekt vorantrieb, ihr die D-Mark, das Unterpfand deutscher Wirtschaftsmacht, zu nehmen.

Auf der Grundlage von Delors in Hannover vorgelegtem Stufenplan beschloss der Europäische Rat im Juni 1989 in Madrid, im Zuge der Einführung der ersten Stufe der Wirtschafts- und Währungsunion im Juli 1990 die Errichtung einer Europäischen Zentralbank. Im Bundesfinanzministerium war man darüber wenig erfreut, denn mit der Abtretung der geldpolitischen Kompetenz an eine Europäische Zentralbank würde die Hegemonialstellung der Bundesbank gebrochen werden. Diese gab in Europa mit ihrer Stabilitätspolitik den Ton an, indem sie den anderen Zentralbanken nur die Wahl ließ, dem Kurs der D-Mark zu folgen oder die jeweiligen Landeswährungen ihr gegenüber abzuwerten. Eine Gemeinschaftswährung machte überdies nur Sinn, wenn die Mitglieder einen sogenannten »optimalen Währungsraum« bildeten. Zu einem solchen gehören flexible Preise und Löhne ebenso wie vernetzte Güter und Kapitalmärkte. Als eine weitere Selbstverständlichkeit sah man eine gemeinsame Wirtschaftspolitik in Europa an, denn die deutsche Stabilitätskultur war mit der Währungspolitik Frankreichs und der Südländer nicht vereinbar. So werden im Süden die Probleme mit staatlichen Eingriffen und Inflation gelöst, während man im Norden stärker auf Wettbewerb und Stabilität setzt. Und dennoch übte sich die deutsche Seite in Zurückhaltung, wollte man doch Frankreich, das man für das Projekt Deutsche Einheit brauchte, nicht verprellen. Kohl versuchte daher parallel zur WWU die politische Integration voranzubringen, indem er die europäische Sozialpolitik harmonisiert und die Rolle des Straßburger Parlaments gestärkt wissen wollte. Denn nach wie vor war er davon überzeugt, dass die Vereinigten Staaten von Europa in greifbare Nähe gerückt sein würden.

Im Dezember 1989 willigte ein von der ablehnenden Haltung der meisten westeuropäischen Regierungen gegenüber der deutschen Wiedervereinigung erschrockener Bundeskanzler schließlich in den Euro-Plan ein. Um es nicht zu einem Zerwürfnis mit dem Nachbarn im Westen in der Frage der deutschen Einheit kommen zu lassen, verzichtete er auf das bis dahin vertretene Bonner Junktim von gemeinsamer europäischer Währung und vorangegangener Fiskal- und politischer Union. Kohl stimmte vielmehr zu, den zweiten Schritt vor dem ersten zu machen. Was blieb, war die Hoffnung, dass die Mitgliedsstaaten die wirtschafts- und finanzpolitischen Notwendigkeiten nachholen würden. Er nahm dies in Kauf, war er doch in seiner Europapolitik ganz von politischen und psychologischen Momenten geleitet. Schon bei der Einführung der D-Mark in der DDR und bei der Festlegung der Umtauschkurse war dies so gewesen. Damals hatte er die Ratschläge der Experten in den Wind geschlagen und stattdessen nach rein politischen Kriterien gehandelt. Es war irgendwie gut gegangen. Und dies hoffte Kohl auch jetzt bei der Einführung des Euro.

Mit dem Vertrag von Maastricht, den am 7. Februar 1992 die Mitglieder des Europäischen Rats unterzeichneten, wurden dann die Rahmenbedingungen zur Schaffung der WWU festgeschrieben. Kohl erinnerte sich: »Der nach langen und intensiven Verhandlungen über die Wirtschafts- und Währungsunion vereinbarte Vertrag trug in allen entscheidenden Punkten die deutsche Handschrift. Unsere bewährte Stabilitätspolitik war zum Leitmotiv für die zukünftige europäische Währungsordnung geworden.« Danach war vorgesehen, dass zwischen Januar 1997 und Januar 1999 in der EU, wie die EG fortan hieß, die gemeinsame Währung eingeführt werden sollte. Auch mit der Einrichtung und dem Statut einer zu schaffenden Europäischen Zentralbank sollte somit eine europäische Geldpolitik gewährleistet sein, bei der die Stabilität den unbedingten Vorrang haben sollte. Voraussetzung für die Teilnahme am Euro war die Erfüllung von Konvergenzkriterien, durch die die Stabilität des Euro gesichert werden sollte. Im Mittelpunkt dieser Kriterien standen die dauerhaft ausgelegten Vorgaben zur Haushaltsstabilität. Danach sollte die Defizitquote unter drei Prozent und die Schuldenstandsquote unter 60 Prozent des Bruttoinlandsproduktes liegen. EU-Staaten, die diese Konvergenzkriterien erfüllten, mussten – wie der Maastrichter-Vertrag festlegte – dem Euro beitreten. Großbritannien und Dänemark behielten sich allerdings das Recht vor, selbst über einen Beitritt zur Währungsunion zu entscheiden.

Mit der Einführung des Euro, dessen zweite Stufe mit der Schaffung eines europäischen Währungsinstituts (Vorgängerinstitution der EZB) und der Überprüfung der Haushaltslage in den EU-Ländern im Januar 1994 in Kraft trat, wurde nun ein wirtschaftlicher Angleichungsprozess in Gang gesetzt. Im Bereich der Preisniveaustabilität, der langfristigen Zinsen, der Unabhängigkeit der Zentralbanken und der Wechselkursrelationen näherten sich die 16 Mitgliedstaaten, unter denen inzwischen auch Österreich, Schweden, Norwegen und Finnland waren, einander an. Kohl war sich dabei durchaus bewusst, dass dies alles nicht die Angleichung der Politik überflüssig machen konnte. So hatte er einige Monate nach Maastricht gewarnt: »Wenn zu dieser EG der politische Einigungsrahmen nicht hinzutritt, wird spätestens in fünfzehn Jahren die Wirtschaftsunion zerbrechen.«

Der Nichtökonom Kohl wollte mit dem Euro die europäische Integration unumkehrbar machen. Denn diese war für ihn nach wie vor der Garant für den Frieden. »Niemand soll sich täuschen. Die bösen Geister der Vergangenheit sind in Europa nicht auf alle Zeit gebannt«, begründete er seine Europapolitik. Er sah dabei den Frieden nicht mehr nur in den aufflackernden Nationalismen gefährdet, sondern auch durch die sich verändernde Welt. Die europäische Integration war für Kohl nämlich auch die Voraussetzung dafür gewesen, angesichts der Globalisierung den Bedeutungsverlust und wirtschaftlich-kulturellen Niedergang des alten Kontinents mit all den daraus folgenden Verwerfungen aufzuhalten und Europa weiterhin als Hort der Stabilität im Spiel der weltweiten Kräfte zu halten.

Unbefriedigend mussten für den Kanzler deshalb die übrigen Neuerungen des Vertrages von Maastricht sein. Denn in der angestrebten gemeinsamen Außen- und Sicherheitspolitik, in der Sozialpolitik und bei der Stärkung des Parlaments wurden nur recht bescheidene Fortschritte erzielt. Sie erleichterten die Zusammenarbeit, ermöglichten eine bessere Abstimmung, tangierten aber nicht die Souveränitätsrechte der einzelnen Mitgliedsstaaten und wo sie dies taten, war es nicht von Belang. Daran änderte sich auch in den darauffolgenden Jahren nichts Wesentliches, auch wenn in Amsterdam im Juni 1997 die Befugnisse des europäischen Parlaments noch einmal ausgeweitet wurden, der Posten eines hohen Vertreters für die Gemeinsame Außen- und Sicherheitspolitik geschaffen wurde und die Beschäftigungspolitik, die nach wie vor in den Händen der einzelnen Staaten liegen sollte, angesichts der Massenarbeitslosigkeit in Europa als Hauptziel in die Verträge mit aufgenommen wurde.

Was die Einführung des Euro anlangte, wurde auf dem Amsterdamer EU-Gipfel mit dem Stabilitätspakt aus der Sicht des deutschen Bundeskanzlers ein wichtiger Fortschritt erzielt. Mit ihm würde sichergestellt werden – so erhofften sich die deutschen Finanzpolitiker und er –, dass kein Land nach dem Eintritt in die Währungsunion mit seiner auf eine stabile europäische Währung zielenden Politik nachlassen konnte. Denn die Konvergenzkriterien sollten nicht mehr nur die Voraussetzung für die Teilnahme am Euro sein, sondern sollten dauerhaft erfüllt werden. Für den Fall, dass dies nicht geschähe, wurden Sanktionen verabredet. Was von der Bundesregierung als Voraussetzung für einen harten Euro gefeiert wurde, war in Paris zunächst auf Ablehnung gestoßen, dann aber doch noch akzeptiert worden.

An der Seine teilte sich inzwischen der Staatspräsident, der Gaullist Jacques Chirac, die Macht mit dem sozialistischen Premierminister Lionel Jospin. Mitterrand war zur Präsidentschaftswahl im April/Mai 1995 aufgrund seiner Krebserkrankung nicht mehr angetreten und im Januar darauf gestorben. Sein Tod war für den Bundeskanzler ein herber Schlag, sowohl politisch wie auch menschlich. In ganz Frankreich waren die Tränen auf dem Gesicht Helmut Kohls während der Totenmesse mit großer Bewegung aufgenommen worden. »Einer der wirklich echten Freunde von Mitterrand«, kommentierte der französische TV-Sprecher während der Direktübertragung aus der Kathedrale von Notre Dame in Paris. Mit Chirac gelang es dem Bundeskanzler nicht mehr, ein solch gutes Vertrauen aufzubauen wie mit Mitterrand.

An den grundlegenden Meinungsverschiedenheiten in der Geldpolitik zwischen Bonn und Paris hatte der Machtwechsel in Frankreich nichts geändert. Während dort und in den wirtschaftlich schwächeren Ländern nach wie vor der Politik der Vorrang gegeben wurde, drängten die wirtschaftlich starken Länder, allen voran Deutschland, weiterhin auf die Einhaltung der Maastricht-Kriterien und einer Geldpolitik unter dem Regiment einer unabhängigen europäischen Zentralbank. Politische Notwendigkeit kontra Geldwertstabilität lautete und lautet der schier unüberbrückbare Gegensatz damals und auch heute noch. Kohl war sich des dahinter stehenden »wahren Problems« der Gemeinschaft bewusst. Dieses bestünde darin – so sagte er während des Wiedervereinigungsprozesses zu Bush –, »dass die Schere der Wirtschaftskraft zwischen der Bundesrepublik Deutschland und den anderen EU-Ländern sich immer weiter öffne«. Dass dies einmal ein schwerwiegendes psychologisches Problem werden würde, das in der Gemeinschaft die totgeglaubten Geister der Vergangenheit wachrufen würde, sah der ehrliche Europäer Kohl nicht, wenn er noch anmerkte: »Alle hätten jedoch einen Vorteil davon, weil die Bundesrepublik immer mehr zahle.«

Eben dies hatte die deutsche Öffentlichkeit der Einführung des Euro überaus skeptisch gegenüberstehen lassen. Kohls letztes großes Projekt war also alles andere als populär. Er war sich sicher, dass eine Volksabstimmung über die Abschaffung der D-Mark verloren gegangen wäre. Insofern sei er in Sachen Euro »Diktator« gewesen. Die gemeinsame Währung sei aber notwendig, hörte er nicht auf hervorzuheben, wobei er nicht versäumte, den Menschen immer wieder zu sagen, weshalb. So schrieb er im Januar 1989 in der *Bild*-Zeitung: »Der Euro ist ein zentraler Baustein für das Haus Europa. Wir verdanken dem europäischen Einigungsprozess nach dem Zweiten Weltkrieg die längste Friedensperiode der neueren deutschen Geschichte. Die jungen Menschen in der Europäischen Union haben heute die begründete Aussicht auf ein Leben in Frieden und Freiheit.«

An anderer Stelle hob er in dieser Zeit auch hervor, dass nur er den Euro habe durchsetzen können. Deshalb sei er auch nicht – wie angedacht – 1996 in der Mitte der Legislaturperiode zugunsten Schäubles zurückgetreten. Doch es gab auch noch einen anderen Grund: Kohl hatte daran zweifeln müssen, dass der Mann im Rollstuhl – er war im Oktober 1990 von einem Psychopathen niedergeschossen worden – angesichts der knappen Mehrheit der Regierungskoalition zu seinem Nachfolger gewählt werden würde. Innerhalb der FDP, aber auch unter den eher Konservativen in der Union gab es nämlich erhebliche Vorbehalte gegen Schäuble, den Kohl für seinen einzig würdigen Nachfolger hielt.

Im April 1998 stimmten Bundestag und Bundesrat der Einführung des Euro zu. Im darauffolgenden Monat beschlossen die Staats- und Regierungschefs der EU in Brüssel die Gemeinschaftswährung. Deren letzte Stufe sollte zu Beginn des Jahres 1999 mit der endgültigen Festlegung der Wechselkurse und der Gründung der europäischen Zentralbank (EZB) in Kraft treten. Er habe unmissverständlich den deutschen Anspruch auf den Sitz der EZB deutlich gemacht und tatsächlich habe sein jahrelanges Bemühen Früchte getragen, denn Frankfurt am Main sei Sitz dieser wichtigen Bank geworden, schrieb Kohl. Er hatte erklärt, dass es im deutschen Interesse liege, dass möglichst viele Länder die Kriterien erreichten. Der Euro sollte dann in elf Staaten, die die Beitrittskriterien erfüllt hatten – in Belgien, Deutschland, Finnland, Frankreich, Irland, Italien, Luxemburg, den Niederlanden, Österreich, Portugal und Spanien – gesetzliche Buchungswährung werden und den ECU ersetzen. Zum Jahreswechsel 2001/2002 sollte schließlich die Einführung des Euros auch im inzwischen dazugekommenen Griechenland als Bargeld erfolgen.

Helmut Kohl war damit am Ziel. Jean-Claude Juncker, der ehemalige luxemburgische Premierminister, sagte einmal, nachdem der Pfälzer 1998 infolge der verlorenen Bundestagswahl als Bundeskanzler abgetreten war, dass es ohne ihn den Euro nicht gegeben hätte. In der Tat hatte kein anderer europäischer Politiker so viel Herzblut in die europäische Sache und in die Gemeinschaftswährung investiert wie Kohl. Und insofern ist es bezeichnend, dass nicht allzu lange, nachdem er die politische Bühne verlassen hatte, sich das Blatt zu wenden begann. Schon unter seinem Nachfolger Gerhard Schröder, der sich auf eine rot-grüne Koalition stützte, wurden die Maastrichter Defizit-Kriterien in den Wind geschlagen – ausgerechnet von Deutschland, das so auf deren Einhaltung gedrängt hatte. Gleich mehrere Jahre verstieß man zusammen mit Frankreich gegen die Regeln. Die Sanktionen, die der Stabilitätspakt vorsah, wurden nicht angewandt. Die Politik hebelte sie vielmehr aus, indem sie den Euro-Ländern bei der Haushaltsführung fortan Spielräume einräumte.

Ein anderer Fehler, den nicht die Regierung Kohl, sondern die seines Nachfolgers mit zu verantworten hatte, war die Aufnahme Griechenlands in die Eurozone. Athen hatte dies durch mithilfe von Goldman-Sachs gefälschte Defizitzahlen in den Jahren 1998/99 erreicht, was allerdings in den anderen Hauptstädten hätte auffallen müssen. Doch im Falle des kleinen Landes mit der großen Geschichte hatte man das nicht sehen wollen. Demzufolge wurden die Euroscheine schon mit dem griechischen Aufdruck »ΕΥΡΩ« konzipiert, obwohl Athen die Voraussetzungen für einen Beitritt gar nicht erfüllte. Insgeheim hoffte man eben nicht nur im Kanzleramt und in Hans Eichels Finanzministerium, sondern auch in Brüssel, dass das keine Auswirkungen für die Währungszone haben würde – ein folgenschwerer Irrtum, wie sich später herausstellen sollte.

Ob Kohl als Kanzler den Beitritt Griechenlands, der auch aus geostrategischen Gründen von Washington mit betrieben wurde – verhindert hätte? Es ist eher unwahrscheinlich, hatte er sich doch lustig gemacht über die »Armada von Professoren« mit ihren Bedenken gegen den Euro und dass mit Italienern und Griechen keine stabile Währung zu machen sei. Der Altkanzler hatte auch die EU-Osterweiterung um Estland, Lettland, Litauen,

Malta, Polen, Slowakei, Slowenien, Tschechien, Ungarn und Zypern überschwänglich begrüßt. Mehr noch: Kohl war geradezu euphorisiert, als der Beitrittsvertrag im April 2003 unterzeichnet worden war und der Ostteil des Kontinents, der jahrzehntelang unter sowjetischer Herrschaft gestanden hatte, endlich dazugekommen war. Mit dem entsprechenden Pathos zitierte Kohl, der sich freundschaftliche Beziehungen dieses Europas mit Russland vorstellte, gegenüber dem Dokumentarfilmer Stephan Lamby aus der Erklärung von Athen: »Diese Union steht für unsere gemeinsame Entschlossenheit, der jahrhundertelangen Zerstrittenheit ein Ende zu setzen und die früheren Trennungslinien auf unserem Kontinent hinter uns zu lassen.« Und er fügte dann noch hinzu: »Man muss sich nur einmal überlegen, welche dieser Länder, die nun eine politische Union besiegelten, wie oft gegeneinander Krieg geführt haben, um zu erkennen, dass Europa die Zukunft darstellt, verbunden durch gemeinsame kulturelle Wurzeln, Antike, Humanismus und Christentum – ein Hort des Friedens, Krieg ist in Europa nicht mehr denkbar.« Einmal mehr zeigte sich hier, wie wenig die europäische Integration für Kohl ein Wirtschaftsprojekt war. Denn dass, worauf Volkswirtschaftler hinwiesen, manche dieser Staaten, zu denen bald noch Bulgarien und Rumänien dazukommen sollten, für die EU und für die Eurozone noch nicht reif waren, kümmerte den Altkanzler wenig.

Und auch den »Gründungsfehler« des Euro, von dem die Kanzlerin Angela Merkel später sprach, wollte Helmut Kohl so nicht sehen. In der Tat vergrößerte die damit gemeinte Währungsunion ohne Fiskal- und politische Union, deren beschleunigte Einführung dem Kanzler vom französischen Staatspräsidenten auf dem Weg zur deutschen Einheit abgetrotzt worden war, das von Kohl früh ausgemachte »wahre Problem« der EU: die immer weiter aufgehende Schere zwischen der wirtschaftlichen Leistungsfähigkeit Deutschlands und den übrigen EU-Ländern. Der Euro hatte diese Entwicklung noch erheblich forciert. Denn im Zuge seiner sich über Jahre erstreckenden Einführung waren in den Südländern wegen der zu erwartenden Preisstabilität die Zinsen gesunken. Dies zog einen nie gekannten kreditfinanzierten Investitions- und Bauboom nach sich, der die Importe rasant ansteigen ließ. Während die Exportnation Deutschland davon profitierte, rutschten die Leistungsbilanzen in Spanien, Portugal oder Griechenland ins Defizit. In der Folge fielen die Löhne und die Preise. Dies wiederum würgte die Konjunktur in diesen Ländern ab und erschwerte damit die Konsolidierung der Staatshaushalte.

Als nicht zuletzt dadurch die Finanz- und Schuldenkrise in der EU am Ende des ersten Dezenniums des neuen Jahrtausends eskalierte, wandelte sich der Charakter der Währungsunion. Jetzt kümmerte sich niemand mehr um die sogenannte No-Bailout-Klausel (Nichtbeistandsklausel) des Amsterdamer und Lissaboner Vertrages, wonach »ein Mitgliedsstaat nicht für die Verbindlichkeiten (...) eines anderen Mitgliedsstaates haftet und nicht für derartige Verbindlichkeiten eintritt«. Schon mit dem ersten Rettungspaket für Griechenland wurde dagegen verstoßen. Mit dem zweiten Rettungspaket wurde die Klausel endgültig ausgehebelt. Seitdem haften die EU-Staaten für die Hilfskredite für Griechenland, gemäß ihres Anteils am Kapital der EZB. Deutschland steht demnach für 27 Prozent des Kreditvolumens ein.

Eine Haftungs- und Schuldengemeinschaft, die Kohl nie gewollt hatte, ist die EU auch durch den Ankauf von Staatsanleihen aus Krisenländern geworden. Diese werden nicht von den Staaten erworben, sondern von Geschäftsbanken und Versicherungen, da ein unmittelbarer Erwerb von Schuldtiteln durch die EZB in den Verträgen nicht vorgesehen ist. Das Risiko eines Staatsbankrotts wurde dadurch auf die EZB und »ihre« Nationalbanken abgewälzt. Und dies wird sicherlich in seiner Dimension zunehmen, ist doch der Ankauf von Staatsanleihen die einzige unmittelbare Option zur Abwendung von Staatsinsolvenzen. Die Währungsunion selbstverantwortlicher Staaten ist im Begriff, eine Transferunion zu werden – so wie es sich Frankreich und die wirtschaftlich schwachen Südländer von der Einführung des Euro letztendlich erhofft hatten.

Die Berliner Politik hat ein Problem. Verweigert sie sich dieser Entwicklung, läuft sie Gefahr, den Fortbestand der EU zu gefährden. Das deklamatorische Beharren der Bundesregierung auf die Stabilität des Euro, das ihrer tatsächlichen Politik längst nicht mehr entspricht, hat die wirtschaftliche Führungsmacht Europas vielerorts zum Schuldigen an der Krise gemacht. Deutschland strebe nach der Hegemonie auf dem Kontinent, heißt es in den Schuldenstaaten, die sich betrogen wähnen. Die totgeglaubten Geister der Vergangenheit sind wieder da, wenn dort Parallelen gezogen werden zu einem anderen Deutschland, das in der Mitte des vergangenen Jahrhunderts ganz Europa besetzt und ausgebeutet hatte. In der spanischen, italienischen und besonders in der griechischen Öffentlichkeit gehört das Stereotyp vom bösen und faschistischen Deutschen längst zum Alltag. Die »imperialistische« Politik Deutschlands ist dort zu einem Topos in vielen Medien und Blogs geworden.

Es hat wohl mit den Gesetzmäßigkeiten der Geschichte zu tun und nicht mit dem Willen der Politiker, dass die europäische Integration – Helmut Kohls Friedensprojekt – mit der Einführung des Euro zur europäischen Zerrüttung führte und damit genau das Gegenteil von dem bewirkte, was der Bundeskanzler einmal hatte erreichen wollen. Hinzu kommt eine neue Herausforderung, die –

wie der Austritt Großbritanniens aus der EU verdeutlicht – dem Auseinanderdriften der Gemeinschaft neuen Vorschub leistet: die Zuwanderung von Millionen Menschen aus den Kriegs- und Krisengebieten des Nahen und Mittleren Ostens sowie Afrikas. Die Zukunft wird zeigen müssen, ob die Staaten des alten Kontinents in einer sich verändernden Welt mit Trump im Westen und Putin im Osten noch einmal die Kraft aufbringen werden, sich auf ihre gemeinsame Verantwortung zu besinnen, oder ob das Europa, wie es Helmut Kohl mitgeschaffen hat, ein Pyrrhussieg gewesen ist.

Ohnmacht

Helmut Kohl war dem Trommelfeuer der Kritik ausgesetzt wie kein zweiter namhafter westdeutscher Politiker. Er glich mitunter einem Gejagten, der sich oft rechtfertigte. »Ich habe nicht alles verkehrt gemacht«, meinte er einmal im Verlaufe eines Gesprächs über seine Gegner zum Verfasser. Er lächelte dabei mit einem Hauch von Selbstgefälligkeit und Verachtung im Gesicht. Denn er wusste allzu gut, dass er alleine durch seine Existenz für manche eine Provokation war. Sie, die ihm auf der europäischen Bühne nicht viel zugetraut hatten, sie, die sich mit der deutschen Teilung abgefunden hatten, ja, deren Überwindung nicht wollten und die Zweistaatlichkeit zum politischen Dogma erhoben hatten, waren durch den Lauf der Geschichte und damit durch ihn widerlegt beziehungsweise korrigiert worden. Sich dies einzugestehen, verlangt Größe. Und die hatten die wenigsten. So wurde Kohl, der aus den ersten gesamtdeutschen Wahlen im Dezember 1990 als klarer Sieger hervorgegangen war, bei seinen Gegnern zum Objekt einer schwelenden, unterdrückten Wut, die nach Ventilen suchte.

Und diese Wut bohrte umso unerträglicher, hatten sie ihn doch der Unfähigkeit und der Provinzialität bezichtigt. Schon als er CDU-Vorsitzender wurde, besuchten ihn *Spiegel*-Reporter in seinem Bungalow in Ludwigshafen-Oggersheim und berichteten, wie spießig er dort lebe. Sie attestierten ihm ein erhebliches Manko an außenpolitischer Erfahrung und ein staatsmännisches Defizit gemessen an Helmut Schmidt, dem sozialdemokratischen Kanzler. Der damalige *Spiegel*-Redakteur Kilz erinnert sich: »Diese herablassende Haltung der Hamburger Journalisten gegenüber dem Pfälzer war auch in den täglichen Redaktionskonferenzen beim *Spiegel* zu spüren. Rudolf Augstein spottete über die vermutete Kleinkariertheit des CDU-Vorsitzenden und hörte sich genüsslich Geschichten an, dass der Pfälzer jetzt in Bonn Sprachunterricht nehme, um seine Herkunft zu verleugnen.« Dass Kohl genau das Gegenteil tat, kümmerte wenig.

Und da der *Spiegel* ein Leitmedium ist, taten es dem Blatt viele aus der journalistischen Zunft nach und diskreditierten den Pfälzer. Und der wiederum machte es den Berichterstattern anfangs leicht, wenn er zum Beispiel mit dem im Auftrag der *Zeit* nach Ludwigshafen gereisten Schriftsteller Walter Kempowski über Bücher im Allgemeinen und über deutsche Literatur im Besonderen plauderte.

»Ich war gut in Hölderlin«, gab Kohl dabei zum Besten. Und zum Thema Goethe meinte er, er sei keiner, der einen direkten Zugang zu Gedichten habe. »Mir fliegt da nichts zu.« Schwieriger gestaltete sich das Gespräch über die deutsche Gegenwartsliteratur, über Böll, Grass oder Lenz – allesamt erklärte Freunde der Sozialdemokratie und ihrer Kanzler Schmidt und Brandt. Über Heinrich Böll, mit dem er einmal in der Mainzer Staatskanzlei zusammengetroffen war, schrieb Kohl in seinen *Erinnerungen*, dass »seine ideologischen Scheuklappen so ausgeprägt waren, dass wir aneinandergerieten«. Im Gespräch mit Kempowski meinte der CDU-Vorsitzende, dass ihn die Lektüre von Böll und den anderen nicht vom Stuhl gerissen hätte. Solch Ehrlichkeit bedeutete freilich aus der Sicht der Intellektuellen Kulturbanausentum und Ignoranz. Entsprechend konnte das in der *Zeit* und auch vom *Spiegel* in seiner Gänze veröffentlichte Gespräch nur zum Desaster geraten. Später meinte Kohl: »Dieser Artikel hat mir furchtbar geschadet. Ich stand kurz vor der Wahl als Dorfdepp da. Die *Zeit* hat das gemacht im Zuge ihres von da an laufenden Vernichtungsprogramms, was sich bis zum heutigen Tag nicht gerändert hat.«

Geradezu berauschen taten sich die Journalisten an den Stilblüten Helmut Kohls. So erklärte der zum Beispiel auf die Frage, was es denn heiße, wenn die CDU sich als Partei der Mitte definiere: »Partei der Mitte heißt, glaube ich, wenn man überhaupt noch Rechts und Links und Mitte als eine simplifikante Fixierung eines politischen Standpunktes akzeptieren kann, Partei der Mitte heißt, dass die CDU vor 20/25 Jahren angetreten ist nach einem geistigen Grundgesetz als Christlich Demokratische Union.« Derlei Stilblüten lieferte in den Unionsparteien später bestenfalls noch Stoiber. Bei ihm lachte man allerdings darüber und zweifelte nicht an seinen Fähigkeiten. Bei Helmut Kohl hingegen wurde diese »Spracharmut« – etwa von dem Literaturkritiker Hellmuth Karasek – als Ausdruck von »Gedankenarmut« gedeutet.

Jedes Mal, wenn über Kohl von der »Hamburger Mafia«, wie er *Spiegel*, *Stern* und *Zeit* schimpfte, berichtet wurde, hatten die Beiträge etwas Herabsetzendes. Augstein sprach ihm nicht nur die Fähigkeit ab, sich auszudrücken, sondern auch zu denken. Kohl erschien in den Berichten – wenn er nicht (was gar nicht dazu passen wollte) als Geschichtsrevisionist angeprangert wurde – als eine Art Polit-Tölpel, als Spießer und immer wieder als Provinzler. Den »Mann aus Oggersheim« nannten sie ihn und nicht den »Mann aus Ludwigshafen«, ist doch Oggersheim ein Stadtteil von Ludwigshafen. Kohl meinte dazu, dass sich seine Heimatstadt, eine Hochburg moderner Forschung und Wissenschaft, ein Zentrum der Chemie, nicht als Synonym für provinzielle Rückständigkeit eigne. Stattdessen seien seine Gegner auf den Namen des alten Reichsstädtchens Oggersheim gekommen, das in nationalsozialistischer Zeit nach Ludwigshafen eingemeindet worden sei. Solches verletzte ihn. Doch als Kanzler durfte er das natürlich nicht zeigen. Zu Kilz meinte er damals: »Was die Provinz anlangt, kann ich nur schmunzeln (...). Mit dem gegenwärtig in Bonn residierenden Weltbürger nehme ich es gerne auf.« Er meinte damit seinen Widersacher Helmut Schmidt.

Helmut Kohl nahm es mit ihm auf. Und als er ihm als Kanzler folgte, wurde von seinen Gegnern in Medien und Politik zum Halali geblasen. Er berichtete in seinen Memoiren, dass Anfang 1983, als noch keineswegs sicher gewesen sei, dass er sich als Kanzler würde halten können, der Chefredakteur des *Stern* seine Leute scharfgemacht und erklärt habe: »Wir wären schlechte Journalisten, wenn wir den nicht in sechs Wochen heruntergeschrieben hätten.« Auch die Karikaturisten hatten jetzt Hochkonjunktur. In immer neuen Variationen zeichneten sie nun einen klobigen Mann mit birnenförmigem Kopf. Kein Tag, an dem er nicht so in irgendeiner Tageszeitung zu sehen war. Aus Kohl wurde »Birne«.

Pit Knorr vom Satiremagazin *Titanic* hatte den Begriff erfunden und der Cartoonist Hans Traxler hatte »Birne« gezeichnet. Zusammen mit anderen ersannen sie eine bitterböse Geschichte über die Jugend der »Birne«, in der Hannelore Kohl zur »blonden Bärbel« wurde. *Birne. Das Buch zum Kanzler* wurde in den ersten Jahren von Kohls Regierungszeit 100 000 Mal verkauft. Kohl saß die Sache tapfer aus. Und dennoch schmerzte es. Zu Schwan meinte er in der Rückschau: »Ich hatte keine Freude, Birne zu sein, die Birne, die nichts las und nichts konnte. Dabei hat Birne in den 50er-Jahren unter anderem auch Philosophie studiert.« Doch die Verletzungen, die sich bei dem Dünnhäutigen tief eingruben, gehörten zu seinem Leben als Kanzler dazu wie die Frage, wie lange er sich noch im Amt würde halten können.

Häme, Spott und Verunglimpfung gab es also in Überfülle, und Affären, die den Stoff lieferten, auch. Lob wurde Kohl dagegen nicht oder nur selten zuteil. Dabei hatte er kluge und bedeutende Reden gehalten. Ein Beispiel, das ihn ganz besonders ärgerte, war diejenige vom 21. April 1985 in der Erinnerungsstätte des ehemaligen Konzentrationslagers Bergen-Belsen. Kohl sagte: »Der Zusammenbruch der NS-Diktatur am 8. Mai 1945 wurde für die Deutschen ein Tag der Befreiung.« Er sagte damit das Gleiche wie von Weizsäcker 17 Tage später. Kohl zu Schwan: »Die eine Rede hat nie stattgefunden, und die andere ist eine Bilderbuchrede fürs deutsche Schulbuch. Das ist aus meiner Sicht ein kardinales Beispiel, wie man fälschen kann.« Der Publizist Thomas Schmid meinte dazu, Kohl habe nicht unrecht gehabt. »Zwar funkelt seine Rede nicht so wie die des Bundespräsidenten, sie ist nicht so geschliffen – dafür ist sie aber in ihrer Direktheit und sprachlichen Erdenschwere überzeugend und beeindruckend.« Nicht minder bedeutend als seine Rede in Bergen-Belsen war die, die er aus Anlass des 50. Jahrestages der Reichspogromnacht im November 1988 vor der jüdischen Gemeinde in Frankfurt am Main hielt oder als er im September 1989 vor dem Bundestag zum Ausbruch des Zweiten Weltkrieges sprach.

All diese Reden wurden fast nicht beachtet oder schlugen sich in der Einschätzung Helmut Kohls in irgendeiner Form positiv nieder. Hinzu kam, dass der joviale Pfälzer – unabhängig von Parteizugehörigkeiten – natürlich nicht jedermanns Sache war. Mitte der 80er-Jahre berichtete der Publizist Johannes Gross über eine Abendunterhaltung mit großen Unternehmern, dort, wo man auf Erscheinung und Etikette einen gesteigerten Wert legte. Man habe Kohl zwar scharf kritisiert und dessen Rücktritt gefordert. Doch »in Wahrheit ergeht gegen Kohl« – so Gross – »kein politisches und kein moralisches Urteil, sondern ein ästhetisches – man kann den Typ nicht leiden (…) und denkt gern an Helmut Schmidt, der zwar nicht viel Erfolg hatte, aber viel Prestige.« Helmut Kohl hatte zunächst weder das eine noch das andere.

Dazu beigetragen hatte sicherlich, dass er in einer zunehmend medialeren Welt in gewisser Hinsicht ein Anachronismus gewesen war oder zu einem solchen gemacht wurde. Wie ein gebranntes Kind mied er den Umgang mit der »Hamburger Mafia«, obwohl natürlich auch er die Medien brauchte und sich ihrer bediente. Erträglicher wurde alles für Kohl, weil er wusste, dass die in den 80er-Jahren veröffentlichte Meinung mit der »in diesem unseren Lande« nichts oder nur wenig zu tun hatte. Hätten die Medien die tatsächliche Stimmung abgebildet, wäre er bei den Bundestagswahlen des Jahres 1987 gewiss nicht wiedergewählt worden. Überhaupt hatte es nie zuvor einen Bundeskanzler gegeben, bei dem veröffentlichte und öffentliche Meinung so weit auseinanderklafften wie bei Kohl. Woran lag das? Sicherlich war die übergroße Mehrheit der Medienleute politisch anders verortet. Doch das alleine als Ursache anzuführen, griffe viel zu kurz. Denn auch bei den Blättern, die dem bürgerlichen Lager zugerechnet wurden, tat man sich mit dem Pfälzer schwer.

Der Verfasser weiß noch, wie bei der *Frankfurter Allgemeinen Zeitung* auf den »schwarzen Riesen« reagiert wurde. Man beklagte einen Mangel an Intellekt, an Profil und auch an werteorientierter politischer Substanz. »Prinzipientreue ohne Grundsätze in einer Gesinnungsgemeinschaft ohne Überzeugung« wurde in der Beilage der Zeitung einmal das Verhältnis Kohls zur CDU polemisch überspitzt beschrieben. Vorgehalten wurde ihm die Ökonomisierung der Gesellschaft und des Politischen, da er alles auf die simple Aussage reduziere, wichtig sei, was dabei (»hinten«) rauskomme. Da er alles andere als ein Rhetoriker war und ihm die Befähigung abging, in wohlgesetzten Worten über dieses oder jenes zu schwadronieren, mussten die in den Redaktionsstuben ausgemachten Defizite umso mehr ins Auge stechen. So hatte sich bei den meisten in der Frankfurter Hellerhofstraße und vor allem auch im Bonner Büro der »Zeitung für Deutschland« die Auffassung breitgemacht, dass Kohl der falsche Mann an der Spitze der CDU und vor allem im Kanzleramt sei. Und auch das war dann mitunter im Blatt zu lesen, wenn es etwa im Mai 1989 hieß, dass im Falle einer neuerlichen Wahlschlappe, diesmal bei der anstehenden Europawahl, »nur ein Wechsel in der Führung der Partei und Regierung« übrig bleibe.

In den Jahren 1989/90 belehrte Kohl alle eines Besseren. Er machte Weltpolitik und zwar so, wie es ihm niemand zugetraut hatte. Die eher bürgerlichen Medien, die ihn nicht minder unterschätzt hatten, kamen aus dem Staunen nicht mehr heraus und feierten ihn jetzt. Aus der Häme und Herabwürdigung seiner linken Kritiker war Sprachlosigkeit geworden. Und dann rangen sich doch noch einige von ihnen durch, die Verdienste Kohls zu würdigen. Rudolf Augstein gehörte dazu. »Den Staatsmann Kohl wird man nicht mehr von der Landkarte tilgen können«, schrieb er in einem Leitartikel des *Spiegel* und zog den Hut: »Chapeau Kanzler«. Ein paar andere folgten. Doch das Gros der Kohl-Gegner verharrte in Wartestellung und suchte nach dem Haar in der Suppe.

Mit den »blühenden Landschaften« glaubte man es später gefunden zu haben. Immer wieder hatte Kohl seit den Wahlen zur Volkskammer von diesen gesprochen, unter anderem bei seiner Fernsehrede zur Einführung der Währungs-, Wirtschafts- und Sozialunion. Es hieß bald, der Bundeskanzler habe die Menschen in der DDR vorsätzlich getäuscht, als er dieses Bild gebraucht und einen Zeitraum von »drei bis vier Jahren« genannt habe. Tatsächlich hatte Kohl die wirtschaftliche Substanz der DDR völlig falsch eingeschätzt. Er befand sich dabei in bester Gesellschaft, denn die Experten in der Bundesrepublik hatten das nicht anders getan. Wenn Kohl von den »blühenden Landschaften« sprach, war das also keine vorsätzliche Täuschung der Öffentlichkeit. Die Bezichtigungen stießen dennoch auf einen guten Nährboden, denn nach der Freude über die wiedererlangte Einheit war die Mühsal der Ebene gekommen. Denn die Unzufriedenheit wuchs beständig und wurde auch geschürt, nicht zuletzt von denen, die immer noch nicht ihren Traum vom sozialistischen deutschen Staat ausgeträumt hatten.

Zunehmend kreiste die öffentliche Diskussion auch darum, ob der Einheitsgegner und Honecker-Freund Lafontaine nicht doch recht habe, wenn er meinte, dass alles viel zu schnell gegangen sei mit der Wirtschafts-, Währungs- und Sozialunion in Deutschland. Ein langsameres Vorgehen hätte die DDR-Wirtschaft wenigstens in Teilen am Leben erhalten, den Menschen in den neuen Ländern viele Härten erspart und dem Staat Milliarden, hieß es. Dass in dieser Zeit, von der die Rede war, ein Massenexodus aus der DDR stattgefunden hatte und dieser sich fortgesetzt hätte, wäre die D-Mark dort nicht eingeführt worden, schien dabei in Vergessenheit geraten zu sein. Wie überhaupt niemand so recht sehen wollte, welch gewaltige Aufgabe es war, die Wirtschafts- und Sozialunion mit Leben zu erfüllen. Seit dem Zweiten Weltkrieg hatte es so etwas in Europa nicht gegeben!

Es wurde also viel geredet und geschrieben in den ersten Jahren nach der Wende, was alles von Kohl falsch gemacht worden wäre und was er anders hätte machen sollen. Und auch die aktuellen Maßnahmen der Bundesregierung wurden entsprechend kritisch kommentiert.

Als diese entgegen ihrer Ankündigungen die Steuern erhöhte, titelte *Bild*: »Der Umfaller« und legte ein Foto Kohls quer über die Schlagzeile. Und die *Leipziger Volkszeitung* bezichtigte den Einheitskanzler des »größten Wahlbetrugs in der bundesdeutschen Geschichte (...). Er hat Champagner gepredigt und verfaultes Wasser eingeschenkt.« In Halle bewarfen sie ihn mit Eiern, Farbbeuteln und Tomaten, sodass er die Contenance verlor und den Täter selbst greifen wollte. Alles war eben doch nicht so rosig und es würde viele Jahre dauern, ehe die Mauern in den Köpfen eingerissen sein würden und die Lebensverhältnisse hüben wie drüben die gleichen seien.

Besonders die anhaltend hohe Arbeitslosigkeit im Osten, gegen die auch das Bonner Programm »Aufschwung Ost« wenig ausrichten konnte, die dortige industrielle Krise und viele andere Mühseligkeiten machten zu schaffen. Die Stimmung in der von Kohl geführten Bundesregierung fiel kontinuierlich. Bald war wieder einmal »Kanzler-Dämmerung« angesagt, wie der *Stern* schrieb. In der *Zeit* war die Rede von der »letzten Chance« für Kohl, die aber am »Herbst des Dinosauriers« nichts ändere. Doch der Kanzler, der sein Kabinett umgebildet hatte, mobilisierte alle Kräfte und brachte auf dem Hamburger Parteitag im Februar 1994 die Partei ohne Wenn und Aber hinter sich. Nachdem er seinen Freund Roman Herzog als neuen Bundespräsidenten durchgesetzt hatte, blickte Kohl bereits wieder optimistisch nach vorne. Der Abzug der letzten Verbände der Gruppe der sowjetischen Streitkräfte aus Deutschland, noch rechtzeitig vor der Bundestagswahl, tat ein Übriges. Mit Blick auf diese und in dem Bewusstsein für die historische Bedeutung des Ereignisses wurde dieses im Beisein des russischen Präsidenten Boris Jelzin spektakulär und entsprechend medienwirksam in Szene gesetzt. Kohl gewann die Bundestagswahl des Jahres 1994 – knapp – mit 41,4 Prozent.

Im Parlament hatte er eine einzige Stimme über der erforderlichen absoluten Mehrheit.

Parallel zu all dem hatte sich ein verdeckter Kampf um die Deutung der jüngsten deutschen Geschichte entsponnen. Diskutiert wurde bald, wem welcher Anteil am Zustandekommen der Einheit gebühre. Hatte die sozialliberale Ostpolitik die deutsche Einheit erst ermöglicht? Genauer gefragt: Hatte der Reiseverkehr den Freiheitsdrang der Menschen in der DDR befördert? Hatte nicht die KSZE-Schlussakte, die den Oppositionsbewegungen im Osten die Legitimation gab, erst die dortigen Reformbewegungen ermöglicht? War die Einheit dem Kanzler gar in den Schoß gefallen? Waren etwa andere maßgeblich daran beteiligt? Kohl meinte einmal später, nach der Jahrtausendwende sarkastisch zu Schwan: »Wenn ich vor vier Jahren gestorben wäre, wäre heute ganz klar, dass Hans-Dietrich Genscher die deutsche Einheit gemacht hätte (...).« In der Tat arbeitete der ehemalige Bundesaußenminister, der im Mai 1992 zurücktrat, nachdem er bereits Monate zuvor dem Kanzler seinen Rücktritt angeboten hatte, systematisch daran, seine diesbezügliche Rolle herauszustreichen. Wenn er dabei überaus erfolgreich war, dann gründete dies nicht zuletzt in dem Ressentiment, das man Kohl vielerorts entgegenbrachte.

Schließlich entschloss sich der Bundeskanzler, seine Sicht auf die deutsche Einheit öffentlich zu machen. Aufgezeichnet wurde alles vom späteren *Bild*-Chefredakteur Kai Diekmann und dem Verfasser. In dem Vorwort des 1996 unter dem Titel *Helmut Kohl. Ich wollte Deutschlands Einheit* erschienenen Buches, hieß es, dass in der Bundesrepublik die Frage, wie es zur deutschen Einheit kam, kontroverser denn je beurteilt werden würde, was mit dem im Vorfeld der Einigung im Westen verloren gegangenen deutschlandpolitischen Konsens zu tun gehabt hätte. Nun war also Kohl an der Reihe. In ausgiebigen

Gesprächen schilderte er den beiden Chronisten die Ereignisse der Jahre 1989/1990. In der Registratur des Kanzleramtes konnten diese viele der dazugehörigen Akten einsehen und alles zu einem Text verarbeiten, der die Sicht des Bundeskanzlers wiedergab und später für diesen Zeitabschnitt die Grundlage seiner Memoiren bilden sollte.

Der Kanzler kämpfte derweil – nicht nur um die Deutung der Geschichte. Er, dem sie vorwarfen, einen Reformstau zu verantworten, dem sie nachsagten, er tue nichts zur Sicherung des »Standortes Deutschland«, rang nach den ersten beiden verlorenen Jahren der Legislaturperiode mit dem Koalitionspartner um Spargesetze, die gleichzeitig Neuerungen beinhalteten. Er rang um die Renten, die Steuern und um die Sozialversicherung. Seine Reformpolitik mutete einmal mehr wie Flickwerk an. Von links hagelte es Kritik und auch von rechts prügelte man auf den »schwarzen« Kanzler ein. Von »Profillosigkeit als Tugend« war die Rede in dem Essayband von Ulrich Schacht und Heimo Schwilk *Für eine Berliner Republik*.

Helmut Kohl, der nach wie vor unermüdlich an seiner europäischen Vision arbeitete, war es in dieser Zeit anzumerken, wie stark doch all die Jahre seiner Kanzlerschaft an seiner Substanz gezehrt hatten. Bei den Gesprächen über die deutsche Einheit im Bonner Kanzlerbungalow oder im Kanzleramt begegnete einem mitunter ein völlig erschöpfter Kohl. Und wenn sich nach Besuchen die schweren doppelten Türen schlossen und einer aus dem Küchenkabinett, der dabei war, im Hinausgehen über den Chef witzelte, zeigte dies allzu deutlich, dass hinter diesen Türen ein zunehmend einsam werdender Mann zurückblieb. Macht macht einsam, heißt es. Im Fall Kohls erwies sich am Ende seiner Zeit als Kanzler das Wort als treffend.

Und so etwas wie den Dank der Bevölkerung gab es für den Kanzler der Einheit nicht. Das historische Gedächtnis der Nationen ist mitunter kurz. Es zählt das Jetzt. Diese Erfahrung mussten schon viele Staatsmänner vor ihm machen. Winston Churchill etwa, der Großbritannien als Premierminister erfolgreich durch den Zweiten Weltkrieg geführt hatte, wurde gleich danach abgewählt. Die Briten hatten nach den Jahren der Entbehrung genug von ihm und seiner Blut-Schweiß-und-Tränen-Politik. Er kam zwar noch einmal wieder, aber seine Zeit war vorüber. Charles de Gaulle wurde zum Machtverzicht gedrängt, als die Berufung auf die Grande Nation nicht mehr trug. Die Zeit war auch über den General hinweggegangen, der durch seinen Kampf an der Seite der Angelsachsen gegen Hitler Frankreichs Ehre gerettet hatte. Enttäuscht zog er sich in seine Heimat nach Colombey-les-Deux-Églises zurück. Und auch im Falle Kohls war es nicht anders. Er war wie Churchill und de Gaulle allgegenwärtig gewesen. Und die Deutschen wurden allmählich seiner überdrüssig. 1994 hatten sie ihn ja noch einmal gewählt. Doch vier Jahre später nicht mehr. Die Umfrageergebnisse hatten es lange zuvor angekündigt. Doch er hatte sich entgegen dem Drängen seiner Frau nicht von der Macht trennen können. Er hatte den Stab nicht an Schäuble weitergereicht, wie es einmal beabsichtigt gewesen war. Auch hier gäbe es vor ihm der Beispiele viele.

Helmut Kohl war 16 Jahre Bundeskanzler. Keiner vor ihm in der zweiten Republik hatte dieses Amt so lange bekleidet. Doch jetzt war Schluss, genauer gesagt am 27. September 1998. Als Wahlverlierer verließ er die politische Bühne, enttäuscht, verkannt und frustriert. Bei der Amtsübergabe an Gerhard Schröder soll er sogar Tränen in den Augen gehabt haben. Und er war auch »tief bewegt« beim Großen Zapfenstreich der Bundeswehr, den er sich vor der Kulisse des Speyrer Kaiserdoms gewünscht hatte. »Es ist eine der außergewöhnlichsten Stunden meines Lebens«, sollte er später über jenen Abend des 17. Oktober 1998 schreiben. Es hatte den Anschein, als inszeniere sich der Machtmensch mit dem ausgeprägten Gefühl für den historischen Moment zum Abschluss seines politischen Weges selbst. Es war so, meinte Hans-Peter Schwarz, als stellte er sich an diesem Ort imperialer Größe in die Geschichte hinein, als deren Teil er sich wegen seiner Verdienste um die deutsche Einheit und um die Integration Europas gesehen wissen wollte.

Helmut Kohl wurden viele Würdigungen zuteil. Nicht nur, dass ihn seine Partei zum Ehrenvorsitzenden machte. Kurz darauf wurde der Altkanzler nach dem Franzosen Jean Monnet der zweite »Ehrenbürger Europas«. In einem Festakt in der Wiener Hofburg wurde ihm diese Auszeichnung, die von den europäischen Staats- und Regierungschefs im Europäischen Rat für besondere Verdienste um die Gestaltung, Zusammenarbeit und Erweiterung der EU verliehen wird, in Anwesenheit zweier deutscher Bundeskanzler – Gerhard Schröder und Angela Merkel – zuteil. Er wurde geradezu überhäuft mit internationalen Auszeichnungen. Die Polen verliehen ihm den Weißen-Adler-Orden, die Belgier den Leopoldorden, die Holländer den Niederländischen Löwen und der amerikanische Präsident die Freiheitsmedaille. Die Reihe ließe sich fortsetzen, von den zahlreichen Ehrendoktorwürden und Ehrenbürgerschaften, die er im Ausland erhielt, ganz zu schweigen.

Im Inland war dies anders. Hier wurden Kohls Verdienste nur hie und da gewürdigt, zum Beispiel durch den Axel-Springer-Verlag, wo er aus Anlass des 10. Jahrestages des Mauerfalls zusammen mit Bush und Gorbatschow gefeiert wurde. Sogar eine Bronze-Statue des Kanzlers der Einheit, geschaffen vom deutsch-französischen Bildhauer

Serge Mangin, wurde im Verlagsgebäude aufgestellt und später mit den Porträts Bushs und Gorbatschows zu dem Denkmal-Ensemble »Väter der Einheit« erweitert. Doch letztendlich konnten diese Ehrungen nicht darüber hinwegtäuschen, dass sich die Anerkennung der Nation für seine historischen Verdienste in Grenzen hielt.

Als die Parteispendenaffäre heraufzog, hatte es sogar den Anschein, als ginge ein Aufatmen durch das Land, genauer gesagt durch die Reihen derer, die sich von Kohl in den Wendejahren eines Besseren hatten belehren lassen müssen. Wie ein Unwetter kündigte sie sich im November 1999 an – zunächst leise und dann umso stürmischer. Leisler Kiep, Kohls alter Weggefährte, wurde von der Augsburger Staatsanwaltschaft zur Fahndung ausgeschrieben. Ihm wurde vorgeworfen, 1991 von einem Rüstungslobbyisten namens Karlheinz Schreiber eine Parteispende in Höhe von einer Million D-Mark entgegengenommen zu haben (in einem Koffer auf einem Parkplatz auf der Schweizer Seite des Bodensees) und diesen Betrag nicht versteuert zu haben. Der Hüter des Parteigeldes stellte sich unverzüglich und bezichtigte bald seinen Mitarbeiter, den CDU-Finanzberater Horst Weyrauch, ohne sein Wissen »ein umfassendes Kontenlabyrinth« eingeführt zu haben. Da aber Kohl als der Parteivorsitzende der Erstverfügungsberechtigte über den »Bimbes« der Partei war, wurde rasch klar, dass er verstrickt sein musste. All das gegen ihn Aufgestaute, die Wut, das Ressentiment, der Neid entluden sich nun gegen ihn.

In den Mittelpunkt der Affäre rückte dabei freilich die Frage, wofür der flüchtige Rüstungslobbyist Karlheinz Schreiber die Million – später stellte sich heraus, dass es 1,3 Millionen waren – gespendet hatte. Denn gegen diesen wurde wegen Bestechung im Zusammenhang mit Spürpanzer-, Flugzeug-, und Hubschrauberverkäufen nach

Saudi-Arabien, Kanada und Thailand ermittelt. Bestand ein Zusammenhang zwischen der Parteispende und diesen Waffengeschäften, wurde gefragt. Und auch die vermeintlichen Schmiergeldzahlungen an deutsche Politiker im Zusammenhang mit dem Verkauf der Leuna-Raffinerie und des Mineralölkonzerns Minol an den französischen Staatskonzern Elf Aquitaine im Jahr 1992 wurden wieder aufgewärmt. Der Fantasie waren keine Grenzen mehr gesetzt. Und die alten Gegner des Altkanzlers in Medien und Politik frohlockten, bot sich doch die Aussicht, dass dessen politisches Lebenswerk in einem Sumpf von unlauteren Machenschaften, die bald von einem Untersuchungsausschuss des Deutschen Bundestages aufgeklärt werden sollten, versinken würde. Der Verfasser erinnert sich noch gut an jene Wochen, in denen unter den hauptstädtischen Berichterstattern immer neue Informationen und Gerüchte kursierten. Es war eine aufgeheizte Stimmung. Verschwörungstheorien zirkulierten und dass Kohl die Spinne im Netz eines kriminellen Systems sein würde, schien für die meisten ohnehin festzustehen.

Für diesen war von Anfang an klar, dass es um die Demontage seiner Person als Einheitskanzler ging. Insofern legte er zunächst eine trotzige Bunkermentalität an den Tag, so wie sie seinem Naturell entsprach; und machte es damit seinen Gegnern umso leichter, ihn zu attackieren. Doch dann besann er sich – wohl auf Anraten seiner Anwaltskanzlei Holthoff-Pförtner – eines Besseren. Ende November – die Ermittlungen der Augsburger Staatsanwaltschaft schritten derweil voran – trat Kohl an die Öffentlichkeit. Vor der Presse erklärte er in Gegenwart Schäubles: »Ich habe als Parteivorsitzender in meiner Amtszeit die vertrauliche Behandlung bestimmter Sachverhalte wie Sonderzuwendungen an Parteigliederungen und Vereinigungen, zum Beispiel als unabweisbare Hilfe bei der Finanzierung ihrer politischen Arbeit, für notwendig erachtet. Eine von den üblichen Konten der Bundesschatzmeisterei praktizierte Kontenführung erschien mir vertretbar.« Er räumte damit ein, von parallelen Konten, nicht aber von dem »Kontenlabyrinth«, von dem Leisler Kiep sprach, gewusst zu haben.

Da das geheime Kontenlabyrinth, genauer gesagt die Aussage Weyrauchs vor der Augsburger Staatsanwaltschaft darüber, am 6. Dezember in der *Bild*-Zeitung veröffentlicht worden war, wuchs der Druck auf Kohl erneut, zumal Schäuble immer wieder seine Bereitschaft zur Aufklärung der Affäre bekundete. Die Äußerung Weyrauchs, dass die Republik »wackelt«, wenn die CDU rechtliche Schritte gegen ihn einleiten würde, tat ein Übriges. Am 16. Dezember 1999 erklärte der Altkanzler dann in der ZDF-Sendung »Was nun, Herr Kohl?«, zwischen 1993 und 1998 Spenden, die »nicht angegeben wurden«, in Höhe von »1,5 bis zwei Millionen« in bar entgegengenommen zu haben. Die Spender nannte Helmut Kohl allerdings nicht. »Ich habe nicht die Absicht, deren Namen zu nennen, weil ich mein Wort gegeben habe«, sagte er und beharrte auch künftig darauf, in der Angelegenheit zu schweigen.

Wild wurde nun spekuliert, wer die Spender gewesen sein könnten. Der Name des bayerischen Medienunternehmers und Kohl-Freundes Leo Kirch wurde ebenso genannt wie der des Gesellschafters des WAZ-Zeitungskonzerns, Erich Schumann. Doch es gab auch noch ein Gerücht, das zur Zeit der Jahrtausendwende durch das politische Berlin waberte. Danach existierten die Spender überhaupt nicht. Das Geld stamme vielmehr aus einer »schwarzen Kasse« aus dem Flick-Spendenaufkommen und sei durch die »Staatsbürgerliche Vereinigung 1954 e. V.« gewaschen worden. Solches zog freilich die Frage nach sich, weshalb Kohl Dinge einräume, die ihn in Misskredit brachten und staatsanwaltschaftliche Ermittlungen wegen des Verdachts der Untreue nach sich zogen. Die einzige Antwort, die blieb: Alles sei ein Ablenkungsmanöver gewesen, um Schlimmeres zu verhindern. Fakt war, dass nach dem Kohl-Auftritt im ZDF niemand mehr Interesse an den schwarzen Kassen und dem komplexen Kontenlabyrinth der CDU hatte. Alles drehte sich um Kohl und die Spender. Und noch etwas: Da Anfang Januar 2000 ein Ermittlungsverfahren gegen den Altkanzler wegen des Verdachts der Untreue zum Nachteil der eigenen Partei eingeleitet worden war, hatte er als Beschuldigter das Recht zu schweigen.

Ein Unrechtsbewusstsein hatte der Altkanzler bei all dem nicht, waren doch er und die CDU seiner Wahrnehmung zufolge ein und dasselbe. Er habe das Geld angesichts der Lage der CDU in den neuen Ländern dringend gebraucht, hatte er sich in der Sendung »Was nun, Herr Kohl?« gerechtfertigt. Dort hätte die CDU anders als SPD und PDS, die über »ungeheures Geld« verfügt hätten, die Situation kaum bewältigen können. Das Spendengeld sei zum größten Teil an die Sozialausschüsse der CDU-Landesverbände in den neuen Ländern gegangen, erklärte Kohl und bedauerte sein damaliges Verhalten. Doch letztendlich sah er die Sache mit den Spendengeldern, die tatsächlich für den Wahlkampf eingesetzt worden waren, eher als Kavaliersdelikt an. Gegenüber dem Verfasser wies er einmal darauf hin, wie das in Mitterrands Frankreich mit dem »Bimbes« gehandhabt werde. »Wie zu Zeiten Ludwigs XIV.« Was war da schon seine Übertretung des Parteiengesetzes, gemessen an seinen historischen Verdiensten um das Vaterland, mochte er sich gefragt haben.

Neben dem juristisch schwer fassbaren Vorwurf der Untreue – zum Nachteil der eigenen Partei – hatte sich Kohl durch die Nichtdeklaration der Parteispenden keines strafrechtlich zu ahndenden Vergehens schuldig gemacht. Denn das Parteiengesetz, nach dem jeder Großspender (ab 20 000 D-Mark) im Rechenschaftsbericht der Schatzmeisterei namentlich genannt werden musste, sah lediglich finanzielle Sanktionen bei der Nichteinhaltung der Auflagen vor. Danach mussten unterschlagene Beträge an den Bundestagspräsidenten abgeführt werden, und dieser hatte wiederum die Pflicht, das Doppelte des unterschlagenen Betrags bei der alljährlichen Kostenerstattung für Wahlen einzubehalten. Es waren dies die überaus milden Regelungen, die bei der Novellierung des Parteiengesetzes nach der Flick-Affäre unter der Federführung des Bundeskanzlers festgeschrieben worden waren.

Als bitter empfand es Kohl, was in seiner Partei passierte. Er, der dort soeben noch als Patriarch aufgetreten war, obwohl Schäuble inzwischen Parteivorsitzender geworden war, fand wenig Verständnis, insbesondere weil er die Namen der Spender verschwieg – Ehrenwort hin, Ehrenwort her. Wie ein Paukenschlag wirkte da ein Gastbeitrag der CDU-Generalsekretärin Angela Merkel in der *Frankfurter Allgemeinen Zeitung.* Kurz vor Weihnachten rief sie darin das Ende der Ära Kohl aus und distanzierte sich vom Altkanzler: »Ein Wort zu halten und dies über Recht und Gesetz zu stellen, mag vielleicht bei einem rechtmäßigen Vorgang noch verstanden werden, nicht aber bei einem rechtswidrigen Vorgang.« Es ginge um die Glaubwürdigkeit der CDU, die wieder laufen lernen müsse, »in Zukunft auch ohne ihr altes Schlachtross, wie Helmut Kohl sich selbst oft genannt hat«, schrieb sie in dem Beitrag.

Der Machtpolitiker Kohl mit dem besonderen Verständnis von Treue, der an Merkels Stelle wahrscheinlich nicht anders gehandelt hätte, sah darin einen neuerlichen Verrat. Dieser war für ihn umso schlimmer, da die Frau aus dem Osten als Seiteneinsteigerin ohne ihn nicht diese beispiellose politische Karriere von der Frauenministerin über die Umweltministerin bis zur Generalsekretärin gemacht hätte. Gegenüber Schwan polterte er, »Frau Merkel hat ja nicht einmal mit Messer und Gabel essen können«, war Kohls vielfach verbreitetes Bild, mit dem er hervorhob, dass sie ohne ihn ein Niemand geblieben wäre. Ja, Undank ist der Welt Lohn, mochte er zunächst gedacht haben. Doch nach und nach begriff er auch, wen er da aufgebaut hatte. Er begriff, dass sie nicht die systemkritische, protestantische Pfarrerstochter gewesen war, die schon als Schülerin von der deutschen Einheit geträumt hatte, wie sie dies in ihrer Vita den westdeutschen Christdemokraten hatte glauben machen wollen. Er hatte Angela Merkel einfach unterschätzt, was für ihn schwer erträglich war. Selten sah der Verfasser Kohl so verärgert und ungehalten wie beim Gespräch über die politische Sozialisation der Angela Merkel.

Helmut Kohl musste seit Ende 1999 ohnmächtig mit ansehen, wie die Brandenburgerin dabei war, sich durch den Schnitt, mit dem sie die Ära Kohl beendet hatte, unaufhaltsam an die Spitze der gebeutelten, kraftlosen CDU zu schieben. Wer nämlich gegen Kohl war, war seit ihrem Beitrag in der *Frankfurter Allgemeinen* automatisch für Merkel. Und da sich Zug um Zug die Partei von ihrem langjährigen Vorsitzenden abwandte, wurde Angela Merkel die Nummer eins. Am 10. April 2000 sollte sie auf dem Bundesparteitag in Essen zur CDU-Vorsitzenden gewählt werden. Was für ein Weg von der namenlosen Reformsozialistin des Herbstes 1989 an die Spitze der CDU des vereinigten Deutschlands!

Kohls Gegner, die einmal zu seiner engen Gefolgschaft gehört und vom »System Kohl« profitiert hatten, taten nach dem Merkel-Artikel alles, um ihm Schaden zuzufügen. Heiner Geißler, mit dem Kohl radikal gebrochen hatte, bestätigte die Existenz schwarzer Kassen, was Kohl mit der Bemerkung quittierte: Er »wird seinen Hass mir gegenüber wohl mit ins Grab nehmen«. Der sächsische Ministerpräsident Biedenkopf attackierte ihn in einem *Spiegel*-Interview wegen seines Machtgebarens: »Er hat ein Netz von Abhängigkeiten aufgebaut, wie ein Landsknechthauptmann, der König geworden ist«, gab er unter anderem zum Besten. Freilich meldete sich auch ein entrüsteter Altbundespräsident von Weizsäcker zu Wort. »Seinen Angriff gegen mich führt er in der ihm eigenen subtilen und vornehmen Weise«, bemerkte Kohl dazu und stellte die rhetorische Frage, ob dieser wirklich glaube, »dass diese politische Karriere ohne Unterstützung, auch ohne meine Unterstützung, möglich gewesen wäre«. »Alte Weggenossen«, so klagte er, »wenden sich von mir ab, zeigen demonstrativ, dass sie mit mir nichts mehr zu tun haben wollen. Norbert Blüm gehört dazu (...).«

Und sogar mit Schäuble kam es zum Bruch. Der CDU-Partei- und Fraktionsvorsitzende hatte eingeräumt, von Schreiber eine Parteispende in Höhe von 100 000 D-Mark in bar entgegengenommen zu haben, und war deshalb selbst unter Druck geraten. Umso wichtiger musste es für ihn sein, seinen Willen zur Aufklärung der Spendenaffäre kundzutun. Am 18. Januar 2000 war er deshalb mit Kohl in dessen Bonner Büro zusammengetroffen. Unter vier Augen forderte Schäuble sein Gegenüber auf, die Spender zu nennen und »sein Wissen vollständig und wahrheitsgemäß zu offenbaren«, um Schaden von der Partei abzuwenden. Doch Kohl war wenig beeindruckt. Später sollte er darüber festhalten: »Wolfgang Schäuble sagt dann in höchster Erregung, er frage mich jetzt ein letztes Mal, ob ich die Namen der Spender nennen werde. Als ich darauf mit Nein antwortete, sagte er wörtlich: ›Dann bleibt mir nichts anderes übrig, als meinen Rücktritt zu erklären.‹ Darauf sage ich: ›Das wirst du nicht tun.‹ Wolfgang

Schäuble verlässt äußerst aufgewühlt mein Zimmer und ruft mir noch zu: ›Dieses Büro werde ich in meinem Leben nie wieder betreten.‹« Laut Schäubles Darstellung hat dieser dem Altkanzler im Hinausrollen noch zugerufen: »Ich habe wohl schon viel zu viel meiner knapp bemessenen Lebenszeit mit dir verbracht.«

Schäuble fühlte sich verraten und verkauft von dem Mann, mit dem er Jahrzehnte loyal zusammengearbeitet hatte. Denn wie sollte er, der in der Öffentlichkeit als Kohl-Mitstreiter galt, Parteivorsitzender bleiben, wenn dieser sich der Aufklärung der Parteispendenaffäre verweigerte. Nachdem Kohl ihm nicht 1996 den Stab übergeben hatte, demontierte er ihn nunmehr als Parteivorsitzenden. Schäuble sollte bald seinen Verzicht auf eine erneute Kandidatur um den Partei- und Fraktionsvorsitz bekannt geben. Man kann nur ahnen, was in dem Mann vorging. Doch Schäuble hielt sich mit öffentlichen Äußerungen zurück. Sein Bruder nicht. Thomas Schäuble sagte 2000: »Ich verabscheue Herrn Kohl, und ich kann für die ganze Familie sprechen.« Und Wolfgang Schäubles Tochter Christine Strobl meinte: »Lieber noch mal Rollstuhl als noch mal Spendenaffäre.«

Doch den nur um sich selbst kreisenden Altkanzler, der immer noch in den Kategorien seines »Systems« dachte, focht die Befindlichkeit seines Weggefährten nicht an. Er hatte von ihm als Gefolgsmann vielmehr den Schulterschluss, Loyalität erwartet. Als »schäbig« bezeichnete es Kohl, der sich wie ein »Aussätziger« vorkam, als aus der Bundestagsfraktion gefordert wurde, er möge sein Bundestagsmandat abgeben und die Generalsekretärin Angela Merkel dem beipflichtete. Der niedersächsische CDU-Vorsitzende Christian Wulff, den sie später als Bundespräsidenten durchsetzen und der als solcher so jämmerlich scheitern sollte, schloss sich dem mit der Begründung an, Kohl würde damit ein Zeichen geben, dass er Verantwortung übernähme. Doch damit nicht genug: Im CDU-Präsidium beschloss man, ihm den Ehrenvorsitz abzuerkennen, falls er die Namen der Spender nicht preisgebe. Der Beschluss wurde mit großer Mehrheit vom Bundesvorstand gebilligt. Kohl, der weiterhin schwieg, kam einer Aberkennung zuvor, indem er Mitte Januar 2000 von sich aus den Ehrenvorsitz niederlegte.

Einen weiteren Höhepunkt erreichte alles, als von der ARD die Meldung verbreitet wurde, die französische Regierung habe mit dem Verkauf der Leuna-Raffinerie und des Mineralölkonzerns Minol an Elf Aquitaine rund 30 Millionen D-Mark für den Wahlkampf der CDU gespendet. Der französische Geheimdienst hätte die Transaktion im Auftrag von Mitterrand abgewickelt, hieß es. Belege gab es dafür keine. Der einzige Bezug zu Kohl hatte darin bestanden, dass er der CDU-Bundesvorsitzende war und zusammen mit Mitterrand den politischen Wunsch geäußert hatte, dass beide Unternehmen – sozusagen als Symbol für das Engagement Frankreichs in Ostdeutschland – an den französischen Staatskonzern Elf Aquitaine verkauft werden sollten. Irgendetwas Konkretes im Zusammenhang mit Kohl kam bei dem vom Bundestags-Untersuchungsausschuss behandelten Sachverhalt nicht heraus. Ebenso wenig konnte dem Altkanzler irgendeine Verbindung zu den Machenschaften Schreibers nachgewiesen werden. Kohl sah sich daher einmal mehr als Opfer. Er schrieb darüber, ihm sei klar geworden, »dass die Diffamierungswelle eine neue Qualität erreicht hat und dass sich jetzt viele Bürger unseres Landes ganz unvermeidlich die Frage stellen: Was hat der Kohl eigentlich noch alles getrieben? Heute erlebe ich es am eigenen Leib, auf welche Art und Weise Menschen in der modernen Mediengesellschaft fertiggemacht werden können, ohne dass sie auch nur die geringste Chance haben, sich erfolgreich dagegen zur Wehr zu setzen.«

Helmut Kohl lebte in dieser Zeit das Leben eines Paria. Wenn er in der Öffentlichkeit gesehen wurde, beschimpften und bedrohten sie ihn mitunter. Manchmal habe er sogar »blanken Hass« gespürt, sagte er dem Verfasser. Wohl nie hatte sich in der Bundesrepublik der Zorn der Öffentlichkeit so gegen einen Politiker gerichtet wie gegen den Kanzler der Einheit. Es waren die einfachen Instinkte und Klischees, die sich Bahn brachen. Es war die Rede von denen »da oben«, die sich schamlos bereicherten, während die kleinen Leute um ihr tägliches Auskommen zu kämpfen hätten. Differenziert wurde da nicht und auch nicht in Rechnung gestellt, dass sich Kohl nie selbst bereichert hatte. Manchmal mutete alles ein wenig so an, als ob der Selbsthass der Nation das Opfer des Mannes forderte, der ihre Teilung überwunden hatte.

Helmut Kohl kämpfte weiter verbissen um seine Reputation. Er entschloss sich, in Form eines Tagebuchs die Ereignisse rund um die Parteispendenaffäre aus seiner Sicht darzustellen. Als Ghostwriter wurde ein Redakteur des Westdeutschen Rundfunks verpflichtet, den Hannelore Kohl kannte und ihrem Ehemann auf das Wärmste für die Abfassung seiner Memoiren empfohlen hatte, die dieser nun – entgegen früheren Ankündigungen – doch hatte schreiben wollen. Heribert Schwan, so hieß der Journalist, sollte die Kanzler-Erinnerungen hintanstellen und mit Kohl den Sachverhalt um die Parteispendenaffäre richtigstellen. Der Journalist schreibt darüber: »Er will der Welt, die ihn verdammt, eine Verteidigungsschrift vorlegen. Eine Woche später sitzen wir in der guten Stube der Kohls. Er ist niedergeschlagen. Seine Frau ist es nicht minder. Ich rede auf ihn ein, dass er, wenn er sich über ein Buch über die Monate seit Bekanntwerden der Spendenaffäre mache, dann auch reinen Tisch machen – das bedeutet: die Spender beim Namen nennen – müsse. Alles andere sei Stückwerk, nie und nimmer ein glaubhafter Schritt nach vorn. (…) Er aber wich keinen Millimeter vom Kurs der Selbstzerstörung ab. ›Kein Mensch wird es je erfahren‹.«

So erschien noch im Jahr 2000 *Mein Tagebuch 1998–2000*. Unter dem 17. November 1999 versicherte er darin, »dass ich mich bei meiner enormen Arbeitsbelastung als Bundeskanzler und Parteivorsitzender nie um Kontenverbuchungen gekümmert habe. Wie CDU-Finanzberater Horst Weyrauch mit einzelnen Haushaltstiteln umging und gar einen versteckten Nebenhaushalt einrichtete, ist mir bis heute unbekannt.« Aber nicht, dass dieser einen versteckten Nebenhaushalt eingerichtet hatte! Das hatte Helmut Kohl ja eingeräumt. Ob das Buch, in dem sich kaum selbstkritische Äußerungen finden, behilflich war, das in der deutschen Öffentlichkeit schwer beschädigte Image des Altkanzlers aufzupolieren, ist wenig wahrscheinlich, denn diese war viel zu polarisiert in ihrer Haltung gegenüber Kohl.

Behilflich war sicherlich auch nicht die Einstellung des Bonner Untreue-Ermittlungsverfahrens wegen der ungeklärten Rechtslage. Voraussetzung für die Einstellung im April 2001 war nämlich eine Geldzahlung in Höhe von 300 000 D-Mark an wohltätige Einrichtungen und die suggerierte zumindest eine Teilschuld. Der Schaden, der durch die nicht deklarierten Spenden, die Kohl entgegengenommen hatte, in Höhe von 6,3 Millionen D-Mark entstanden war, wurde von ihm teils aus seinem Privatvermögen, größtenteils aber von Unterstützern aus dem Freundeskreis vollständig aufgebracht, war doch der Parteisoldat bemüht – wie er in seinem Tagebuch schrieb –, Schaden von der CDU abzuwenden. Dass er dabei die Glaubwürdigkeit seiner Partei, ja, aller Parteien beschädigt hatte, wollte Kohl nicht wahrhaben. Er sah die Dinge ganz anders: Die schwarzen Kassen, auch wenn sie nicht legal waren, dienten ihm zur Durchsetzung seiner Politik und diese diente wiederum dem Vaterland. Also mussten seiner Auffassung zufolge die nicht deklarierten Parteispenden, gemessen an dem, was er erreicht hatte, nichtig sein. Der Altkanzler sah sich dementsprechend als das Opfer einer beispiellosen Kampagne, deren Ziel es war, ihn zu vernichten und damit seine historischen Verdienste zu tilgen.

All das Unglück, als das Kohl die Parteispendenaffäre sah, sollte noch durch einen schweren Schicksalsschlag überlagert werden: In der Nacht zum 5. Juli 2001 nahm sich seine Frau das Leben. Ihren Tod – »ein tiefes, einschneidendes Ereignis« – brachte er nun in einen Zusammenhang mit der Medienhatz. So schilderte er auch dem Verfasser, wie sich unter dem unerträglichen Druck der immer neuen Verleumdungen der Gemütszustand seiner an einer schweren Lichtallergie erkrankten Frau zusehends verschlechtert habe. Sein alter Freund Monsignore Erich Ramstetter, der die Totenmesse für Hannelore Kohl im Dom zu Speyer zelebrierte, sollte es – an den Trauernden gewandt – noch zuspitzen: »Alle Unterstellungen, Verleumdungen und Hasserfahrungen wurden zu eurem gemeinsamen Leid, ich weiß nicht, ob es denen bewusst ist, was es bedeutet, einem Menschen die Ehre rauben zu wollen. Dies zielt immer auf Leben und Lebenskraft.«

Der verbitterte Helmut Kohl kämpfte nach dem Tod seiner Frau weiter. In seinen Lebensmittelpunkt rückten seine Memoiren. Viele Stunden sollte er in dieser Zeit mit Schwan über sein Leben, über die Politik, über die Weggefährten und über die Attacken auf seine Person sprechen – so wie er es schon mit den beiden Chronisten von *Helmut Kohl. Ich wollte Deutschlands Einheit* getan hatte, nur sein ganzes politisches Leben umfassend und schonungsloser gegenüber anderen und auch gegenüber sich selbst. Er, der sich seine ganze Bitterkeit von der Seele redete, sprach mit sichtlicher Lust, mitunter jenseits der

Grenze zum Rüpelhaften. Seine Gegner waren »Gesocks«, »Arschbackengesichter«, »Lumpen« und natürlich immer wieder »Verräter«. Er lamentierte darüber, dass sie ihn zeitlebens zum »Provinzler« gemacht hätten. Und dann immer wieder ein anderes Trauma: »Der Heuss hat Schwäbisch gesprochen, dass man ihn fast nicht verstand, aber wer Pfälzisch sprach, musste intellektuell eine Null sein«, meinte er, um dann aus einer Mischung aus Kleinmut und Selbstbewusstsein hinzuzufügen: »Ich hatte sicher Mängel, aber das größte Arschloch war ich nicht.« Sein Hauptanliegen war es freilich bei all dem Defätismus, bei all der menschlichen Enttäuschung den wirklichen Kohl, den Kanzler der Einheit und großen Europäer, herauszustellen. Er wollte, dass ihm endlich Gerechtigkeit widerfahre.

Die Zeit war es, die die Wunden notdürftig zu heilen schien. Helmut Kohl, der im September 2002 geräuschlos aus dem Bundestag ausgeschieden war, kehrte allmählich in die politische Gemeinschaft zurück. Einfluss hatte er freilich keinen mehr in der von Angela Merkel dominierten CDU. Die hielt es für opportun, den Kanzler der Einheit nicht im Abseits zu lassen, hatte der doch in der CDU-Anhängerschaft und an der Basis der Partei noch zahlreiche Sympathisanten, die seine Verdienste um Deutschland nicht vergessen hatten. Und so würdigte sie ihn auf einer Veranstaltung der Konrad-Adenauer-Stiftung aus Anlass seines 75. Geburtstages überschwänglich. Als Kanzler der deutschen Einheit und der europäischen Einigung habe er Geschichte geschrieben und als Staatsmann des 20. Jahrhunderts habe er in unserer Welt Spuren hinterlassen. Er verkörpere »wie kaum ein Zweiter die Christlich Demokratische Union Deutschlands, die seine Heimat sei und auch bleibe«, sagte Angela Merkel. Und sie hob die menschliche Seite des Helmut Kohl hervor, wenn sie davon erzählte, »dass er 1992, als ich mir einen schweren Beinbruch zugezogen hatte, mich mit seiner Frau in der Charité hier in Berlin besuchte. Hannelore Kohl unterhielt sich damals mit den Krankenschwestern und Helmut Kohl hat mit mir gesprochen und mir dann über Monate hinweg geholfen, den Genesungsprozess zu gestalten.« Was der wohl bei diesen Ausführungen gedacht hatte? Der Altkanzler nahm die Huldigung jedenfalls mit Gelassenheit und sicherlich auch mit Genugtuung entgegen, auch wenn er hinter den Kulissen ganz anders über die Frau sprach, die ihn als Ikone der Partei vom Sockel gestoßen hatte.

Die Parteispendenaffäre schien vergessen zu sein. Der Pfälzer sprach von einer Kohl-Renaissance und arbeitete mit Schwan an seinen Memoiren. Drei Bände sollten von 2004 an erscheinen. Am vierten schrieb Schwan, als man ihn als Ghostwriter entließ – eine Sache, die Konsequenzen haben sollte, wie sich Jahre später herausstellte. Denn Schwan, der sich ungerecht behandelt fühlte, revanchierte sich und veröffentlichte zusammen mit dem Publizisten Tilman Jens im Jahr 2014 Auszüge aus seinen Gesprächen, die er zwölf beziehungsweise dreizehn Jahre zuvor mit dem unter dem Eindruck der Ereignisse defätistischen und verbitterten Altkanzler geführt und auf Tonband mitgeschnitten hatte.

Unter dem Titel *Das Vermächtnis. Die Kohl-Protokolle* entstand eine Collage aus Kohl-Zitaten und polemischen Verbindungstexten, mit der das alte Klischee seiner politischen Gegner vom schlichten, egomanischen »Provinzler« neu aufbereitet wurde. Der Sohn des Rhetorikers Walter Jens ließ dabei kein gutes Haar an Kohl. Stilsicher reduzierte er ihn auf einen selbstgerechten, der deutschen Sprache kaum mächtigen, brutalen, unsensiblen und sich über die Buchstaben des Gesetzes hinwegsetzenden Politparvenü, der um eine Reputation rang, die ihm letztendlich gar nicht zustand. Kohls Rolle um die deutsche Einheit wurde in den *Protokollen* weitgehend ausgespart, mit dem Hinweis auf die Fülle der darüber erschienenen Literatur. Tatsächlich aber hätte es manches in ein anderes Licht gerückt. Aber wahrscheinlich gehörte auch Tilman Jens zu jenen, die diese Einheit gar nicht gewollt hatten, und als Co-Autor Schwans konnte er nun seiner Verachtung für den Christdemokraten freien Lauf lassen.

Schwan selbst wollte es in dem von ihm geschriebenen einleitenden Kapitel dann auch nicht unerwähnt lassen, dass er früher ein Gegner von Kohl gewesen sei. Er schrieb: »Als Kohl 1982 den sozialdemokratischen Bundeskanzler Schmidt stürzte, habe ich, damals Hörfunkredakteur beim Deutschlandfunk, im Studio mit den Tränen gekämpft und dachte, das darf doch nicht wahr sein, dass dieser Mann jetzt an die Macht kommt. Schon als Studenten in Mainz haben wir gegen ihn demonstriert, den nach einem Festakt vorbeimarschierenden Ministerpräsidenten vom Balkon der Mensa mit Tellern beworfen (…). Meine kritische Distanz allerdings blieb.« Offenbar wollte Schwan dem Leser seines Enthüllungsbuches vermitteln, weshalb er Kohl nach jahrelanger enger und freundschaftlicher Zusammenarbeit als »unbelehrbaren Wiederholungstäter« brandmarkte und diesen darüber hinaus von Tilman Jens der Lächerlichkeit preisgeben ließ. Wie dem auch sei – auf jeden Fall hatte der gekränkte WDR-Redakteur seine Satisfaktion.

Und der Altkanzler, der seit 2008 schwer behindert im Rollstuhl saß? Er ließ eine Klage vor dem Kölner Landgericht anstrengen und bekam recht. Die dortigen Richter sahen durch Schwan die vereinbarte Vertraulichkeit und Verschwiegenheit nicht gewahrt. Die Äußerungen seien lediglich für die Kohl-Erinnerungen bestimmt gewesen; eine weitere Nutzung sei niemals vereinbart worden, stellte das Landgericht fest und untersagte die weitere Verbreitung zahlreicher Zitate. In einem anderen

Verfahren wurde ihm erstinstanzlich eine Entschädigung in Rekordhöhe von einer Million Euro zugesprochen. Doch was änderte das schon daran, dass Helmut Kohl mit dem Bestseller vor der Öffentlichkeit bloßgestellt wurde wie nie zuvor?

Doch es sollte noch ärger kommen. Schäuble verwies Kohls Geschichte von den Spendern und den Ehrenworten in den Bereich der Fabel. In einer im August 2015 ausgestrahlten ARD-Dokumentation antwortete nämlich Schäuble auf die Frage des Filmemachers Stephan Lamby nach den Spendern Kohls: »Es gibt keine!« Auf die Nachfrage des erstaunten Interviewers, wieso es denn keine Spender gäbe, sagte Schäuble: »Na, weil's aus der Zeit von Flick schwarze Kassen gab.« Schließlich fügte der alte Weggefährte Kohls noch hinzu – frei nach dem Motto ›Ich hab ja nichts gesagt‹: »Vielleicht gibt's auch Spender.« Das war nicht einfach so dahergeredet. Schäuble wusste, wovon er sprach, denn er war des Kanzlers Vertrauter beim Krisenmanagement der Flick-Affäre. Und sagte damit nicht mehr oder weniger, als dass Kohl die Öffentlichkeit vorsätzlich getäuscht und das Ermittlungsverfahren gegen sich in Kauf genommen habe, um sich nicht in die Karten schauen zu lassen, wie er es mit dem »Bimbes« und den »schwarzen Kassen« in den vielen Jahren seines Parteivorsitzes gehalten hatte. »Kohl hatte sich von diesen alten Bräuchen offenbar nie gelöst – auch wenn in der Folge der Flick-Affäre die im Parteiengesetz geregelte Parteienfinanzierung novelliert wurde«, folgerte die *Frankfurter Allgemeine Zeitung* aus den Äußerungen des langjährigen Weggefährten.

Schäuble hatte es offenbar nie verwunden, dass ihm Kohl nicht 1996/97 – wie es vereinbart worden war – die Macht übergeben hatte und dass er durch sein Schweigen in der Parteispendenaffäre ihm die Macht als Parteivorsitzender letztendlich genommen hatte. Um diese

Macht war alles gegangen. Die Macht hatte Kohl über das Gesetz hinweggehen lassen. Sie hatte ihn zum Objekt des Hasses gemacht, sogar noch als er mit dem Tode rang. Wäre er zum Zeitpunkt der Äußerungen Schäubles noch aufnahmefähig gewesen, hätte er gewiss argumentiert, er habe dies alles für seine Partei getan, der er ein Leben lang gedient habe. Und er hätte dabei übersehen, dass vor allem er die CDU gewesen war.

Tribut

Politische Macht verlangt ihren Tribut. Im Falle Helmut Kohls war dies nicht anders. Seine private Lebensbilanz steht in einem schroffen Gegensatz zu seiner politischen: Seine Frau Hannelore, mit der er mehr als vierzig Jahre verheiratet war, wählte den Freitod, den ihr Sohn Walter nicht nur als Folge ihrer Erkrankung ansieht. Er vermutet vielmehr einen Zusammenhang mit ihrer Rolle an der Seite des Politikers Helmut Kohl. Doch damit nicht genug: Helmut Kohl brach nach Hannelores Tod den Kontakt zu seinen beiden Söhnen Walter und Peter ab. Er wollte die Trennung und habe sich »nach einer öffentlichen Schamfrist« in sein neues Leben verabschiedet, heißt es in Walter Kohls Buch *Leben oder gelebt werden*. Es ist die Aufarbeitung seiner Geschichte als Sohn des Bundeskanzlers Helmut Kohl.

Für ein Privatleben war dem Machtmenschen Kohl nie wirklich Raum geblieben. Denn Macht gleicht einer Droge, die immer höhere Dosen verlangt und letztendlich abhängig macht. Alles ist dem Kampf um Wahlsiege und damit um Posten und Ämter untergeordnet. Und je bedeutender diese sind, desto verbissener und leidenschaftlicher wird darum gerungen. Helmut Kohl ließ dann auch nie einen Zweifel daran, dass seine Familie für ihn nachrangig war. Sohn Walter schrieb darüber: »Für meinen Vater war (...) die Politik seine eigentliche Heimat. Seine wahre Familie heißt CDU, nicht Kohl (...).

Die Partei war zeit seines Lebens der wichtigste und dauerhafteste Kraftquell seines Tuns. Niemals hätte er, mit ganz wenigen Ausnahmen, etwa dem Unfall meines Bruders in Monza im Herbst 1991, einen Partei- oder Ämtertermin zugunsten einer familiären Verpflichtung fallengelassen.«

In Monza, in der Klinik San Gerardo, rang Peter Kohl Ende Oktober/Anfang November 1991 mit dem Tod. Auf der Autostrada 13 vor Bologna war der jüngere der beiden Kohl-Söhne mit seinem Golf ins Schleudern geraten und in eine der massiven Betonwände hineingerast, die dort die Fahrtrichtungen trennen. Peter Kohl, der aus dem Autowrack herausgeschweißt werden musste, erlitt schwerste Brust- und Armverletzungen. Helmut Kohl erhielt die Nachricht während einer Parteiveranstaltung in Frankfurt an der Oder. In »eiserner Pflichterfüllung« hätte er diese beendet, ehe er sich auf den Weg nach Italien machte, schrieb die *Bild*-Zeitung. Als er am nächsten Morgen in Monza eintraf, war seine Frau Hannelore schon dort. Sie war am Vortag mit einer Maschine der Flugbereitschaft des Verteidigungsministeriums von Köln-Bonn nach Mailand geflogen – auf eigene Kosten, wurde hervorgehoben. Bruder Walter saß zu diesem Zeitpunkt noch im Flugzeug irgendwo über dem Atlantik. Bald standen sie vereint am Bett des Verunglückten in der Intensivstation des Lungentrauma-Zentrums San Gerardo. Später kam auch noch Elif hinzu, Peters heutige Frau, die er in Reggio Emilia hatte treffen wollen. Gemeinsam bangten sie um das Leben Peters, beteten und machten sich gegenseitig Mut.

Die Kohls waren jetzt für kurze Zeit eine ganz normale Familie, die sie ansonsten nie hatten sein können. Es bedurfte erst eines Schicksalsschlages, um ein Stück Zusammengehörigkeit mit dem Vater zu leben – und das, nachdem die erwachsenen Söhne bereits ihre eigenen

Wege gingen. Walter, der in Harvard studiert hatte, arbeitete bei dem amerikanischen Investmentbanker Morgan Stanley in New York. Peter studierte in Wien Volkswirtschaft, nachdem er vom Massachusetts Institute of Technology aus Boston zurückgekehrt war, wo er seinen »Bachelor of Science (BS) in Economics« gemacht hatte. Anders als für Helmut Kohl, den schnell wieder die Regierungsgeschäfte in Anspruch genommen hatten, veränderte sich für seine Frau Hannelore jetzt das Leben. Sie nahm noch einmal ganz und gar ihre Mutterrolle ein, indem sie sich intensiv um Peter kümmerte, der in eine Reha-Klinik nach Ludwigshafen-Oggersheim verlegt wurde. In der Rückschau auf jenes halbe Jahr meinte dieser später, dass er es ohne ihre Kraft, ihren Zuspruch und ihre Liebe wohl nicht geschafft hätte, wieder ganz hergestellt zu werden.

Die beiden Söhne und mit diesen Familie zu leben, waren für Hannelore Kohl der Inhalt ihres Lebens. Dieses hatte in Berlin-Schöneberg begonnen, wo sie am 7. März 1933 als Hannelore Renner das Licht der Welt erblickte. Ihr Vater Wilhelm stammte aus Mutterstadt bei Ludwigshafen. Er war ein versierter Elektroingenieur, der sich zunehmend im Management hervortat. Mutter Irene kam aus einer gutsituierten Bremer Rechtsanwaltsfamilie. 1929 hatte die Rundfunkansagerin Wilhelm Renner in Berlin geheiratet. Tochter Hannelore war noch kein Jahr alt, als die Eltern dann nach Leipzig zogen, wo ihr Vater eine exzellente Stellung als Betriebsdirektor und Leiter der Konstruktions- und Entwicklungsabteilung der Metallwarenfabrik Hugo Schneider AG (HASAG) übernahm.

Hannelore Renner erlebte eine behütete Kindheit in einem wohlhabenden Elternhaus – mit Personal, Urlaubsreisen und Theaterbesuchen. Die Familie des Direktors war protestantisch, aber nicht sonderlich religiös.

Man war weltoffen und fortschrittlich eingestellt. Und auch aufgeschlossen gegenüber dem Nationalsozialismus, der den technischen Fortschritt auf seine Fahnen geschrieben hatte. Wilhelm Renner trat im Frühjahr 1933 – wie Millionen andere – der Hitler-Partei bei und gehörte dem Nationalsozialistischen Kraftfahrkorps (NSKK) sowie dem Nationalsozialistischen Fliegerkorps (NSFK) an. Seine Frau wurde ebenfalls Parteimitglied und war in der NS-Frauenschaft aktiv, in der das Ideal der »Deutschen Frau« als Mutter und Hausfrau propagiert wurde, in deren Lebensmittelpunkt die Aufzucht der Kinder stehen sollte. Die Gattin des Direktors mit dem einen Kind passte freilich nicht so recht in das Bild der Organisation. Und wenn sie Hannelore zu Disziplin und Selbstbeherrschung erzog, dann hatte dies mehr mit ihrer Herkunft und ihrer eigenen strengen Erziehung zu tun als mit den Vorgaben der Nationalsozialisten.

Als der Zweite Weltkrieg begann, war Wilhelm Renner »uk« gestellt. Dass hieß, er war vom eigentlichen Kriegsdienst befreit, denn die HASAG wurde zu einem kriegswichtigen Betrieb, der im rasanten Tempo expandierte. In den Werken im Reich und im Generalgouvernement wurden Raketenwerfer und Panzerfäuste produziert. Mehr als 60 000 Zwangsarbeiter – teils aus den Konzentrationslagern – gelangten dabei zum Einsatz. Dies war allgemeine, menschenverachtende Praxis in der nationalsozialistischen Rüstungsmaschinerie, der Hunderttausende zum Opfer fielen, und kein Spezifikum der HASAG. Wilhelm Renner wurde damit in seiner Funktion als Direktor zu einem Rad im Räderwerk des großen Unrechts, freilich zu keinem kleinen. Er war in gewisser Hinsicht der Prototyp des Technokraten, den Hitlers Rüstungsminister Albert Speer meinte, als er im Zuge seiner eigenen Reinwaschung von Schuld und Verantwortung vor der »Entpersönlichung« durch die Technik warnte –

einer Technik, die den Menschen »immer mehr der Selbstverantwortung entzöge«.

Im Juni 1943 bestand die zehnjährige Hannelore Renner die Aufnahmeprüfung für die Gaudig-Mädchen-Oberschule in Leipzig. Ende desselben Jahres setzten die schweren angloamerikanischen Bombenangriffe auf die Messestadt ein. Tochter und Mutter wurden von Wilhelm Renner in das nahe Grimma gebracht und von dort bald nach Döbeln evakuiert, das auf halbem Weg zwischen Leipzig und Dresden liegt. Dort wurde Irene Renner zur Rüstungsarbeit verpflichtet. Hannelore half in dieser Zeit in der Werkskantine und wurde später als Zwölfjährige zum Bahnhofsdienst eingeteilt. Sie musste bei der Betreuung von Flüchtlingen und Verwundeten helfen, die mit der Eisenbahn aus dem Osten eintrafen. Die Kinder hatten das Rotkreuz-Personal unter anderem dabei zu unterstützen, Leichen von Lebenden zu trennen und Schmutz und Unrat aus den Waggons zu schaffen. Zu dieser Tätigkeit kamen noch die unzähligen Luftangriffe, die Angst und Schrecken verbreiteten.

Als sich Anfang Mai 1945 die Rote Armee der sächsischen Kleinstadt näherte, setzten sich die letzten Wehrmachtseinheiten und ein Teil der Zivilbevölkerung ab. Unter ihnen auch Irene und Hannelore Renner, zu Fuß mit ein paar Habseligkeiten auf einem Handkarren. Ihr Ziel war Leipzig, das inzwischen von den Amerikanern eingenommen worden war. Unterwegs wurden sie mehrmals von den Russen eingeholt, wobei sich schreckliche Szenen abgespielt haben müssen. In der Nacht zum 19. Mai durchwateten die beiden die Mulde und erreichten allmählich von den Amerikanern besetztes Gebiet. In Taucha bei Leipzig, wo sie bei Bekannten eine Unterkunft fanden, ließen sich Hannelore und ihre Mutter registrieren, in der Hoffnung, die Berechtigung für ein paar Lebensmittelkarten zu erhalten. Dona Kujacinski, die mit

Unterstützung von Peter Kohl eine Biografie Hannelore Kohls verfasste, schrieb über deren dramatische Fluchttage: »Der Anblick von Verwundeten und Toten, den sie als Kind erlebt, wird sie zeit ihres Lebens verfolgen. Diese Erfahrung wird sie nie vergessen.«

Heribert Schwan griff in seiner Biografie *Die Frau an seiner Seite. Leben und Leiden der Hannelore Kohl* in den 90er-Jahren in Bonner Journalistenkreisen Kolportiertes auf und behauptete, Hannelore Renner sei auf ihrer Flucht von Rotarmisten geschändet worden. Die Frau des Kanzlers habe ihm dies anvertraut. Er schreibt: »Auf meine konkrete Nachfrage bei einem unserer Spaziergänge bestätigte sie, selbst von den Russen vergewaltigt worden zu sein, ohne jedoch Details zu nennen.« Wie dem auch gewesen sein mochte, sicher ist: Hannelore Renner wurde durch ihre Kriegserlebnisse schwer traumatisiert. Und diese Traumatisierung musste auch etwas mit der Roten Armee zu tun gehabt haben. Denn diese war für sie – wie Sohn Walter berichtete – »zeitlebens (...) der Feind Nummer eins«. Und von ihr hieß es später, dass sie Helmut Kohl aus diesem Grunde nur ungern auf seiner Reise im Frühjahr 1988 nach Moskau begleitet haben soll. Beim Gegenbesuch des Ehepaars Gorbatschow in Bonn im Sommer des darauffolgenden Jahres sei ihr alles abverlangt worden, als sie im Zuge des Damenprogramms zusammen mit Raissa Gorbatschowa einen russischen Soldatenfriedhof im westfälischen Stukenbrock habe besuchen müssen, hieß es. Und auf dem Weg zur deutschen Einheit habe sie mit Nachdruck die Meinung vertreten, dass die Russen aus Deutschland »raus« müssten. »Mein Vater wusste, dass seine Frau es ihm nie verzeihen würde, wenn er einer politischen Lösung zustimmte, die eine fortdauernde Stationierung der Roten Armee in Deutschland ermöglichte«, schrieb Walter Kohl.

Ganz anders als mit Helmut Kohl kam mit Hannelore

Renner nicht ein vor Selbstvertrauen und Tatendrang strotzender, lauter Mensch im Sommer 1945 in die Pfalz, genauer gesagt nach Mutterstadt. Obwohl Vater Wilhelm in Taucha zu Frau und Tochter gestoßen war und man gemeinsam und wohlauf dessen Heimat erreicht hatte, war die Tochter der Renners ein stilles, an der Seele verletztes Mädchen. »Wenn sie spricht, dann nur sehr zögerlich. Weil sie stark sächselt, wird sie von den Pfälzern oft ausgelacht und gehänselt«, berichtet Dona Kujacinski. Und auch das sonstige Leben fern der verlorenen Heimat bot für die Heranwachsende vor allem Not und Entbehrung. Reichte es schon für die Einheimischen in der französischen Zone nicht, so galt das umso mehr für die ungeliebten Flüchtlinge. Hannelore und ihre Familie mussten hungern. Und im Winter 1945/46 fehlte das Geld für die Kohlen, sodass sie ihre Ein-Zimmer-Bleibe nicht einmal heizen konnten.

Nichtsdestotrotz besuchte Hannelore Renner die Mädchen-Oberrealschule in Ludwigshafen. Denn sie war ehrgeizig. Ihre Lieblingsfächer waren die Fremdsprachen – Französisch, Englisch und bald auch Spanisch. Im Juni 1951 machte sie ihr Abitur. Im Oktober darauf begann sie in Germersheim am Auslands- und Dolmetscherinstitut der Mainzer Universität ihr Studium. Ein gutes Jahr später war der Traum vom Studium ausgeträumt. Ihr Vater, der inzwischen in Ulm eine gute Anstellung erhalten hatte, starb im Alter von 62 Jahren an einem Herzinfarkt. Für eine Fortsetzung des Studiums reichte das Geld nicht. Die junge Frau brauchte einen Job, musste sie doch jetzt auch für ihre Mutter mit sorgen. Sie fand ihn zunächst in einem Buchverlag und von Sommer 1953 an bei der BASF in Ludwigshafen, wo sie fortan als kaufmännische Angestellte arbeitete. Leicht war das alles nicht gewesen und es hatte ein hohes Maß an Disziplin erfordert.

Zu diesem Zeitpunkt war sie bereits einige Jahre mit

dem Heidelberger Studenten Helmut Kohl befreundet, den sie schon aus ihrer Schulzeit kannte. Der selbstbewusste, groß gewachsene junge Mann, den nichts erschüttern konnte, imponierte ihr. »Ihr Helmut war für sie der Rettungsanker, der starke Baum, an den sie sich anlehnen konnte und unter dessen Krone sie Schutz und Sicherheit fand. In ihrer tiefsten existenziellsten Krise berührte er ihr Herz. Das hat sie ihm nie vergessen«, schrieb Walter Kohl später über seine Mutter. Und Helmut Kohl war angetan von der attraktiven, blonden Frau, in die er sich während der Tanzstunde verliebt hatte. »Hannelore war ein hochattraktives Mädchen (...)«, schrieb er, als sie schon nicht mehr lebte, in seinen *Erinnerungen* und dass seine Eltern das protestantische Flüchtlingsmädchen aus dem Osten in ihr Herz geschlossen hätten.

Im Juni 1960 heiraten die Kaufmännische Angestellte und der Referent beim Verband der Chemischen Industrie, der es im selben Jahr zum CDU-Fraktionsvorsitzenden im Mainzer Landtag brachte. 1963 wurde Walter geboren, 1965 Peter. Ersterer meinte später, seine Eltern hätten sich auf eine besondere Weise ergänzt. In seinem Vater hätte sie nämlich »einen Komplementär gefunden, dessen eigenes Charakterbild als absoluter Tatmensch sich perfekt zu dem ihren fügte«. Gegensätze ziehen sich an, heißt es. Im Falle von Hannelore und Helmut Kohl konnten sie größer nicht sein. Die Rollenverteilung in ihrer Ehe war damit vorgegeben: Die hochsensible Frau mit den seelischen Narben, die sie »empfindsam werden (ließen) für die kleinsten Dissonanzen«, managte den Haushalt und kümmerte sich um die Erziehung der Kinder, während ihr robuster, ganz auf die Macht fixierter Ehemann unbeirrt die politische Karriereleiter nach oben stieg.

Dies verlangte Helmut Kohl alles ab. Sein Biograf

Klaus Dreher schrieb über seinen Tagesablauf: »An manchen Tagen fuhr er mit der Bahn morgens um sieben Uhr nach Mainz in den Landtag, nachmittags zurück nach Ludwigshafen in den Stadtrat, abends wieder nach Mainz in den Landtag oder an einen anderen Ort, an dem er Versammlungen hatte, und nachts nach Hause zurück.« Bald kamen noch die Aufenthalte in Bonn dazu. Hannelore Kohl, die sich – wie sie einmal sagte – ihre Einsamkeit »ins Fell des Hunds geweint« habe (die Kohls hatten einen Deutschen Schäferhund), war damit ganz auf sich gestellt. Ihre Biografin Patricia Clough meinte, dies sei keineswegs das Leben gewesen, das sie sich erträumt hätte, und zitiert die Frau Helmut Kohls mit den Worten: »Ich hatte mir nach meiner schweren Kindheit gewünscht, einmal das sogenannte ›kleine Glück‹ zu leben.«

Als Frau des rheinland-pfälzischen Ministerpräsidenten, zu dem Helmut Kohl im Mai 1969 gewählt worden war, hatte sie eben dieses »kleine Glück« nach außen hin vorzuleben. Denn das Bild von der ganz normalen Familie mit dem treusorgenden Familienvater und der tradierten Rollenverteilung von Mann und Frau gehörte zu Image und Selbstdarstellung des CDU-Politikers. Und seine Frau tat es – pflichtbewusst, diszipliniert und aufopfernd. Sie nahm jedoch ihre Rolle als Landesmutter auch in einer anderen Form wahr, so wie es von ihr verlangt worden war: Zweimal pro Woche empfing sie Petenten, von 1971 an im neuen geräumigen Oggersheimer Bungalow der Kohls, den sie mit entworfen hatte. Es war eine Art Bürgersprechstunde, die den neuen, offenen und volksnahen Politikstil Helmut Kohls hervorheben sollte.

Von Anfang an hielt Hannelore Kohl ihre Söhne aus der Politik heraus. Dazu gehörte es für sie, Walter und Peter vor allem gegenüber der Presse und damit gegenüber dem Blick der Öffentlichkeit abzuschirmen. Sie entwickelte dabei ein höchstes Maß an Sensibilität, das sich im Laufe der Jahre zu einer Art Obsession steigerte. So berichtete der *Bild*-Kolumnist Graf Nayhauß, der als Erster die Nachricht von Peter Kohls schwerem Autounfall bei Bologna verbreitet hatte, dass Hannelore Kohl ihn später gestellt habe. Sie habe ihn mit Tränen in den Augen beschimpft, dass er nicht Rücksicht auf die Privatsphäre ihrer Familie genommen hätte. Er wüsste doch, dass sie darauf bedacht sei, ihre Jungs aus dem Geschäft herauszuhalten, soll Hannelore Kohl dem Journalisten vorgehalten haben. Der Verfasser erinnert sich in diesem Zusammenhang, wie sie bei der Schlussbesprechung zu dem Buch *Helmut Kohl. Ich wollte Deutschlands Einheit*, die in ihrem Urlaubsort St. Gilgen stattfand, ohne Wenn und Aber die in irgendeinem Zusammenhang in dem Manuskript auftauchenden Namen ihrer Söhne gestrichen haben wollte.

Doch die Hoffnung Hannelore Kohls, ihren Söhnen ein weitgehend normales Leben zu ermöglichen, erwies sich als verfehlt. Der ältere der beiden war vom ersten Tag seiner Schulzeit an nicht Walter Kohl, sondern der »Sohn vom Kohl«. Und als solcher hatte er es alles andere als leicht. In der Aufarbeitung seiner Lebensgeschichte schrieb er von den Hänseleien und sonstigen Härten, die er als »Sohn vom Kohl« ertragen musste. Auch Peter Kohl ging es nicht viel anders. Doch von ihrem Vater hörten sie nur, dass sie »da durch« müssten. »Du musst stehen!«, zitierte ihn Walter. Überhaupt spiegelt sich in dem Buch eine sonderbare Distanz zwischen Vater und Sohn. Helmut Kohl erschien Letzterem als unnahbar und autoritär. Er habe sich über seinen Führungsanspruch definiert, meinte Walter Kohl. So leicht es Helmut Kohl fiel, zwischen ihm und fremden Menschen Nähe zu schaffen, sie für sich einzunehmen, so wenig gelang ihm dies offenbar im Umgang mit seinen eigenen Kindern – ein Gegensatz, der auch von anderen Menschenfängern berichtet wurde.

Willy Brandt zum Beispiel wurde dafür bewundert, wenn er aber mit Menschen alleine war, »konnte er spröde, scheu, ja desinteressiert sein«, berichtet Torsten Körner in seinem Buch *Die Familie Willy Brandt*. Entsprechend schwierig war das Verhältnis Willy Brandts zu seinen drei Söhnen. Der Älteste von ihnen, Peter, sagte einmal in einem Interview: »Meinem Vater fiel es schwer, Gefühle zu zeigen (...). Es fiel ihm sogar schwer, uns zu loben, dabei wussten wir, wenn er stolz auf uns war. Eines der Kinder einmal in den Arm zu nehmen, ist ihm nicht eingefallen. Ich habe meinem Vater zeitlebens nur die Hand gegeben.« Der beklagte Mangel an ausgelebten Gefühlen des berühmten Vaters gegenüber seinen Söhnen hatte – soweit bekannt – keine Auswirkung auf deren Haltung gegenüber dessen politischer Profession gehabt, auch wenn keiner der drei in dessen Fußstapfen trat und Politiker wurde.

Bei den beiden Kohl-Söhnen war dies anders. Die Distanz zum Vater verstärkte ihre Ablehnung gegenüber dessen Tätigkeit. Diese wurde als eine Art Stigma empfunden, versagte sie ihnen doch aus ihrer Perspektive nicht nur eine »normale« Vater-Sohn-Beziehung, sondern auch eine »normale« Kindheit und Jugend. Dies war umso mehr der Fall, da ihre Schulzeit mit dem Terror der Roten-Armee-Fraktion (RAF) in den 70er-Jahren zusammenfiel. Da der CDU-Vorsitzende und dessen Familie in die höchste Gefährdungsstufe eingeordnet waren, wurde um sie herum ein eng geknüpftes Sicherheitssystem mit Personenschützern und viel Technik aufgebaut, das insbesondere die Freiräume der Söhne dramatisch einengte und nach den Schilderungen von Walter Kohl sehr belastend war.

Unter dem Beruf des Vaters, als dessen Folge all diese Härten gesehen wurden, konnten sich die Jugendlichen freilich zunächst wenig Konkretes vorstellen. Sie dachten aber, dass es sich um etwas Wichtiges handeln müsste. Walter Kohl berichtet in seinem Buch, wie er als Helfer auf einem CDU-Parteitag erstmals Macht und Politik kennenlernte. Er schrieb: »Helmut Kohl im Kreise seiner Parteifreunde schien eins zu eins derselbe Mann zu sein wie daheim.« Wie daheim strahlte er auch hier die »Unnahbarkeit«, die »Jovialität«, »Ruhe« und »Autorität« aus. Um was es im Einzelnen gegangen sei, hätte er als Schüler allerdings noch nicht so recht verstanden. »Was ich sehr wohl mitbekam und in seiner elementaren Wichtigkeit durchaus verstand, war der Kampf unter den Parteigrößen, die Liebedienerei ihrer Hofschranzen und das Schachern um ›Ergebnisse‹ in all den Vier-, Sechs- und Achtaugengesprächen. (…) Jetzt erst entwickelte sich in mir eine konkrete Vorstellung über die Arbeitswelt meines Vaters und mir wurde (…) klar: Das wird ganz bestimmt nicht meine Welt.«

Hannelore Kohl bestärkte ihre Söhne darin. Walter Kohl schrieb, dass sie ihm anvertraut habe, weshalb sie CDU-Mitglied sei: »Schlicht und einfach deshalb, weil sie die Frau Helmut Kohls war.« Sie wollte dem Sohn damit sagen, dass ihre Parteimitgliedschaft ein Akt der Loyalität gegenüber ihrem Mann war und nicht in ihrer Begeisterung für das Politikgeschäft gründete. Von diesem hatte sich Hannelore Kohl innerlich immer weiter abgewandt, je mehr die Partei und die Ämter ihren Mann in Beschlag genommen hatten und ein normales Familienleben nicht einmal mehr in Ansätzen möglich war. Helmut Kohl kaschierte später die Gründe für ihre ablehnende Haltung gegenüber der Politik, wenn er schrieb: »Meine Frau hatte zur Politik immer eine Distanz, weil sie der Meinung war, dass dort viel zu viel geschwätzt, aber zu wenig sachgerecht gearbeitet wird. Dieser Überzeugung war sie übrigens ihr Leben lang.«

Hannelore Kohl hatte eine so große Abneigung gegenüber dem Politikgeschäft entwickelt, dass sie ihre Söhne unbedingt von der Welt des Vaters fernhalten wollte. Sie trat deshalb schon früh dafür ein, dass sie nach Abitur und Militärdienst Wirtschaftswissenschaften studierten, und unterstützte deren Wunsch, dies in den Vereinigten Staaten zu tun. Als die Sache aktuell wurde, drängte sie ihren Ältesten geradezu zu dem Schritt, stand er doch genau wie sein jüngerer Bruder, nachdem Helmut Kohl im November 1982 zum Bundeskanzler gewählt worden war, mehr denn je im Interesse der Öffentlichkeit. Wenn sich Hannelore Kohl so vehement für eine hervorragende Ausbildung ihrer beiden Söhne stark machte, hatte dies noch einen anderen Grund: Es war für sie die stellvertretende Erfüllung ihres eigenen Lebenstraums. Sohn Walter: »Auch wenn meine Mutter, als Frau des Bundeskanzlers, ein interessantes und erfolgreiches Leben führte (...), nagte die Enttäuschung darüber, auf ihr eigenes Studium verzichtet haben zu müssen, immer noch an ihr.«

Überhaupt waren die Widersprüche im Leben von Hannelore Kohl mit dem wachsenden politischen Erfolg von Helmut Kohl immer größer geworden. Doch sie meisterte diese mit einer eisernen Selbstdisziplin, »bis hin zu Selbstverleugnung«, wie Walter Kohl meinte, »um ihr eigenes System aufrechtzuerhalten«. Zu diesem System gehörte auch ihr soziales Engagement, dass für sie als Frau des Bundeskanzlers unumgänglich war. Im Dezember 1983 wurde unter ihrer Präsidentschaft im Bonner Kanzlerbungalow das »Kuratorium ZNS für Unfallverletzte mit Schäden des zentralen Nervensystems« ins Leben gerufen. Hannelore Kohl entwickelte bis ans Ende ihres Lebens ein unermüdliches Engagement für die Sache, indem sie Krankenhäuser besuchte und Betroffenen sowie Angehörigen Trost spendete. Ihre Hauptaufgabe war freilich das Sammeln von Spenden. Insgesamt sollten es mehr als 30 Millionen werden, die sie mit Benefizkonzerten, Schallplatten und Kochbüchern für die Hirnverletzten eintrieb.

So souverän, wie sie ihre Auftritte bei den Benefiz-Veranstaltungen meisterte, bei denen dann nicht sie, sondern ihr Mann im Publikum saß, spielte sie auch ihre Rolle als First Lady. Sie empfand dies mitnichten als Bürde. So sehr sie das politische Geschäft ihres Mannes auch ablehnte, weil es ein »vernünftiges Familienleben« unmöglich machte, so sehr liebte sie es, sich an seiner Seite auf dem Parkett zusammen mit den Großen dieser Welt zu zeigen. Und bei den Galadiners oder halboffiziellen Zusammenkünften mit den Staatsführern und ihren Frauen tat sie sich als überaus beliebte und charmante Gesprächspartnerin hervor. Dies fiel ihr umso leichter, als sie anders als ihr Mann, der auch für das Englische einen Dolmetscher brauchte, es neben dem Französischen und Spanischen fließend beherrschte. Ihr Sohn Walter meinte dazu: »Diese Ambivalenz war ihrem Wesen eingeschrieben.« Ihr selbst war dies offenbar weniger bewusst, wenn sie einem Bekannten sagte: »Ich muss zwar meine eigenen Wünsche und Bedürfnisse zurückstellen, aber ich tue es gern, obwohl das manchmal nicht ganz einfach ist. In dieser Beziehung bin ich wie ein guter Soldat.«

Von Herbst 1989 an wurde alles anders. Denn auch Hannelore Kohl wurde von den Ereignissen im Osten Deutschlands mitgerissen. Dieser Osten war ihr immer eine Herzensangelegenheit, war es doch ihre Heimat, in der sie glückliche Zeiten erlebte hatte und aus der sie 1945 unter dramatischen Umständen geflohen war. Begeistert war sie daher bei der Sache und sie half nicht nur, als ihr Mann mit einigen Mitarbeitern im November den Zehn-Punkte-Plan verfasste. Im Dezember verfolgte sie zu Hause am Fernsehgerät mit Ergriffenheit seinen großen Auftritt vor der Ruine der Frauenkirche in Dresden. Und

Silvester sollen sie sich weinend in den Armen gelegen haben, als sie die Bilder von den Hunderttausenden am Brandenburger Tor gesehen hatten. Ein paar Tage zuvor war Sohn Walter bei dessen Öffnung durch den Bundeskanzler und den DDR-Ministerpräsidenten Hans Modrow mit dabei und fühlte sich zum ersten Mal von seinem Vater als erwachsener Gesprächspartner ernst genommen.

Das Jahr 1990 war ein gutes, ereignisreiches und erfüllendes Jahr für Hannelore Kohl. Sie reiste mit nach Camp David zu den Bushs, sie war in Leipzig, ihrer Heimatstadt, mit dabei, wo ihr Mann im Zuge des Volkskammerwahlkampfes zu den Massen sprach. Und sie freute sich über den Sieg der Allianz für Deutschland bei den ersten freien Wahlen in der DDR. Sie war in dieser Zeit eine wichtige Gesprächspartnerin des Kanzlers, der Wert auf ihre Einschätzung legte, eben weil es eine Einschätzung von fernab des normalen Politikbetriebs war. Fast ließe sich sagen, dass sie gemeinsam die Klippen auf dem Weg zur deutschen Einheit umschifften. Und gemeinsam erlebten sie dabei viele Glücksmomente. Der wohl schönste war, als sie in der Nacht zum 3. Oktober 1990 vor dem Portal des Berliner Reichstagsgebäudes standen und zusammen mit einer Million Menschen die Wiedervereinigung feierten. Die Fotografien zeigen eine strahlende Hannelore Kohl an der Seite des Kanzlers der Einheit. Als sie ihren Mann vor aller Welt umarmte, machte sie den Eindruck, als sei sie mit ihrer entbehrungsreichen Rolle, die sie als seine Frau spielte, mehr als versöhnt. Nie zuvor soll man Hannelore Kohl in einer solchen Feierlaune gesehen haben, wie in dem Moment, als der offizielle Teil der Einheitsfeier vorüber war.

Doch Hannelore Kohls Lebensängste seien bestenfalls verdeckt gewesen, meinte ihr Sohn Walter. Denn die Hoch-Zeit der deutschen Einheit und der in ihrer Folge gewonnenen Bundestagswahl war bald vorüber. Ein ernüchternder Lebensabschnitt folgte, nicht nur in der Politik. Der Terror, der ihr schon in den 70er-Jahren alles so schwer gemacht hatte, schien zurückgekehrt zu sein. Der Anschlag auf Wolfgang Schäuble im Oktober 1990 und die Ermordung des Treuhandchefs Detlev Karsten Rohwedder im April 1991 hatten sich bleiern auf Hannelore Kohls Gemüt gelegt. Vor allem aber der Autounfall ihres Sohnes Peter im Oktober 1991 hatte ihre latente Angst wieder hervorbrechen lassen, »dass man von heute auf morgen wieder alles verlieren könne«. Es war eine harte Probe für die empfindsame Frau, die ihr alles an Selbstdisziplin abverlangte, als ihr Sohn mit dem Tode rang. Nachdem alles ausgestanden war, schien sie nicht mehr dieselbe zu sein. Sie habe sich jetzt auch aus den Bonner Kreisen zurückgezogen. Und in Berlin habe sie sich gar kein Netzwerk mehr aufgebaut, wurde berichtet. Sie selbst begründete dies damit, dass es in der Politik ohnehin keine Freundschaften gäbe, sondern nur Interessen.

Was im Februar 1993 mit einer fiebrigen Erkältung begann, wurde dann zu einer Zäsur im Leben der Hannelore Kohl. Um ihren Mann auf eine Reise nach Indien, Indonesien, Japan und Korea begleiten zu können, wurde ihr ein penicillinhaltiges Antibiotikum verabreicht. Doch Hannelore Kohl litt an einer Ende der 60er-Jahre entdeckten Penicillin-Unverträglichkeit. Die Folge war ein lebensgefährlicher anaphylaktischer Schock mit Ödemen, Asthmaanfällen und zahlreichen anderen Beschwerden bei Sonnenlichtexposition. Mehrere Tage schwebte die Frau des Kanzlers, der, noch ehe sich ihr Zustand dramatisch verschlechtert hatte, alleine zu seiner Asienreise aufgebrochen war, zwischen Leben und Tod. Hannelore Kohl schaffte es. Was jedoch zurückblieb, war eine Unverträglichkeit gegen Sonnen- und später auch gegen Kunstlicht, auf das ihre Haut mit Rötungen, Quaddelbildung und Juckreizen reagierte.

Wer die Verantwortung für die folgenreiche Falschmedikation trug, ist nie geklärt worden. Helmut Kohl und seine Söhne übertrugen sie dem langjährigen Hausarzt Heinz Lösel. Der bestritt, Hannelore Kohl das Medikament verabreicht zu haben, war er doch über die Penicillin-Unverträglichkeit seiner Patientin bestens informiert. Der Arzt hatte sogar Listen angefertigt, welche Antibiotika sie keinesfalls einnehmen durfte. Zu Lösel wurde der Kontakt abrupt abgebrochen. An seine Stelle trat Professor Walter Möbius, damals Chefarzt der Inneren Abteilung des Bonner Johanniter-Krankenhauses, der im September 1989 den Kanzler bei seiner Prostata-Erkrankung über den für ihn so wichtigen Bremer Parteitag gerettet hatte.

Walter Möbius war dann auch der Mediziner, der Hannelore Kohls weiteren Leidensweg auf jenes Ereignis vom Februar 1993 zurückführte. In seinem Buch *Menschlichkeit ist die beste Medizin. Ein Wegweiser für Patienten und Ärzte* schrieb Möbius über den weiteren Verlauf von Hannelore Kohls Krankheit: »Auf jegliches Licht reagierte sie (...) mit brennenden Schmerzen auf der Haut, Schmerzen im Brustbereich, Herzrasen und Asthmabeschwerden. Die Symptome ließen sich mit entsprechender Therapie zumindest zeitweise beheben, doch sie konnte sich in den folgenden Jahren draußen nur noch im Schatten dichter Bäume und in der Dämmerung aufhalten. Dieser Zustand, der sich (...) noch verstärkte, trieb sie in zunehmende Isolation. Niemand war in der Lage, Hannelore Kohl wirklich zu helfen, und sie begab sich (...) in eine Klinik am Tegernsee. Dort sollte eine Lichtdesensibilisierung durchgeführt werden. Eine Heilung konnte auch hier nicht erzielt werden.«

Namhafte Dermatologen bezweifelten, dass eine Lichtallergie einen derartig dramatischen Verlauf nähme. Die Krankheit sei mit einfachen Mitteln diagnostizierbar und gut behandelbar. Es wurde darauf hingewiesen, dass Hannelore Kohls Erkrankung eher eine Sache für den Psychologen sei, handele es sich doch eher um die Folgen einer schweren Depression, deren Ursachen möglicherweise sogar in ihren furchtbaren Kindheitserlebnissen am Ende des Zweiten Weltkrieges lägen. Und auch ihr Sohn Walter meinte in seinem Buch *Leben oder gelebt werden*: »Ihre schwere Krankheit interpretiere ich heute differenzierter als damals. Ich sehe sie nicht nur als eine Folge medizinischer Komplikationen, sondern auch als eine körperliche Reaktion auf zunehmend unerträgliche seelische Widersprüche.« Seine Mutter sei an ihre Grenzen gestoßen. Ihr Allheilmittel Disziplin habe nicht mehr funktioniert, meinte Walter Kohl.

Dazu beigetragen hatten in der zweiten Hälfte der 90er-Jahre vor allem zwei Ereignisse: der ausgebliebene Verzicht auf eine erneute Kanzlerkandidatur und die Parteispendenaffäre. Helmut Kohl hatte seiner Frau versprochen, auf halber Wegstrecke seiner vierten Legislaturperiode seine Ämter als Parteivorsitzender und Bundeskanzler an Wolfgang Schäuble abzugeben. Hannelore Kohl hatte darauf gesetzt und sich auf einen etwas ruhigeren Lebensabschnitt an der Seite ihres Mannes gefreut. Doch Anfang April 1996 – Helmut Kohl hielt sich wie jedes Jahr um diese Zeit zur Fastenkur im österreichischen Bad Hofgastein auf – musste sie aus den Fernsehnachrichten erfahren, dass ihr Mann noch einmal antreten würde, sofern seine Partei dies wolle. Er hatte in dem Fernsehinterview noch hinzugefügt, dass er sich dies sehr genau überlegt und seinen Schritt mit seiner Familie abgesprochen habe. Dies hatte Helmut Kohl aber mitnichten getan. Für Hannelore Kohl war dies ein schwerer Schlag, nicht nur wegen der Unaufrichtigkeit ihres Mannes, der einmal mehr seine politischen Interessen jetzt auch gegenüber seiner kranken Frau in den Vordergrund stellte. Sie musste auch die Hoffnung auf ein ruhigeres und friedfertigeres Leben begraben.

Hannelore Kohl, die ihre Krankheit konsequent verheimlichte, fügte sich in ihre Rolle als Kanzlergattin. Mit Leidenschaft und großem Engagement widmete sie sich auch weiterhin ihrer Tätigkeit für das Kuratorium ZNS, neben dem 1993 die »Hannelore Kohl Stiftung für Unfallopfer zur Förderung der Rehabilitation Hirnverletzer e. V.« ins Leben gerufen wurde. Und nach der Wahlniederlage des Jahres 1998 stand sie fest an der Seite ihres Mannes. Sie wusste zwar nicht so recht, wie es weitergehen würde oder wie ihr Mann seine neue Lebenswirklichkeit ertragen würde. Doch die Ehrungen, die dem Altkanzler zuteilwurden, ließen sie wieder etwas hoffnungsfroher in die Zukunft schauen.

Zum Schock geriet die Nachricht von dem Haftbefehl gegen Walther Leisler Kiep und von den bald offenkundig gewordenen Ungereimtheiten bei der Parteifinanzierung unter der Verantwortung ihres Mannes. Sie hatte nicht den Hauch einer Ahnung von schwarzen Kassen und von der Parteispendenpraxis. Als Verantwortliche für ihre Stiftung war sie allerdings mit dem Thema Spenden bestens vertraut. Und sie wusste auch, wie wichtig eine exakte Buchführung gewesen war. Auch wenn sie es nicht plausibel fand, wenn ihr Mann von irgendwelchen Ehrenworten sprach, die er den Spendern gegeben habe, auch wenn er auf ihren Ratschlag jetzt überhaupt verzichtete, so hielt sie doch ohne Wenn und Aber zu ihm. Und sie teilte auch seine Auffassung vom großen Verrat der Geißlers, Biedenkopfs und Merkels und dass es darum ginge, sein Lebenswerk zu zerstören.

Dies alles war schwer erträglich für Hannelore Kohl. Doch was nun kam, überstieg ihre Kräfte. Nicht nur, dass ihr Mann von den Medien, oder besser von einem Teil derselben, der kriminellen Machenschaften verdächtigt wurde. Auch ihr wurde jetzt – von einem Mitarbeiter des ARD-Studios in Brüssel – völlig zu Unrecht vorgeworfen, Spenden ihrer Stiftung nicht ordnungsgemäß verbucht zu haben. Als der *Spiegel* dann berichtete, dass die Bonner Staatsanwaltschaft beabsichtigte, das Ludwigshafener Haus sowie ihre Berliner Wohnung zu durchsuchen, war Hannelore Kohl dem Zusammenbruch nahe. Die Aktion wurde dann aber wegen der Vorabveröffentlichung abgesagt. Doch die Demütigungen blieben. So wurde sie als »Spendenhure« beschimpft. Sogar sei es vorgekommen, dass vor ihr »ausgespuckt« wurde, wenn sie gelegentlich nach Einbruch der Dämmerung das Haus verließ. Was sie als besonders verletzend empfand, war das Gerücht, dass sie ihren Mann verlassen habe und mit dem Chef eines Unternehmens in einer Ludwigshafener Wohnung lebe.

Tatsächlich bunkerte sich Hannelore Kohl aber im Ludwigshafener Bungalow ein. An den Fenstern blieben auch tagsüber die Jalousien unten. Sie sollten sie vor dem Sonnenlicht schützen, letztendlich aber auch vor den Teleobjektiven der Journalisten, die hinter der Polizeiabsperrung in der Marbacher Straße – keine hundert Meter vom Wohnhaus der Kohls entfernt – auf Motive lauerten. Als sie am 70. Geburtstag von Helmut Kohl zusammen mit den beiden Brüdern Ramstetter einen Ausflug in eines ihrer Lieblingslokale, ins »Au Cheval Blanc« nach Niedersteinbach im Elsass machten, waren sie den Reportern entkommen. Richtige Feierlaune wollte allerdings angesichts der Umstände nicht aufkommen. Und auch im Sommer, als die Eheleute wieder einmal nach St. Gilgen fuhren, stand alles unter dem Eindruck des verbissenen Kampfes um das Lebenswerk des Kanzlers.

Seit ihrer gescheiterten Desensibilisierungstherapie in einer Privatklinik am Tegernsee im Frühjahr 2000 hatte sich Hannelore Kohls Gesundheitszustand im rascheren

Tempo verschlechtert. Bereits das elektrische Licht bereitete ihr jetzt Schmerzen, aber auch die Wärme und Helligkeit der Bildröhre des Fernsehgeräts. Immer häufiger war sie auf Schmerzmittel angewiesen. Damit einher ging ihre zunehmende Isolation. Ihr Kontakt zur Außenwelt erfolgte fast nur noch über das Telefon. Sie hielt ihn zu ihren beiden Söhnen sowie zu ihren alten Freundinnen, die sie teilweise noch aus ihrer Leipziger Zeit kannte. Sie besuchten Hannelore Kohl, die im Mai 2001 nicht mehr in der Lage war, an der Hochzeit von Peter und Elif Sözen in Istanbul teilzunehmen. Detailliert ließ sie sich später von Erich Ramstetter, der den katholischen Part der interreligiösen Trauung in der türkischen Metropole übernommen hatte, darüber erzählen. Ende Juni verließ sie dann noch einmal den Bungalow, um zusammen mit ihrem Mann und dem thüringischen Ministerpräsidenten Bernhard Vogel – einer der engsten Freunde des Altkanzlers – im Deidesheimer Hof zu essen. Sie kam erst später – nach Einbruch völliger Dunkelheit – ins Restaurant, wo man über ihrem Tisch die Glühbirnen gegen schwächere ausgetauscht hatte. Sie soll »sehr gelöst« gewirkt haben. Es war ihr 41. Hochzeitstag.

Was Helmut Kohl anging, so wollte seine Frau nicht, dass er sich ihretwegen öfters zu Hause in Ludwigshafen aufhielt. Nachdem sie als »zentrale Kümmerinstanz« (Walter Kohl) ausgefallen war, wollte sie ihm keine Last sein bei seinem Kampf um sein Lebenswerk, den er vor allem von Berlin aus führte. Dort hatten die Kohls ja eine Wohnung erworben und der Altkanzler verfügte Unter den Linden über geräumige Büroräume samt einer Handvoll Mitarbeiter. Abgesehen davon tat sich Helmut Kohl mit der Situation in Ludwigshafen schwer. Als der Verfasser ihn einmal wegen eines Interviews ausnahmsweise dort anrufen sollte, brach es aus ihm heraus. »Du kannst dir nicht vorstellen, unter welchen Bedingungen ich hier lebe«, sagte er dem verdutzten Anrufer völlig unvermittelt mit verzweifelt klingender Stimme und redete noch etwas über die Dunkelheit in seinem Haus.

Es hatte etwas von einer Tragödie: Hier der um seine Reputation ringende, selbstbezogene Machtmensch, der mit der Situation völlig überfordert war; dort seine sensible Frau, die nicht zuletzt an ihrer Rolle, die sie diszipliniert und bravourös über Jahrzehnte hinweg ausgefüllt hatte, zugrunde ging. Walter Kohl schrieb in seinem Buch von einer »psychologischen Symbolik«. Seine Mutter habe ihr Leben nicht mehr offen und ehrlich, eben bei Licht, betrachten können und habe sich deshalb in die Dunkelheit zurückgezogen. Und der Kohl-Sohn weiter: »Durch ihre einseitige Disziplinorientierung bis hin zur Selbstverleugnung sperrte sie sich innerlich ein. (…) Letztendlich, so glaube ich, hat sie nie ihre eigene Identität gefunden und sich immer den gefühlten Zwängen ihrer jeweiligen Lebenssituation und ihrer Ehe unterworfen. (…) In dieser Haltung wurzelt meiner Meinung nach ein tiefer liegender Grund für ihren Selbstmord.«

Der augenscheinliche Grund für ihren Selbstmord am Abend des 4. Juli 2001 war ihre Krankheitssituation, die sie für aussichtslos hielt. Sie war sich ganz sicher, an einer Lichtallergie erkrankt zu sein, an der sie jämmerlich zugrunde gehen würde. Ihr Abschiedsbrief an Helmut Kohl liefert davon ein beredtes Zeugnis, wenn es heißt: »Ich habe lange über diesen Schritt nachgedacht, glaube es mir. Es fällt mir sehr schwer, Dich nach über 41 Ehejahren zu verlassen, aber ein langes Siechtum in Dunkelheit will ich mir und Dir ersparen, zumal die Unheilbarkeit nun leider mehrfach bestätigt wurde.« So als müsse sie ihren Entschluss rechtfertigen, schrieb sie weiter: »Ich habe über viele Jahre um das Natürlichste von der Welt, um Licht und Sonne, gekämpft, leider vergebens. Es wird immer schlechter, und meine Kraft ist nun zu Ende. Viele

Symptome des Abbaus und des Kraftverlustes habe ich bereits, man kann es auch Stoffwechselschädigungen nennen, wie könnte es auch anders sein nach jahrelangem Lichtentzug. Meine Hoffnung auf Heilung ist nach diesen 8 Jahren verschwunden und nach Konsultation so vieler Fachleute, sie haben mir – je nach Temperament – durchaus auch brutal die Wahrheit gesagt. Es wäre eine Illusion zu glauben, dass doch noch ein Wunder geschieht. Ich bin jetzt 68 Jahre alt, ein Alter, das dem Leben seinen Platz eingeräumt hat.« Schließlich dankte sie Helmut Kohl für »viel Hilfe, Zuspruch und Deine Versuche, mein Leben zu erleichtern. Zusammen mit Dir habe ich viele gute Jahre gehabt, und auch schlechte Zeiten haben wir durchgestanden. Ich danke Dir für ein Leben mit Dir und an Deiner Seite – voller Ereignisse, Liebe, Glück und Zufriedenheit. Ich liebe Dich und bewundere Deine Kraft. Möge sie Dir erhalten bleiben. Du hast noch viel zu tun. Dein Schlänglein.« Mit diesem Kosenamen, der wie immer nicht geschrieben, sondern gemalt war, endete der Abschiedsbrief von Hannelore Kohl an ihren Mann. Vielleicht hatte sie ihn ja ganz bewusst so formuliert, dass die Motive ihres Handelns so unmissverständlich und eindeutig erscheinen mussten.

Hannelore Kohl schrieb 19 weitere Abschiedsbriefe, an ihre Söhne, an Peters Frau Elif, an das Hausmeister-Ehepaar Seeber, an ihre Mitarbeiter von der ZNS-Stiftung und an alte Freundinnen. In den fast gleichlautenden Schreiben bat sie um Verständnis für ihren Freitod und darum, das Andenken an sie im Herzen zu bewahren. Sie hatte diese in einen großen Umschlag gesteckt und auf den Schreibtisch im Schlafzimmer gelegt. Vor ihrem Bett standen die Bilder der Söhne und ihres Mannes sowie dessen Bücher, auf den Seiten aufgeschlagen, auf denen er ihr persönliche Widmungen geschrieben hatte. Hannelore Kohl lag friedlich in ihrem Bett, als Hilde Seeber am späten Vormittag des 5. Juli 2001 den abgedunkelten Raum im ersten Stock des Ludwigshafener Bungalows betrat. Sie hatte am Vorabend eine Überdosis Morphium-Tabletten eingenommen. Danach hatte sie sich hingelegt und war für immer eingeschlafen.

Helmut Kohl hielt sich zu diesem Zeitpunkt noch in Berlin auf. Er hatte soeben einen indirekten Erfolg in seinem immerwährenden Kampf um seine Reputation erzielt. Seinen Anwälten war es vor dem hauptstädtischen Verwaltungsgericht gelungen, die Herausgabe seiner Akten durch die Bundesbehörde für die Unterlagen des ehemaligen DDR-Staatssicherheitsdienstes zu verhindern. Es handelte sich vor allem um von der Stasi mitgeschnittene Telefonate des Bundeskanzlers, deren Inhalt draußen niemand kannte. Eventuell darin enthaltene brisante Informationen zur Parteispendenaffäre oder sonstigen Inhalts konnten nunmehr nicht an die Öffentlichkeit gelangen.

Für den vom Ausgang des Verfahrens erleichterten Helmut Kohl war der Tod seiner Frau eine Erschütterung, wie er sie wohl noch nie erlebt hatte. Sohn Peter, der ihn am Nachmittag des 5. Juli im Elternhaus antraf, schrieb, dass er in einem schlimmen Zustand gewesen sei. Ihm sei angst und bange um ihn gewesen. Und der nicht weniger als sein Bruder vom Tod der Mutter getroffene Walter Kohl erinnerte sich: »Mein Vater war völlig in sich versunken. Ich habe ihn sonst nie so erschüttert erlebt wie jetzt, er war nicht ansprechbar. Es war wieder einer der Momente, wie er ihn zuletzt in Monza erlebte, ein Moment, der ihn aus seiner Welt herausriss.«

Wer Helmut Kohl neben seinen beiden Söhnen beim Requiem für seine Frau im Dom zu Speyer sah, der konnte ermessen, wie schwer er getroffen war. Er mochte sich dessen bewusst gewesen sein, wie wichtig Hannelore für ihn gewesen war. »Ohne ihre Unterstützung wäre mein Leben so nie verlaufen«, schrieb er später. Und er hatte gewiss recht. Denn sie hatte ihm den Rücken durch ihre aufopfernde und entbehrungsreiche Arbeit für die Familie freigehalten, die nur sie zusammengehalten hatte. Sie hatte für ihre Söhne alles getan, damit sie nicht auf der Strecke blieben, wie viele Kinder Prominenter, sondern ihren eigenen Weg gehen konnten – trotz aller Entbehrungen und Verletzungen durch den fehlenden Vater. Und sie stand neben ihrem sozialen Engagement für die Hirngeschädigten ihrem Mann, dem Ministerpräsidenten und Bundeskanzler, treu und aufopferungsvoll als Ehefrau und als Repräsentantin zur Seite. Sie hatte sich damit auch um Deutschland verdient gemacht.

Der Altkanzler, der ein anderer geworden war, trauerte um seine verstorbene Frau, die im Familiengrab der Kohls auf dem Friedhof von Ludwigshafen-Friesenheim ihre letzte Ruhe gefunden hatte. Oft verharrte er dort in stiller Zwiesprache. Und bekam er Besuch von Freunden oder Bekannten, nahm er sie mitunter mit zum Friedhof. Der Bildhauer Serge Mangin war einer von ihnen. Er schrieb über Hannelores Grab, dass es »von Symbolik geprägt« sei: »Eine Katze aus Bronze, die eherne Vögel beobachtet. Aus dem gleichen Metall: ein Strauch mit Spielsachen darunter und eine (...) Schlange.« Helmut Kohl, der keine Gelegenheit auslassen sollte, an seine Frau zu erinnern, widmete ihr auch seine Memoiren. In den ersten beiden Bänden geschah dies noch mit einer sonst leeren Seite mit den Worten »Für Hannelore«. Im 2007 erschienenen dritten Band fehlte dann diese Seite und die Verstorbene wurde nur noch im Vorwort erwähnt. Dass Helmut Kohl seine *Erinnerungen* fertigstellte, war ihr ein besonderes Anliegen gewesen. Bis zuletzt unterstützte sie auch hier ihren Mann, pflichtbewusst, wie sie war. Wenn sie in ihrem Abschiedsbrief an ihn schrieb, dass er noch viel zu tun habe, meinte sie damit die Fertigstellung der Memoiren. Doch deren vierter und letzter Band sollte nie erscheinen.

Auch die Söhne und der Vater waren nach Hannelore Kohls Tod zusammengerückt, wahrscheinlich zum ersten Mal seit vielen Jahren. Immer wieder hatte es Verwerfungen zwischen ihnen gegeben, sei es ob ihres beruflichen Weges oder ihrer Ehen. Doch unter dem Eindruck der Ereignisse schien nun alles anders zu werden. Walter Kohl war dem zunächst wie gelähmt erscheinenden Vater zur Hand gegangen. Er selbst bezeichnete sich als dessen »Assistenten«. Doch diese Tätigkeit erschöpfte sich im Laufe der Zeit. Im Herbst 2004 wurde ihm und seinem Bruder mit Maike Richter, einer Mitarbeiterin des Bundeswirtschaftsministeriums, die neue Partnerin des Vaters vorgestellt. Bald wurden Walter und Peter von ihrem Vater informiert, dass sie im Falle eines medizinischen Notfalls die Person seines Vertrauens sei. Eine Patientenverfügung sei bereits unterschrieben gewesen. Maike Richter organisierte fortan zunehmend Helmut Kohls Leben. Und Walter Kohl schrieb: »Durch diese Bemutterung wurde mir erst richtig klar, wie wichtig die Lebensleistung unserer Mutter auf dem spröden und unspektakulären Terrain der tausend alltäglichen Kleinigkeiten gewesen war, wie hilflos und – für ihn völlig unerträglich – machtlos er ohne eine solche Frau an seiner Seite gewesen wäre.«

Zwischen Helmut Kohl und seinen Söhnen kam es zum Bruch. Dabei lag es auf der Hand, dass sich Walter und Peter Kohl schwertaten mit der neuen Lebensgefährtin ihres Vaters. Und umgekehrt mag es nicht anders gewesen sein. Es war dies letztendlich ein Konflikt, wie er häufig vorkommt. Doch die Unerbittlichkeit, mit der Helmut Kohl den Bruch mit seinen eigenen Söhnen vollzog, nachdem der Konflikt von diesen in die Öffentlichkeit getragen wurde, ist aufschlussreich, verdeutlicht sie doch, welchen Tribut auch er als Mensch der Machtpolitik zu zollen hatte. In seinem Buch *Leben oder gelebt werden* schildert Walter Kohl, dass sein Vater auf seine direkte Frage: »Willst du die Trennung?«, mit einem knappen »Ja« geantwortet habe. Damit seien für ihn alle weiteren Interpretationsmöglichkeiten ausgeschlossen gewesen. Und der Kohl-Sohn erklärte weiter, dass sein Vater Menschen für sich eingenommen und sich wieder von ihnen getrennt habe, wie es ihm opportun erschienen sei. »Natürlich«, so Walter Kohl, »wusste ich um diese Funktionseigenschaft des ›System Kohl‹, dennoch verstörte es mich tief, an meiner eigenen Person zu erfahren, dass sie sich auch auf den innersten privaten Bereich erstreckte.«

Im April 2008 erlitt Helmut Kohl eine Gehirnblutung. Ecki Seeber hatte ihn in der Küche des Oggersheimer Bungalows gefunden. Zusammen mit den herbeigerufenen Personenschützern brachte er den Altkanzler in ein Ludwigshafener Krankenhaus, wo er das Bewusstsein verlor. Mit dem Hubschrauber wurde Helmut Kohl daraufhin in die Heidelberger Universitätsklinik geflogen. Dort rang er wochenlang mit dem Tod. Wohl seiner robusten Natur war es zuzuschreiben, dass er überlebte. Der Alte war er, der Maike Richter noch im Krankenhaus geheiratet hatte, nicht mehr; weniger, weil er fortan an den Rollstuhl gefesselt war, als seiner eingeschränkten Möglichkeiten wegen. Doch das Gravierendste dürfte für den Machtmenschen gewesen sein, dass **er** jetzt gelebt wurde.

Helmut Kohl – ein Großer?

Helmut Kohl ist der fünftbedeutendste Deutsche aller Zeiten. Das ist das Ergebnis einer Forsa-Umfrage vom August 2011. Vor dem Kanzler der Einheit rangiert Otto von Bismarck auf Rang vier. Konrad Adenauer und Albert Einstein teilen sich Platz zwei. Spitzenreiter ist Johann Wolfgang von Goethe. Die Bewertung dieser Männer hängt freilich nicht davon ab, wer sie wirklich gewesen sind oder was sie tatsächlich geschaffen haben oder wie sie die Welt verändert haben. Es geht vielmehr darum, was die Öffentlichkeit mit ihren Namen verknüpft und wie sie ihr Werk bewertet. »Die öffentliche Meinung macht alles«, meinte schon Napoleon. Helmut Kohls Name ist in dieser untrennbar mit der deutschen Einheit und mit Europa verbunden, aber auch mit der Parteispendenaffäre. Offenbar gibt es in der öffentlichen Meinung jedoch so etwas wie ein Bewusstsein dafür, dass Kohls historische Rolle das eine ist und sein umstrittener Umgang mit der Macht das andere. Wie sonst erklärte sich sein Abschneiden in der Forsa-Umfrage.

Ist Helmut Kohl – in historischen Kategorien bemessen – deshalb ein Großer? Jacob Burckhardt nennt dafür die Unersetzlichkeit als das eigentliche Kriterium. Doch war der sechste Kanzler der Bundesrepublik unersetzlich? Vieles spricht dafür, dass im Herbst 1989 tatsächlich der richtige Mann auf dem richtigen Platz saß. Doch selbst wenn Kohl unersetzlich gewesen wäre, täte man sich immer noch schwer, ihn als Großen einzustufen. Denn zu historischer Größe gehört der Rahmen. Gemeint sind damit ein Nationalbewusstsein, eine Geschichte, auf die man stolz ist, ein entsprechender Mythos, eine Symbolik und eine Ästhetik des Politischen. Die alten angelsächsischen Demokratien Amerika und Großbritannien haben noch etwas davon, die Französische Republik ebenfalls. In Deutschland ist es mit der Hitler-Diktatur, in der all das bis ins Unerträgliche überstrapaziert wurde, in den Trümmern des Zweiten Weltkriegs untergegangen und nicht einmal mehr in homöopathischen Dosen vorhanden. Ein Verfassungspatriotismus, wie er propagiert worden ist, erlaubt keine historische Größe; und der Holocaust als Quasi-Staatsräson genauso wenig wie die Konsensdemokratie, zu der Deutschland in der jüngeren Vergangenheit geworden ist.

Die gebrochene deutsche Geschichte und vor allem der Umgang mit dieser lassen also keine historisch Großen mehr zu. Denn wo nationale Identität im Bewusstsein der Menschen zunehmend an Gewicht verliert, büßt es auch derjenige in der öffentlichen Wahrnehmung ein, der sich um seine Nation verdient gemacht hat. Auch deshalb können viele jüngere Deutsche mit dem »Kanzler der Einheit« wenig anfangen oder tun sich schwer mit ihm, auch wenn sie ahnen, dass er in geschichtlichen Kategorien, die für sie bedeutungslos sind, eine wichtige Rolle gespielt haben mag. Die gesellschaftliche Entwicklung in Deutschland mit ihrer Tendenz zur Entgeschichtlichung machte Helmut Kohl für viele zu einem Anachronismus. Hierin liegt auch einer der Gründe, weshalb ihm eine Würdigung seiner Verdienste um die Einheit der Nation, so wie er sie erwartet hatte, weil er in den Kategorien der Geschichte dachte, zu Lebzeiten versagt blieb.

Dass der Zeitgeist über sie hinweggegangen war, mussten schon vor Helmut Kohl viele Staatsmänner erfahren, auch ohne dass ihre Länder ein so problematisches Verhältnis zu ihrer Nation gehabt hätten. Sie schieden aus dem Amt mitunter in Schimpf und Schande und erst aus einigem zeitlichen Abstand widerfuhr ihnen eine gerechtere Sicht auf ihre Lebensleistung. Denn Geschichte kennt keinen Stillstand. Sie schreitet fort und macht im Nachhinein politische Entscheidungen vergangener Tage zu Irrtum, Verdienst oder Glanzlicht – freilich geprägt vom Standpunkt des Historikers und den Kriterien seiner Zeit. So ernteten zum Beispiel Churchill und de Gaulle ihren Ruhm spät. Adenauers Westbindungskurs war im Nachkriegsdeutschland hoch umstritten und wurde erst im Nachhinein zu einer der zentralen und wichtigsten Entscheidungen der jungen Bundesrepublik, sicherte sie doch den Aufbau der Demokratie und machte den Weg frei für die von ihm mit Nachdruck betriebene Aussöhnung und Freundschaft mit Frankreich, der Grundlage für die europäische Integration.

Was Helmut Kohl angeht, so ist er neben Konrad Adenauer sicherlich der bedeutendste Deutsche der Nachkriegsgeschichte. Anders als der Vorsitzende des Parlamentarischen Rates und erste Kanzler der damals noch nicht souveränen Bundesrepublik, der angesichts des heraufziehenden Kalten Krieges kaum eine Alternative zu seinem Westbindungskurs gehabt haben dürfte, gab es diese zum Einheitskurs Helmut Kohls. Umso höher ist dessen Werk einzuschätzen, mit dem die politische Teilung Deutschlands und Europas endete, über das nach dem Zweiten Weltkrieg für viereinhalb Jahrzehnte ein Eiserner Vorhang heruntergegangen war, wie es Churchill in seiner bekannten Fultoner Rede im März 1946 sagte.

Manche nennen neben Helmut Kohl und Konrad Adenauer auch Willy Brandt in einem Atemzug, wenn es um die bedeutendsten Deutschen der Nachkriegsgeschichte geht. Sicherlich, die sozialliberale Ostpolitik schlug Brücken zwischen den Menschen in Ost und West. Die Konferenz für Sicherheit und Zusammenarbeit in Europa (KSZE) ermöglichte es dann der Bürgerrechtsbewegung in den Ländern des Warschauer Paktes, sich auf die Menschenrechte zu berufen. Entscheidend aber war für den Lauf der Geschichte die Geschlossenheit des Westens, seine militärische Stärke gepaart mit seiner wirtschaftlich-technologischen Überlegenheit sowie der Faszination der Freiheit. Das Sowjetimperium konnte nicht mehr mithalten, musste aus der Rüstungsspirale ausscheren und mit Glasnost und Perestroika neue Wege beschreiten – nicht aus moralischer Läuterung, was viele im Westen glauben wollten, sondern aus purer Not. Die Stammtischparole, dass Ronald Reagan die Russen zu Tode gerüstet habe, entbehrt nicht einer gewissen Berechtigung. Doch auch das ändert nichts daran, dass die von Adenauer gelegten Fundamente der bundesrepublikanischen Politik, auf die Kohl gegen enorme Widerstände beharrte, den Ausschlag gaben für die Wende 1989/90 und nicht der sozialliberale Ansatz vom »Wandel durch Annäherung«.

Wer auf die großen Linien der deutschen Geschichte des 19. und 20. Jahrhunderts schaut, für den wird der Name Helmut Kohls denjenigen Konrad Adenauers überstrahlen. Denn der Pfälzer wird in einer Reihe mit Bismarck genannt werden müssen. Der erste Reichskanzler schuf 1871 mit Blut und Eisen unter der Führung Preußens den deutschen Nationalstaat. Wilhelm II. führte mit seiner Großmachtpolitik das prosperierende Reich in den Ersten Weltkrieg, an dessen Ende mit dem Versailler Vertrag Gebietsabtretungen und schwerste Reparationen materielle Not und politische Instabilität standen. Diese lieferten den Nährboden für den Nationalsozialismus, der Deutschland mit dem Zweiten Weltkrieg und vor allem mit dem Holocaust in die moralische Katastrophe stürzte. Helmut Kohl schließlich fügte die aus der Konkursmasse des Nazi-Reiches auf dem verkleinerten Reichsgebiet entstandenen beiden deutschen Staaten wieder zusammen. Dies ist umso bemerkenswerter, als erstmals in der Geschichte fundamentale Veränderungen in der europäischen Mitte friedlich, also im Einverständnis mit den Nachbarstaaten, herbeigeführt wurden.

Deutsche Einheit und europäische Integration seien zwei Seiten ein und derselben Medaille, hob Helmut Kohl immer wieder hervor. Und es ist kein Widerspruch, dass der Mann, der die Einheit vollendete, eben dieses neu erstandene Gesamtdeutschland einmal in einem vereinten Europa aufgehen lassen wollte. Es waren vielmehr politische Vernunft und Verantwortung, wenn Kohl das Projekt der europäischen Integration vorantrieb. Er hatte recht, wenn er immer wieder hervorhob, dass es dazu keine Alternative gebe. Doch er hatte nicht recht, wenn er von der Unumkehrbarkeit der Geschichte sprach, die er mit der Einführung der Gemeinschaftswährung habe erreichen wollen. Geschichte kennt keine Unumkehrbarkeit. Geschichte ist ewiger Wandel – auch nach rückwärts.

Das zeigen die europäischen Fliehkräfte seit der Griechenlandkrise und die Herausforderungen durch die Flüchtlingsströme aus dem Nahen und Mittleren Osten sowie aus Afrika. Nationalstaatsinteressen auf der einen Seite und gesamteuropäische Lösungsansätze auf der anderen Seite wetteifern miteinander. Dabei hat es mitunter den Anschein, als schaffe erst eine gebrochene Nationalgeschichte, wie die der Deutschen, die Voraussetzung für die Transformation eines Landes in ein gemeinsames Europa. Die traditionellen Mächte mit ihrer langen und stolzen Vergangenheit tun sich jedenfalls schwer damit. Aber vielleicht gelingt es ja mit der Präsidentschaft Emmanuel Macrons der EU durch ein Zusammenrücken

Deustchlands und Frankreichs einen neuerlichen Impuls zu geben.

Es wird sich also erst noch erweisen müssen, ob es zutrifft, dass die Visionäre die wahren Realisten der Geschichte sind, wie Helmut Kohl zu sagen pflegte. Sollte er recht behalten, dann wäre er nicht nur einer der bedeutendsten deutschen Staatsmänner, sondern auch einmal ein Großer, denn Europa wäre dann ein Mythos und eine Geschichte, auf die seine Länder stolz sein könnten.

Literaturauswahl

Bahners, Patrick: Im Mantel der Geschichte. Helmut Kohl oder die Unersetzlichkeit. Berlin 1998.

Busche, Jürgen: Helmut Kohl. Anatomie eines Erfolges. Berlin 1998.

Clough, Patricia: Hannelore Kohl. Zwei Leben. Stuttgart 2002.

Dies.: Helmut Kohl. Ein Porträt der Macht. München 1998.

Diekmann, Kai/Ralf Georg Reuth: Helmut Kohl. Ich wollte Deutschlands Einheit. Berlin 1996.

Dönhoff, Marion: Helmut Kohl, Kanzler der Einheit Deutschlands. In: Dies.: Deutschland, deine Kanzler. Die Geschichte der Bundesrepublik 1949–1999. München 1999, S. 285–321.

Dreher, Klaus: Helmut Kohl. Leben mit Macht. Stuttgart 1998.

Eisel, Stephan: Helmut Kohl. Nahaufnahme. Bonn 2012.

Fehrenbach, Oskar: Helmut Kohl. Ein biographischer Essay. In: Hans Klein (Hrsg.): Die Bundeskanzler. Berlin 1993, S. 345–414.

Filmer, Werner/Schwan, Heribert: Helmut Kohl. Düsseldorf 1985.

Gauland, Alexander: Helmut Kohl. Ein Prinzip. Berlin 1994.

Hermann, Frank: Helmut Kohl. Vom Kurfürst zum Kanzler. Person, Politik, Programm. Stuttgart 1976.

Hofmann, Klaus: Helmut Kohl. Eine politische Biographie. Stuttgart 1991.

Köhler, Henning: Helmut Kohl. Ein Leben für die Politik. Berlin 2014.

Kohl, Helmut: Mein Tagebuch. 1998–2000. München 2000.

Ders.: Erinnerungen. Bd. 1. 1930–1992. München 2004.

Ders.: Erinnerungen. Bd. 2. 1982–1990. München 2005.
Ders.: Erinnerungen. Bd. 3. 1990–1994. München 2007.
Ders.: Aus Sorge um Europa. Ein Appell. München 2014.
Ders.: Vom Mauerfall zur Wiedervereinigung. Meine Erinnerungen. München 2014.
Kohl, Walter: Leben oder gelebt werden. Schritte auf dem Weg zur Versöhnung. München 2011.
Kujacinski, Dona/Kohl, Peter: Hannelore Kohl. Ihr Leben. München 2002.
Maser, Werner: Helmut Kohl. Der deutsche Kanzler. Biographie. Frankfurt/M. 1993.
Möller, Horst: Helmut Kohl – ein Kanzlerporträt. Rückblick auf herausragende Leistungen. In: Die Politische Meinung 52 (2007) 454, S. 49–54.
Müchler, Günter/Hofmann, Klaus: Helmut Kohl. Kanzler der deutschen Einheit. Eine Biographie. Bonn 1992.
Noack, Hans-Joachim/Bickerich, Wolfram: Helmut Kohl. Die Biographie. Berlin 2010.
Pruys, Karl Hugo: Helmut Kohl. Die Biographie. Berlin 1995.
Schwarz, Hans-Peter: Helmut Kohl. Eine politische Biographie. Stuttgart 2012.
Schwarzmüller, Theo: Kohl, Helmut. In: Rudolf Vierhaus/Ludolf Herbst (Hrsg.): Biographisches Handbuch der Mitglieder des Deutschen Bundestages 1949–2002. München 2002. Bd. 1, S. 440–441.
Schwan, Heribert: Die Frau an seiner Seite. Leben und Leiden der Hannelore Kohl. München 2011.
Ders./Steininger, Rolf: Helmut Kohl: Virtuose der Macht. Düsseldorf 2010.
Ders./Jens, Tilman: Vermächtnis. Kohl-Protokolle. München 2014.
Vogel, Bernhard (Hrsg.): Ein Leben für Deutschland und Europa. Helmut Kohl – Stationen eines politischen Weges. Düsseldorf 2005.

Register